明治大学シェイクスピアプロジェクト！

熱闘！ Midsummer Nightmare

編著＝井上 優＋明治大学シェイクスピアプロジェクト

太陽の恋に溺れ、月夜の狂気に踊る

第13回公演
Midsummer Nightmare
第一部　夏の夜の夢
第二部　二人の貴公子

2016年11月11〜13日
@明治大学アカデミーホール

そこは妖精と人とがゆきかう
アテネの森――

生あるものは、
惑い、いさかう――

恋か？
友情か？

第13回 明治大学シェイクスピアプロジェクト
Meiji University Shakespeare Project 13th
Midsummer Nightmare
Midsummer Nightmare

今はただ、
この歓びに――

LAW

第１回　ヴェニスの商人

第２回　マクベス

第３回　ウィンザーの陽気な女房たち

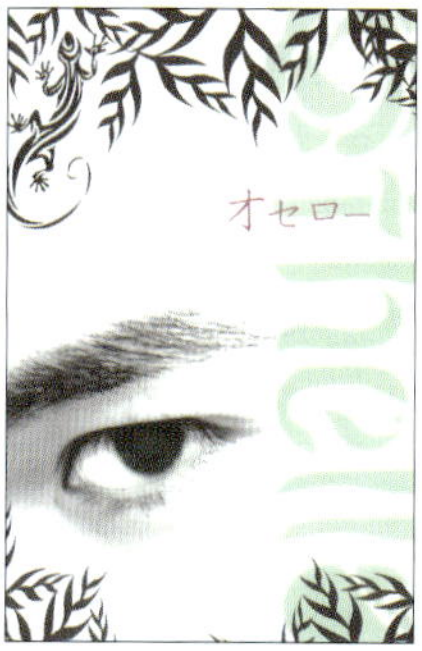

第４回　オセロー

第５回　十二夜

第６回　HAMLET

第７回　夏の夜の夢

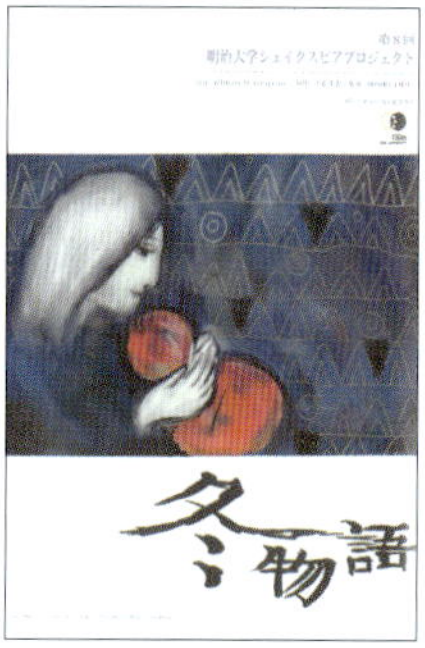

第８回　冬物語

第９回　お気に召すまま

第１０回　ヘンリー四世

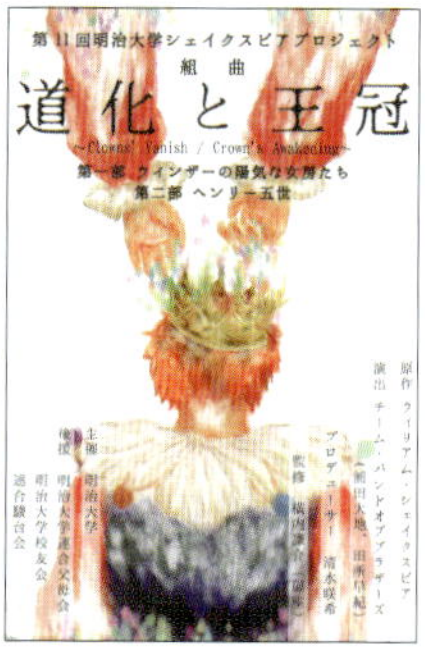

第１１回　組曲 道化と王冠
第一部　ウィンザーの陽気な女房たち
第二部　ヘンリー五世

第１２回　薔薇戦争
第一部　ヘンリー六世
第二部　リチャード三世

Meiji University
Shake-speare
Project!

contents

キャスト

スタッフ

プロスタッフ＋シニアーズ

写真 明治大学シェイクスピアプロジェクト 映像・スチール部
編集協力 木村和頼、澤井みのり、田中雅子、石川佳乃、大渕さやか、辻原薫、杉本美優

＊本文中の年次・肩書などは、すべて取材時のものです。

contents

明治大学シェイクスピアプロジェクトという迷宮

井上優

「明治大学シェイクスピアプロジェクト」とはいかなるものか。単純な答えはこうなる。イギリスの劇作家ウィリアム・シェイクスピアの作品を毎年秋に、明治大学駿河台キャンパスにあるアカデミーホールを会場として上演しているプロジェクトだ、と。——ウィリアム・シェイクスピア、一五六四年生まれ、一六一六年没。生涯で三七本（あるいはそれ以上）の劇作品を世に残し、その作品は演劇界の財産として、今もって全世界で上演されている。

それはいい。では、なぜ大学が主催して、シェイクスピアの上演を行うのか。

実は私もよくわかっていない。

ちなみに私の立場は、コーディネーターという肩書で、上演全体の学校側責任者として、学生の立場を統括するというものである。その私が、「実はわからない」といってしまうのも無責任に聞こえるかもしれない。実は私はこのプロジェクトの発端には関わっていない。第一回は二〇〇四年で、そのとき私は客席側にいた（そもそも、まだ明治大学の専任教員ではなかった）。

発端は、以下のような経緯だったと聞いている。——明治大学出身で俳優の原田大二郎氏が、当時文学部教授だった佐藤正紀氏（演劇学）に、「明治大学出身であるからにはシェイクスピアをよく知っていると言い張れる学生を作りたい、そのための活動の場を作りたい」という構想を持ちかけたことに端を発する。その構想の中で、「シェイクスピアの現代的魅力」という全学部生対象の教養講座が誕生し、その受講生から有志を募る形で、シェイクスピア作品上演プロジェクト（当時は「明治大学文化プロジェクト」、二〇一一年に「明治大学シェイクスピアプロジェクト」に改称）が発足した。第一回公演として、『ヴェニスの商人』を上演し、二〇一六年度で第一三回を迎えている。

私が担当するようになったのは二〇一〇年度の第七回、『夏の夜の夢』の公演のときである。そこから一六年度『Midsummer Nightmare』まで、七回ほど担当していることになる。

会場となっているアカデミーホールは一〇〇〇人収容の大ホールで、公演が全五回、二〇一六年度は三九五〇名の観客にお越しいただいている。統計的な根拠があるわけではないし、こちらは無料公演であるため有料公演を含めた比較はできないのだが、学生演劇としてはたぶん最大規模なのではないかと思っている。

おそらく、非常に珍しい試みと思われる。多くの大学が原語によるシェイクスピア上演に取り組んできており、わが大学の試みもその流れに属するものといえなくもないが、こちらは日本語での上演であり、日本語でやる以上、英語教育の目的はそもそも除外されている。たぶん、日本語で継続的にやっているのはうちだけだろう。

製作・演出・キャスト・スタッフワークは、基本的に学生主体だが、発起人が原田大二郎氏だったことからもわかるように当初からプロが指導に入っていた。全体の監修は、第一回から第七回まで原田氏が務めたが、以後、第八回〜第十一回を劇作家・演出家の横内謙介氏に、第十二回以降は本学の卒業生でもある劇作家・演出家青木豪氏（本学文学部兼任講師でもある）にお願いしている。他にも、プロスタッフによるステージワークの指導もあり、さらにはこのプロジェクトの卒業生をはじめとするプロの役者や演出家によるワークショップなどもある。

ただし、これはあくまで学校行事である。

明治大学には演劇学専攻は置かれているが、もっぱら座学として「演劇学」を学ぶところで、実技を学ぶところではない。さらに、このプロジェクト、演劇学専攻のカリキュラムではなく、全学部横断的な「学校行事」である。参加する学生も、プロの俳優やスタッフになることをめざしているわけではない。演劇サークルに入っている学生もいるが、全く演技経験・演劇経験のない学生も参加する。卒業後演劇の現場に飛び込む者もいるが、大半は一般の社会人として巣立っていく。

すでに触れたが、私はこのプロジェクトにコーディネーターという立場で関わっている（通常、もう一人、文学部の大林のり子准教授が携わるが、二〇一六年度は在外研究のため不在）。ただ、この「コーディネーター」というのも実は微妙な名称で、あまり実態を表してはいない。やっていることは演目の選定、学生の組織作り、プロスタッフの依頼・交渉等々、要は、上演の全般の統括責任者で、「通常の演劇上演ならエグゼクティヴ・プロデューサーとでもいうべき立場ですね」と、去年（二〇一六年）、プロスタッフの照明の塚本悟さんが書いてくれている。そういわれるとその通りかなと思う。

それではあらためて、このプロジェクトの意義はどこにあるのか。実は、これもすでに述べたが、私も確たる答えを用意できていない。二〇一〇年の時点で、すでに行われていた学校行事の担当を引き継いだだけで、プロジェクトの意義そのものを明確に継承したわけではない。というわけで、以下、これまでの体験から後づけで考えた私の考えである。

まず、そもそも、当初の目的として掲げられた、「シェイクスピアを上演することを通してシェイクスピアを学ぶ」という点。これは、間違いなく、現在でもこのプロジェクトの最大の目的である。そもそも演劇の台本として書かれた作品世界を学ぶのに、実際に上演してみることに勝る方法はない。演じている者、スタッフとして支える者、どちらにもいえることである。実体験として参加した作品世界に対する理解は、読書を通してのそれに及ぶものではない。

また、すでに述べた、日本語の上演であるという点も、このプロジェクトのもう一つの意義となっている。前提として、シェイクスピアはもはや「英国の作家」としてのみ捉えられるべき時代ではなく、また、「英語を通してしかその作品を理解できない」という時代ではないということがある。

もちろん、シェイクスピアの豊かさのかなりの部分が他の言語に移しかえられたときに失われてしまうのは否定できない事実である。一方でこの時代、シェイクスピアの上演を面白くしているのは、英国外で作られた英語以外の多くの上演であるのも、また事実である。有名な話だが、昨年亡くなった演出家蜷川幸雄は、本場ロンドンで日本語のシェイクスピアを上演して喝采を受けている。彼が例外なのではなく、世界中の多くの演出家が自分たちの言語でシェイクスピアを上演し、世界のシェイクスピア上演を豊かにしている。

そうした優れた実践の系譜にわが大学の試みを連ねてしまうのは大変おこがましいが、少なくとも精神は同じでありたい。自分たちの言葉でシェイクスピアを消化する、それは英語でこの作品を読解することに勝るとも劣らない成果となっていくはずなのだ。

もちろん、日本語上演だからといって、英語を置き去りにしているわけではない。このプロジェクトの上演台本は学生の翻訳チームが約半年をかけて訳している。当然学生たちは、シェイクスピアの英語とまず向き合う。

ただし、ここでも改めて強調しておきたいが、その目的も、英語教育にあるわけではない。翻訳チームの学生たちは英語の注釈本を頼りに、そして時に現代英語に翻訳されたヴァージョンを参照して、自分たちの表現を模索する。だが、目的はあくまで「台本作り」である。自分たちが上演しやすい台本をいかに作り上げるかということだ。

シェイクスピアを上演する際に立ちはだかるのは、言語表現の豊かさである。台詞は、翻訳であっても正直難しい。読んで理解しにくいのはもちろん、役者が声に出して観客に伝えるとなるともっと難しい。だから、学生が自ら訳すことで、自分の言葉として消化し、自分の体から台詞を発することができるようにする。めざすのはそこである。

問われるのは、だから、究極的には日本語能力である。翻訳そのものは、先行訳もあるし注釈も充実しているので、（乱暴ないい方だが）形にはなる。しかし、それを自分たちの体にしみこむ言葉に落とし込まなければならない。頼りになるのは学生たちの日本語の感性なのである。

このプロジェクトは多くのお客さまに好評をいただいているが、おそらくその理由のひとつは、この、自前で用意している台本にあると思う。そもそも面白いはずのシェイクスピアの劇世界が、学生の身の丈にあった、聞いて「わかる」台詞で語られたとき、その面白さが倍増するのは、そんなに不思議ではない。

シェイクスピアの面白さをわかるため（そして伝えるため）にも、これは「日本語で行われるべき」プロジェクトなのだろう。

この上演のためにかける時間は、ほぼ一年。前年の公演が終わった直後に（あるいは終わりつつあるときに）次の準備は始まる。まず、演目を私が決める（学生ではない）。そして、次の年度のプロデューサー候補を（その年の上演への取り組みから）選び出し、その学生が本当に頼りになるかどうか、信頼できる学生たちにリサーチする。プロデューサーというと大げさな感じがするが、スタッフワークをまとめ、現場の運営の全体を仕切るというその作業は、やはりプロでいうプロデューサーに相当する。同じやり方で演出も学生から選出する。そのあたり、やはりサークルとは異なる。単に才能がある・ないで判断できない。私だけでなく、プロスタッフの大人たちとコミュニケーションが可能かどうかという点が、実はかなり大きいからである。多くのことが、学生同士と同じ比重で、学生と大人たちとの話し合いで決まっていく。だから、プロデューサーも演出家も（そしてスタッフのリーダーたちも）、まず「大人」であることが求められる。

そして、プロデューサーを中心として、制作部がまず活動を始め、新年度からの本格起動の下準備をする。五月に参加ガイダンスがあり、六月にキャストのオーディション、七月にキャスト・スタッフが決定し、八月から三カ月をかけて稽古をする。こういう流れである。

参加者数が一〇〇名を超えるプロジェクトである。キャスト志望者は例年八〇人近くいるが、当然全員を舞台に立たせてあげることはできない。最大で四〇人くらいにしぼる。苦渋の選択である。実は、それが演目にも制約をかけている。近年の演目は以下のようなものである。二〇一二年『お気に召すまま』、二〇一三年『ヘンリー四世』二部作、二〇一四年『組曲　道化と王冠』と題して、『ヘンリー五世』と『ウィンザーの陽気な女房たち』をつなげたもの、二〇一五年『薔薇戦争』と題して『ヘンリー六世』三部作と『リチャード三世』を省略してつなげたもの、二〇一六年『Midsummer Nightmare』と題して『夏の夜の夢』と『二人の貴公子』（シェイクスピアとフレッチャーの合作）をつなげたもの。

シェイクスピアに詳しい方が見たら、演目に偏りがあるのは一目瞭然だ。歴史劇が異常に多い。また、二つ以上の作品をつなげているのも、ある意味「奇策」を弄しているといえる。そして、実は、名作と呼ばれる、シェイクスピアの中でもよく知られた作品が少ない。

こうした工夫を施したり、偏った演目を選定したりしているのは理由がある。選定基準は以下のようになる。多くの学生を舞台に乗せることができて、しかも、出番にあまり偏りがない作品、できれば女性の登場人物が多い作品。これで作品を選ぶとどうしてもこうなる。有名な作品は（例えば毎年学生は『ロミオとジュリエット』をやりたがるが）、主人公たちだけ出番が多くて残りはその他大勢という扱いになってしまい、そもそも出演者総数もそんなに多くない。作品選定を私がやっているのも（もちろん学校行事だからだが）、そういう事情もある。もちろん、有名な、誰でも知っている作品を上演したいし、学生にも体験させてあげたいものであるが、なかなか事情が許さない。

『ヘンリー四世』二部作を圧縮して三時間で上演（通常だったら当然その倍以上の時間がかかる）した二〇一三年以降、複数作品を一度に上演する際は、台本は当然、大幅にカットしている。当然原作を「いじって」しまっていることにもなるが、そのあたり、このプロジェクトが始まった当初とは、方針が変わっている。私は、原作を削除したり、多少手を入れたりすることにはそれほどためらいはない。むしろ現代のシェイクスピア上演はそうあるべきだと思っている。それが学生の上演であっても、だ。実際、毎年日本を訪れて上演を行っているケンブリッジ大学やオックスフォード大学の学生劇団の上演を観てもそれが今やスタンダードになってしまっているのがわかる。彼らも（巡業向けということもあるのだろうが）、もはや原作通りにはやっていない。

もちろん、罪悪感がないわけではないが、エクスキューズもある。そもそも生前からシェイクスピアのテキストは不動なものではなく絶対視もされてはいなかった。有名な話だが『ハムレット』には、現在流通しているテキスト（シェイクスピアの死後刊行された全集に基づく）のほかに、シェイクスピア生前に刊行された、大幅に短いヴァージョンが存在する。これは、単に短いだけではなく人物名が異なっていたり、場面の順番が違っていたりもする。かつては、劣悪な改ざん版（あるいは作者のあずかり知らぬ海賊版）といわれていたが、現在ではむしろこれを積極的に評価し、完成された形に至る前の段階の原稿と見る向きもあり、これを上演台本として取り上げる上演すら存在する。いうまでもなく、初期の形がのちの改作版よりも優れている場合があるという判断は、通常の文学作品などでもよく下される。

シェイクスピアの最高傑作のひとつとされる『ハムレット』ですら、絶対的なテキストは存在していない（同様の事情は『リア王』にもある）。ならば、我々の事情の中で、我々にフィットしたテキストを模索することも、許容されてしかるべきではないか。そういう開き直りである。シェイクスピアのテキストに無駄はないとする立場はもちろんわかるが、上演状況に応じて変化する余白がある、というのもシェイクスピアの強度である。

演目的にマイナーな作品を選ぶことに不安がないわけでもなかった。だが二〇一一年に『冬物語』を選んだときに不安は消えた。この作品の知名度の低さゆえに、私は「今年は動員数が落ちるな」と心配していた。だが、ふたを開けてみれば、むしろ、動員は伸びていた。面白いものを作り続けていけばお客さんは来てくれるということのようなのだ。

そこで開き直りである。つまり、動員に影響がないのなら、そして、演目的に制約があるなら、むしろ思い切って実験をしてしまえ、いっそ、日本のシェイクスピア上演の歴史を作っていってしまえと。日本には歴史劇を連作としてこれだけ上演している劇団は少ない。さらには『ヘンリー五世』や『二人の貴公子』などのような作品は、日本では上演例がほとんどない。こうした作品群に取り組めた学生というのは、世界的に見ても珍しいはずだ。その珍しさで勝負できるはずだと。いわゆる四大悲劇や『ロミオとジュリエット』をやった学生は世界中に大勢いる。その大勢に組み込まれるよりも、幸福な少数であるべきではないか。

二〇一六年度の公演は、『Midsummer Nightmare』。第一部が『夏の夜の夢』、これはシェイクスピア喜劇の代表作だ。本プロジェクトでも二〇一〇年に一度上演している。第二部の『二人の貴公子』はシェイクスピアが晩年、後輩作家のジョン・フレッチャーと共作で書いた作品で、日本ではほとんど上演例がない。どちらもギリシア神話を題材とし、アテネ大公シーシアスとアマゾンの女王ヒポリタの結婚式の前の物語である。そこで、ふたつの物語をつなげるという荒業を思いついたわけである。いうまでもなく、『夏の夜の夢』だけでは、台詞のある役が少ないのだ（二〇一〇年はそこまで公演規模が大きくなかったから、単体でよかった）。形としては、『夏の夜の夢』の物語の中に『二人の貴公子』をはめ込んで、どちらの作品の筋も生かした形を採った。前者の、有名な森の一夜の騒動が終わった直後に後者の物語が乱入する。そして第二部が終わると、また『夏の夜の夢』が再開する。劇中劇からつながる最後の祝宴場面はふたつの物語のエンディングを兼ねる。このつなぎ方は、両方の物語を知っている人にも、『夏の夜の夢』しか知らない人にも、意外なほど好評だった。もちろん、片方の作品をじっくりと観たいという声はある。その声は痛いほどわかったうえでこの取り組みにしたのは、上記のお家事情ゆえである。奇策を弄さなくてはならないくらい、ある種の限界値に達してしまっているのだ。

おそらく、この形で上演したものは、過去にはないだろう。結果的にこの上演は、日本のシェイクスピア上演史の中でも、そして、世界的に見ても、まれな上演例ではないかと思っている。

本書は、その第一三回明治大学シェイクスピアプロジェクトの『Midsummer Nightmare』の上演の記録である。発端は明治大学出版会の須川善行さんが、前年の『薔薇戦争』の上演を見て、このプロジェクトに興味をもってくれたことだ。そこから、このプロジェクトの記録を思い立ってくれたらしい。本当にありがたい話である。須川さんは、第一三回の公演をほぼ一年間密着して取材してくれた。その熱意には頭が下がる。

ここには、この上演を支えてくれた多くの人たちの思いが反映されている。みずみずしい感性をもった現役大学生がシェイクスピアという演劇史の巨人とどのように格闘したのか、どのような創意工夫があり、その背後にはどのような思いがあったのか。そうした熱く生々しい製作過程が、少しでもこの本を手に取った方に伝われば、これに勝る喜びはない。

＊拙稿「演劇を教育に取り入れることの意味」（『日本語学』二〇一七年三月、明治書院）の一部を転用しています。

キックオフ！

国内最大規模を誇る学生演劇ユニット、明治大学シェイクスピアプロジェクト（略称MSP）。毎年の公演を成立させるのは、もちろん簡単なことではありません。何より大事なのは、スタート時点でしっかりした方向性を作っておくこと。台本の翻訳にあたるコラプターズ、それから舞台作りの全体を見渡す演出家とプロデューサーの仕事ぶりをお聞きしつつ、MSPの1年の流れを振り返ってみましょう。

MSP

コラプターズ（学生翻訳チーム）

奥 恵子（おく・けいこ／文学部博士課程3年）

「コラプターズ」というのは、明治大学シェイクスピアプロジェクト（以下MSP）における学生翻訳チームで、シェイクスピアの原文を読み、それを学生にわかりやすい言葉に訳し、上演台本を作ることを目的に活動しています。第六回公演『HAMLET』（二〇〇九年）を機に組織されたこのチームの名前は、第五回公演の演目でもあった『十二夜』（二〇〇八年）に登場する道化の台詞“I am indeed not her fool, but her corrupter of words [1]”に由来し、言葉を一度壊して作り直そう、という意志が込められています。志を同じくする仲間が例年三〇名前後、学部の新入生から大学院の博士課程まで、文系からも理系からも、英語が得意な人、日本語に自信がある人、台本作成に興味がある人など、学年や専攻、参加動機もさまざまな学生が集まり、公演終了後から夏休み前までの約半年間、作業に取り組んでいきます。

作業には二段階、下訳とその検討があります。下訳は個人作業で、戯曲を分担して翻訳していきます。作業の慣れ・不慣れ、語学の得手・不得手、就職活動や課外活動など各自の事情を考慮しつつ、担当する行数を多少増やしたり減らしたり調整もします。それらを検討するのは集団作業で、数十回のミーティングを重ねてひとつにまとめていきます。その際、注意しなければならないのは誤訳だけではありません。人物名や地名などの固有名詞、人称、口調が統一されているかも確認しなければなりません。また、さまざまな版の原書、辞書、先行訳、関連資料も適宜参考にしつつ、より良い新訳の可能性についても併せて議論していき、最後に声に出して読み合わせをして、改善点が見つかればまた修正して、ようやく第一稿が完成します。

作業に際し底本としているのは、たとえばShakespeare Navigators [2] や Open Source Shakespeare [3] や The Complete Works of William Shakespeare [4] など、Web テキストが主です。前述のように大人数で作業するので、皆で共有しやすいものをコーディネーターの井上優先生がその年ごとにご提案くださっています。ちなみに、昨年度の『Midsummer Nightmare』[5] は、No Fear Shakespeare [6] と BookCaps の Shakespeare In Plain and Simple English [7] という原文と現代英語訳付きのものを使っています。それらを元にカット案を作成し、分担して翻訳し、推敲を重ねていきます。やはり英語だけ読んでもわからないことは出てくるものなので、Arden Shakespeare や Cambridge 版、Oxford 版などの注釈も確認しつつ読み解いていきます。たしか Penguin 版を使ったこともあったはず。もちろん、日本語訳も理解の助けとして用いています。具体例を挙げるなら小田島雄志訳、次いで松岡和子訳、河合祥一郎訳、また福田恆存訳、ときには大山敏子訳、平井正穂訳、大場建治訳、高橋康也訳、三上勲訳なども参照しています。英語にしても日本語にしても、文献は多ければ多いほど良いですから。

ただし、原文も先行訳もそのまま使用するわけにはまいりませんので、あとは各自のセンスの見せどころです。たしかに既訳の数々は学術的、芸術的に非常に素晴らしいものです。しかし、それらはプロが演じるためにプロが訳したものであり、学生の身の丈には合いません。難しすぎたり、失礼ながら古めかしかったりで、自身の言葉としては話せない、台詞が身体に浸透しないから聞いてもいまいちわからないのです。なので、そういった本からたくさん学ばせていただいた上で、素人ながら自分たちで知恵を絞り、自分たちが扱える訳語を考えるようにしています。等身大の言葉で訳し、話し、聞いてもらう、それこそがまさに私たちコラプターズの活動意義なのです。

クリエイティヴな楽しみがある一方、翻訳とは言葉の壁を乗り越える戦いの連続なのだと痛感させられてばかりです。まず、シェイクスピアの戯曲は英語、それも四〇〇年以上昔の古い言葉、さらに散文だけではなく韻文という特別な形式も交えて書かれています。それを訳すための日本語も、日に日にアップデートされていきます。ある世代にはおなじみのいい回しが、別の

コラプターズの仲間たち。奥景子さんは、前列左から３人目。

世代には通じなかったり、サムい、ダサいといわれてしまうことがあります。また、上演時間内に収めるにはカットは避けられません。一句、一語の有無でも文意は変化してしまうので、前後の文脈を保つために、どうしても超訳にならざるをえないこともあります。これらの問題と向き合いながらも、学生がわかって話せる、聞いてわかる言葉にしたい、原作に忠実でもありたい、と試行錯誤の繰り返しです。

いくつか具体的な例を見てみましょう。たとえば、一幕一場のヘレナとハーミアのやりとりは、年頃の女の子らしい会話に聞こえるよう、“O, teach me how you look, and with what art/ You sway the motion of Demetrius's heart”や“Upon faint primrose beds were wont to lie/ Emptying our bosoms of their counsel sweet”を「わたしに教えて、どんな目つきで、どんなテクを使って、／ディミートリアスの心を摑むの?」「淡いピンクのサクラソウをベッドにして、たくさん恋バナしたわよね」と今時の若者言葉を取り入れて訳し

ています。また、五幕一場で貴族たちが劇中芸を鑑賞した貴族たちが自由に感想を言う場面 "Well roared, Lion!" "Well run, Thisbe!" "Well shone, Moon!" は「いいね！ライオン、ナイス吠えぶり」「いいね！シスビー、ナイス逃げぶり」「いいわね！月、ナイス餅つき[8]」とSNSによくある表現を使って訳しています。

シェイクスピア独特の言葉遊び、たとえば言い間違いや押韻もアイディア勝負です。一幕二場の "there we may rehearse most obscenely and courageously" の "obscenely" は "seemly" の間違いで、先行訳では四字熟語の一部を変えているものが多く見られますが、ここでは「そこでなら勇ましくいやらしく稽古できる[9]」とあえて熟語を用いずに訳しています。また、二幕二十三場の劇の前説は "Whereat, with blade, with bloody blameful blade,/ He bravely broached his boiling bloody breast" と英語でbの頭韻を踏んでいますが、これは日本語の違う音で同じように「血の気が引いた彼は、血に飢えた剣、血の雨を降らせる剣を、／血潮たぎるその胸に、力いっぱい突き刺すのです」と「ち」でつないで訳しています。

最近MSPでは二作品でのセット上演が続いていますが、作品ごとの訳し分けというのは、そこまで意識していません。潤色は演出の領分とし、コラプターズでは原文にあるものをあるように訳すのみです。ですが、作品中での訳し分けはある程度意識しています。比較しやすいのは、先にも例に挙げた職人たち、貴族たち、妖精たちで、それぞれ散文とおかしな韻文、韻文、きわめて音楽的な韻文で台詞が書かれています。それを、職人たちは日常生活でもよく聞く若者言葉、貴族たちはときどき若者言葉も混じる話し言葉、妖精たちは詩的で美しい言葉になるよう努めて訳しています。特に妖精たちの台詞や劇中歌はがんばりどころで、最初の "Over hill,/ over dale,/ Through bush, through brier,/ Over park, over pale,/ Through flood, through fire,/ I do wander anywhere/ Swifter than the moon's sphere"「山を越え、谷を越え、／藪も茨もくぐり抜け、お庭も柵も飛び越えて、／水も炎もするりと抜けて、／どこでも行けるこの速さ、／お月様でも敵わない」から最後まで、英語の語呂の良さが日本語でも出せるよう、リズムや音など工夫を凝らして訳しています。

註

[1] 『十二夜』三幕一場「俺はお嬢様の道化じゃない、彼女の言葉の壊し屋さ」（拙訳）

[2] http://www.shakespeare-navigators.com/

[3] http://www.opensourceshakespeare.org/

[4] http://shakespeare.mit.edu/

[5] MSP第回13公演（二〇一六年）。『夏の夜の夢』と一部共通する人物が登場する『二人の貴公子』を組み合わせたもの。

[6] http://nfs.sparknotes.com/

[7] BookCap Editors. *Two Noble Kinsmen In Plain and Simple English: A Modern Translation and the Original Version.* BookCaps Study Guides. Anaheim; 2015.

[8] 原文ではヒポリタが月に対して言う台詞だが、MSP版では月を月で餅つく兎に置き換えているため、動詞も合わせて変化させている。

[9] 言い間違えるとはいえ、四字熟語を使うと何だか教養がありそうに見える、という意見が挙がったため。余談だが、舞台では他の職人たちがボトムの台詞を復唱しており、訊き返すことでよりおかしさが際立つ演出となっている。

演出

上岡福音
（かみおか・ふくね、文学部4年）

「太陽と月」

—— お芝居に興味をもたれるようになったきっかけは何だったんですか。

上岡　母親が宝塚が好きだったので、小さいころからビデオは見ていました。中学三年のときに、ひとりで鹿児島から兄のいる京都まで旅行して、そこで初めて生の舞台を観て、「うわ！」と思いましたね。自分も舞台の上に立ってみたいっていう気持ちが芽生えたんです。

　そこから最初は宝塚音楽学校を目指そうとしたんですけど、難しいだろうとは思っていたので、大学に進む道になったとしてもお芝居を勉強できる明治の文演（文学部演劇学専攻）に入ろうと考えていました。MSPの存在も知ってはいましたし。ですから、ふたつの方向を並行しながら進めていましたね。

—— 三回キャストをやられてきて、四年目にして演出になりましたが、どんな経緯で？

上岡　私は演劇サークルで二回演出した経験があったんです。演出の経験もあり、MSPも経験があり、っていう候補を挙げていったときに、私になったという話は聞きました。

——『Midsummer Nightmare』では、かなり早い段階で「太陽と月」というコンセプトがはっきり表れていましたが、これはいつごろから？

上岡　演出に決まったのは二〇一六年の二月ごろで、そこから原作を読んで、どういうコンセプトでもたせるかということは考えていました。『夏の夜の夢』が夜に展開するお話なので、月が出てきますよね。『二人の貴公子』にはパラモンとアーサイトっていう二人の主人公がいて、どっちも情熱的なイメージなので、そこから赤い太陽の

ようなイメージが浮かんできました。この二作は、お互いにつながりはあるものの、真逆といえば真逆な感じでもありますよね。対比としては面白いなと思ったので、読んだ時点で、このふたつは太陽と月みたいな関係性にしようというアイディアが自然に浮かんできました。キャラクターの妖精さんと人間という棲み分けの関係性も面白かったですし。

最終的にはお客さまには、自分たちの幸せについて考えていただけるきっかけになればいいなと思っています。『夏の夜の夢』では、恋人たちが、ごたごたはありましたけど、最後にはまるく収まります。『二人の貴公子』の方は、親友を亡くして恋する相手を手にするという結末で、ハッピーではないけれど落ち着くところに落ち着きます。牢番の娘の話も苦い後味を残して終わりますね。この作品に出てくるすべてのカップルを、最後のダンスとか結婚式のシーンで幸せに描くことで、お客さまに、特に『二人の貴公子』のカップルを見て、「この人たちは本当に幸せなのかな？　でも、この人たちが幸せと思っていたらそれでいいのかな？　じゃあ、自分たちってどうなんだろう？」っていうふうに感じていただければうれしいなと思っています。

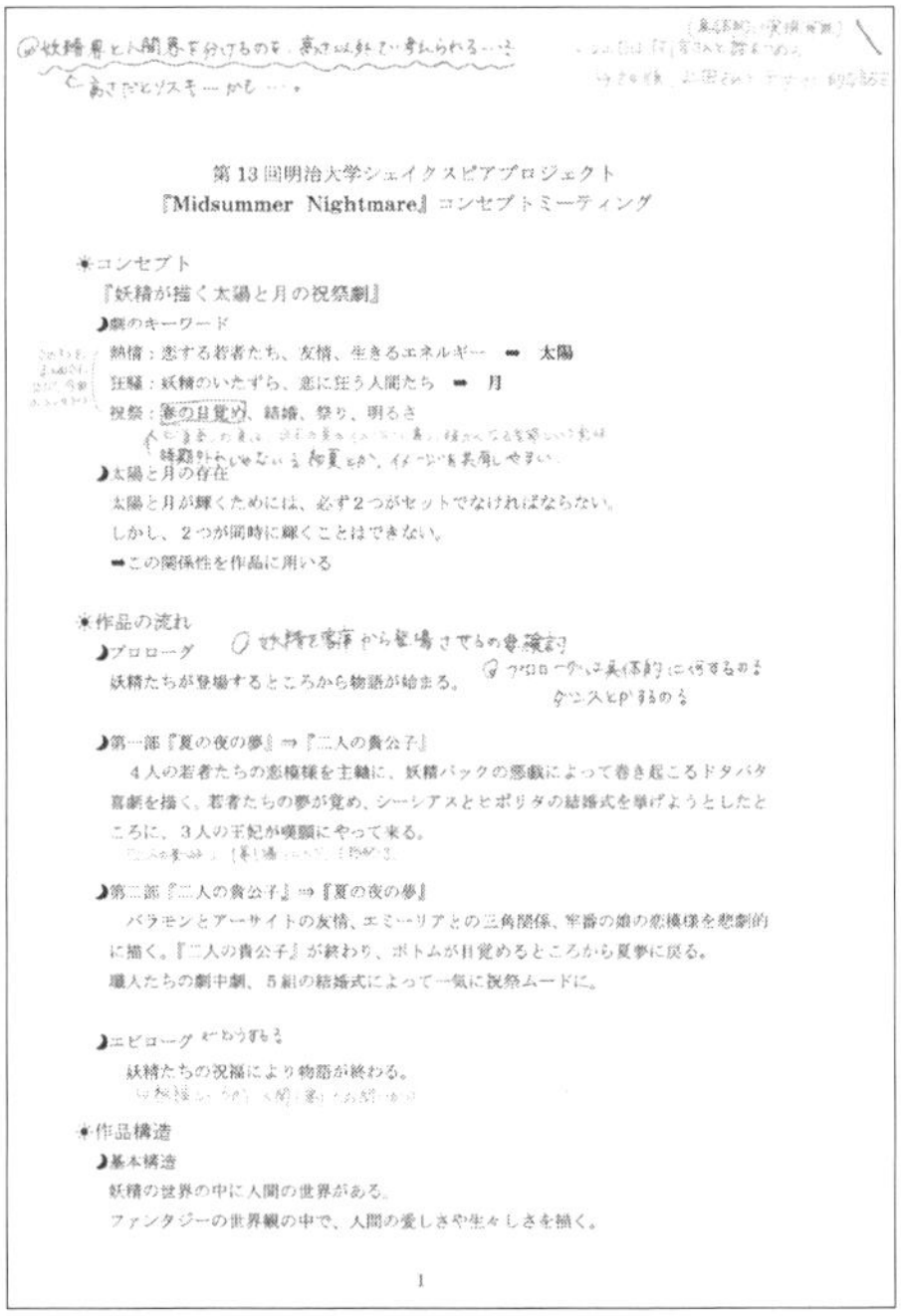
第13回明治大学シェイクスピアプロジェクト
『Midsummer Nightmare』コンセプトミーティング

☀コンセプト
『妖精が描く太陽と月の祝祭劇』
劇のキーワード
熱情：恋する若者たち、友情、生きるエネルギー ➡ 太陽
狂騒：妖精のいたずら、恋に狂う人間たち ➡ 月
祝祭：夢の目覚め、結婚、祭り、明るさ
太陽と月の存在
太陽と月が輝くためには、必ず2つがセットでなければならない。
しかし、2つが同時に輝くことはできない。
➡この関係性を作品に用いる

☀作品の流れ
プロローグ
妖精たちが登場するところから物語が始まる。
第一部『夏の夜の夢』⇒『二人の貴公子』
4人の若者たちの恋模様を主軸に、妖精パックの悪戯によって巻き起こるドタバタ喜劇を描く。若者たちの夢が覚め、シーシアスとヒポリタの結婚式を挙げようとしたところに、3人の王妃が嘆願にやって来る。
第二部『二人の貴公子』⇒『夏の夜の夢』
パラモンとアーサイトの友情、エミーリアとの三角関係、牢番の娘の恋模様を悲劇的に描く。『二人の貴公子』が終わり、ボトムが目覚めるところから夏夢に戻る。
職人たちの劇中劇、5組の結婚式によって一気に祝祭ムードに。
エピローグ
妖精たちの祝福により物語が終わる。

☀作品構造
基本構造
妖精の世界の中に人間の世界がある。
ファンタジーの世界観の中で、人間の愛しさや生々しさを描く。

1

コンセプトミーティング用メモ（表）。

――この二本を一挙に上演するというのは、非常に野心的な試みだと思いますが、その話を聞いたときはどう思いましたか？

上岡　この二本を一緒に上演すると決まったときは、まだ私が演出に決まっていない時期でしたが、「え、このふたつ？」と驚きましたね。つながりがあるとはいえ、「パックとかどうするの？」と思いましたし。演出が私に決まったときには、妖精さんの存在がとても好きだったので、「妖精さんたちにこのふたつをつなげてもらおう」と思いました。それが第二部の始めのところや牢番の娘を診るお医者さんをパックにするといったアイディアになりました。

キャスト・スタッフ

――キャストのオーディションでは、どういう基準で選ばれるんですか？

上岡　オーディションはふたつあるんです。

ひとつはひとりずつこちらが指定した台詞を読んでもらうオーディション、もうひとつはワークショップオーディションといって、一〇人弱を一度に呼んでやるものです。身体がうまく使えるかも見るオーディションですね。

　毎年演出を担当する人によってキャストを選ぶ基準は違うでしょうが、私の場合はキャラに合うかということのほかに、三カ月間一緒に舞台を作っていきたいと思えるかどうか、それから私が四年生だからというのもありますが、一、二年生の子に目がいってて、次につないでくれる人かどうかという点がけっこう大きかったですね。

　オーディションで台詞を読んでもらったときに、「もう絶対この子に決定！」ということもありました。一番鮮明に覚えているのはエミーリア役の徳田吹雪さんですね。エミーリアって、ふたりの男性から一気に一目惚れされる美しいお姫様だというので、最初はどんな子が合うんだろうってすごく悩んでたんですよ。でも、もう徳田さんを見た瞬間、「あっ、もうこれだ、エミーリア！」（笑）。

　パラモンとアーサイトとか職人たちのように、対や組になる役柄の場合は、MSPの経験者と未経験者を意識的に組み合わせました。MSPはこの長い台本をやるのに、私ひとりしか演出がいないので、自主稽古の時間がすごく大切になってくるんです。そのときに円滑に進んでいくようにということで。

――自主稽古の期間があってから上岡さんが演出として噛み始めるのは、どのあたりからなんですか。

上岡　まず、夏休み中にとりあえず全部のシーンを私が見るようにしました。最初の段階では、シーンのもつ意味合いなどを説明して、少しヒントとか要望を伝えます。それに対して自主練でいろいろ試してもらい、そこからみんながもってきてくれたものと私の考えに折り合いをつけていくというかたちにしてましたね。

――スタッフについてはいかがですか。

上岡　チーフになる人は先に固めておいて、そこからガイダンスのときに一気に希望者を募って、役者とスタッフを決めるのは同時並行になります。

――今回、大道具で二階がありましたが、あれは上岡さんのアイディアなんですか。

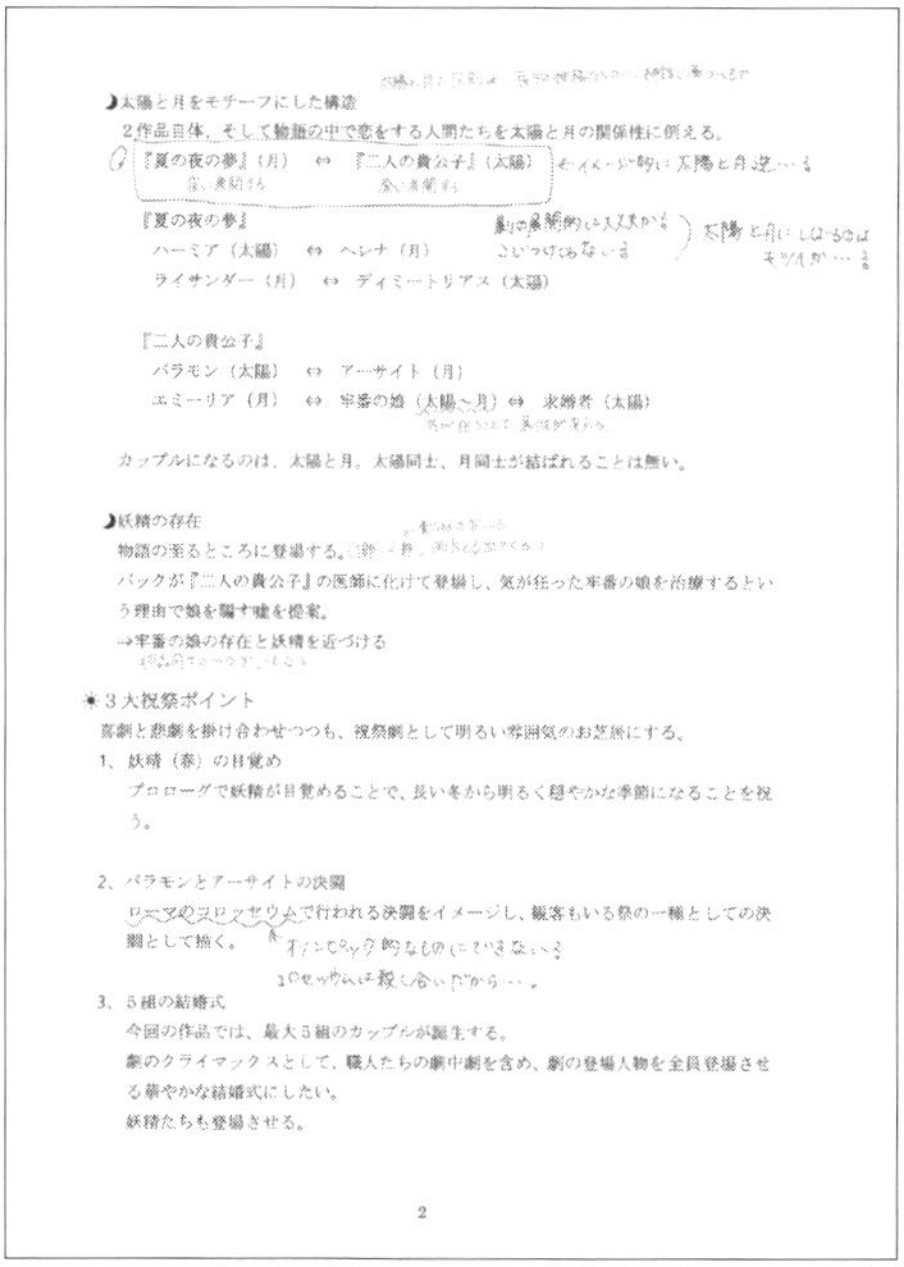

☽太陽と月をモチーフにした構造

2作品自体、そして物語の中で恋をする人間たちを太陽と月の関係性に例える。

『夏の夜の夢』（月）　⇔　『二人の貴公子』（太陽）

『夏の夜の夢』

ハーミア（太陽）　⇔　ヘレナ（月）

ライサンダー（月）　⇔　ディミートリアス（太陽）

『二人の貴公子』

パラモン（太陽）　⇔　アーサイト（月）

エミーリア（月）　⇔　牢番の娘（太陽～月）⇔　求婚者（太陽）

カップルになるのは、太陽と月。太陽同士、月同士が結ばれることは無い。

☽妖精の存在

物語の至るところに登場する。

パックが『二人の貴公子』の医師に化けて登場し、気が狂った牢番の娘を治療するという理由で娘を騙す嘘を提案。

→牢番の娘の存在と妖精を近づける

☀3大祝祭ポイント

喜劇と悲劇を掛け合わせつつも、祝祭劇として明るい雰囲気のお芝居にする。

1、妖精（春）の目覚め

プロローグで妖精が目覚めることで、長い冬から明るく穏やかな季節になることを祝う。

2、パラモンとアーサイトの決闘

ローマのコロッセウムで行われる決闘をイメージし、観客もいる祭の一種としての決闘として描く。

3、5組の結婚式

今回の作品では、最大5組のカップルが誕生する。

劇のクライマックスとして、職人たちの劇中劇を含め、劇の登場人物を全員登場させる華やかな結婚式にしたい。

妖精たちも登場させる。

2

コンセプトミーティング用メモ（裏）。

上岡　そうですね、私が絶対高いところが欲しいっていってたんです。最初はああいうかたちではなかったんですが、どうやったら現実的に学生で作れるクオリティで高いものが作れるか試行錯誤して、ああなりました。

キャラクターと演出

――それぞれのキャラクターの性格付けは、最初からはっきりイメージしていたんですか？

上岡　イメージはありましたね。大きなところでは、ライサンダーがチャラ男、ハーミアがちょっとだけ、ぶりっ子的な要素があるな、とか。それは私が原作を読んだ時点で思っていたイメージです。とはいえ、自分たちで考えてほしかったので、最初からキャストに伝えることはしませんでしたが。

――キャストの方が考えてきたお芝居を見て、何を優先して決めていくんですか。

上岡　一番は、作品のテーマから絶対に外れないように、ということですね。もちろんキャストがもってきてくれたものが違うなと思ったら、戻すとかはしましたけれど、キャストがやってくれるものを見て、それを土台にお互いアイディアを出し合って決めていったつもりです。

――観た側の印象からすると、今回は史劇だった前回に比べて、みんな伸び伸びやっているように見えました。いま上岡さんがいわれたことは、『夏の夜の夢』が喜劇だからということもあるんでしょうか。

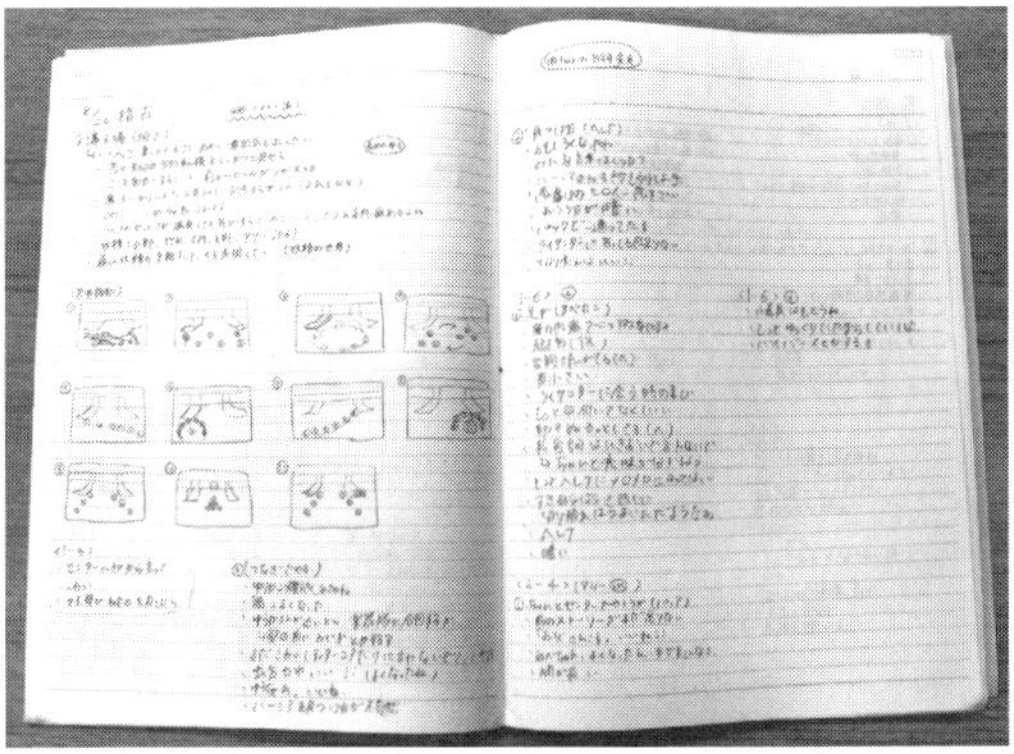

演出用ノート。左頁では、舞台上の人物の動きもイメージされている。

上岡　そうですね、お客さまに楽しんでいただけるものを作るには、私ひとりの頭の中だけでは絶対ダメだなと思っていたので、特に『夏の夜の夢』では、キャストみんなからアイディアをもらえたことが生きたと思います。

　ただし、アドリブは極力しないでほしいといっていました。そのかわり、稽古の時点ではなんでもやっていい。稽古の中で、これがベストかもしれないと思ったものがあったら、それを磨いて舞台上にのせましょう、というふうにしていました。

――通し稽古が始まってからは、上岡さんはどういう仕事を進めていかれるわけですか。

上岡　全体を大きく見るように気をつけるようにしていました。夏休みの稽古だと、ひとつひとつのシーンを個別にやっていくので、けっこうぶつ切りになっているんです。全体の通し稽古を見て、あらためてテーマを伝えるには全体として何が足りないとか、このシーンとこのシーンを他のシーンより印象深く演出をつけ直さないといけないといったことがわかってくるんですね。
　私がけっこう気をつけたのは、シーンとシーンのつなぎですね、どうシーンがつながっていくか。これは監修の青木豪さんにもよく指摘されました。シーンごとに流れが切れると、お客さまの集中力も切れてしまうので、なるべく流れるように物語が進むように、ということに気をつけながら進めていましたね。

――上岡さんの場合、演出ってどんなふうにつけていくんですか。

上岡　最初はかたちからというか、ここでこう動いてくださいということは一回目のシーン稽古のときにいいました。二回目からは、キャストたちがキャラについて考えてきたことも深まっているので、中身のことを掘り下げていうようになりましたね。いまこのキャラは、相手にこう思ってほしいからこういっているんだと私は思うよ、とか。パラモンとアーサイトのシーンだったら、最初のシーンの会話からふたりの絆が見えないといけない、とか。
　たまにキャラ同士の関係性じゃなくて、役者同士の関係性が舞台上に出てくることがあるんですよ。パラモンとアーサイトのふたりだったら、四年生と一年生ですから、四年生の庭山（優希）くんに対して一年生の鴨頭（圭佑）くんの方がちょっと遠慮してしまうんです。でも、ふたりの最初の登場シーンでは、鴨頭くんのアーサイトの方が「パラモン、この街を出よう」って引っ張る感じになるんで、そういう遠慮は取っ払わなくちゃいけない。それで「まずふたりが仲良くなりなさい」といいましたね。ほかにも、キャストの子と「じゃあ、この台詞と台詞の間のこの握手とかでは、ふたりはどう思って握手を交わしてると思う?」とか、そうやってひとつひとつ細かく一緒に考えていきました。

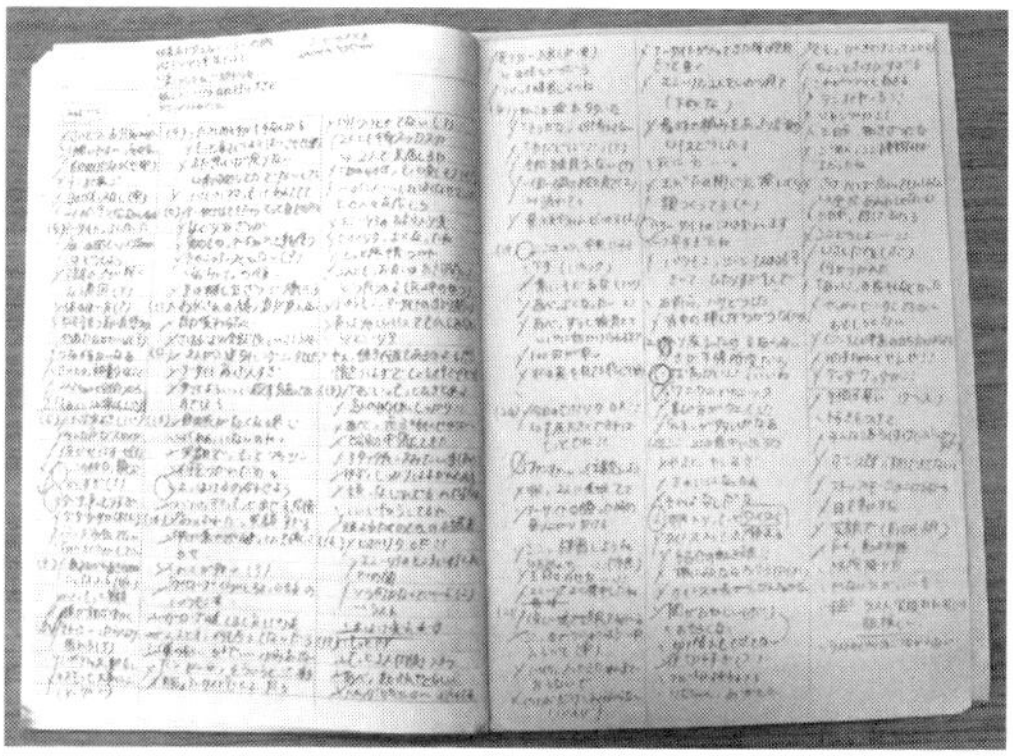
同、膨大なダメ出しリスト。

シーンをどう見せるか

――監修の青木さんからは、演出についてはどんなアドバイスが?

上岡　たとえば通し稽古を見て、この立ち位置だと見づらいよっていうので、青木さんが外側を修正してくださって、じゃあ、中身はお前にまかせるみたいな感じでしたね。やっぱり青木さんは、物語をドラマチックに見せるのが本当にうまくて、すごいなと思いましたね。私が一番悩んでたのが、牢番の娘と求婚者が最後のシーンで後ろからハグして結ばれるっていうシーンで、どうしても何かが足りないと思ってたんです。青木さんに相談したら、「じゃあ、こうすれば？」って、その後ろからのハグを提案してくださって。とにかく発想の数が全然違って、私が一個悩んでることに対して、五個くらい解決法が返ってくるんですよ。「あっ、こっちじゃないです！」っていうときにも、「じゃあ、こっちかな？」みたいに、すぐ次の手が出てくるんで、本当に驚かされましたね。

　青木さんからは、作品の盛り上がりというか、メリハリのつけ方をずいぶん教わった気がします。私が最初につけた演出だと、通しを初めて見たときにすごく平板に見えてしまっていたので。ほかにご相談したところというと、キャラの立ち位置とか、見栄え的なもの。まずこうして、この人を真ん中に置いてやってみたんですけどっていう芝居を見せてから、「この人はこういう立場の人だから、ここに置いた方がいいんじゃない？」とかあらためてヒントをいただいたりしました。

——『二人の貴公子』は、短い場面がポンポン変わっていきますね。この文字どおりの交通整理が大変だったのではないでしょうか。

上岡　『二人の貴公子』は本当に苦労しましたね。シーンのつなぎで参考にしたのは映画のつなぎ方で、ひとつのシーンが切り変わるときにすでに次のシーンが始まっているクロスフェイドとか、音声が次のシーンに少し残ったり、あるいは前のシーンの終わりに少しかぶさったりといったようなやり方を参考にしました。

——やはり『二人の貴公子』で、舞台の前の方で台詞をいってるときに、後ろの台の上で牢番が台詞のない芝居をしたりするといった重層的な見せ方も面白かったですね。

上岡　あれも台本にはありません。台本にない部分は、全部私がやりました。そのシーンでいえば、パラモンが脱獄したことを視覚的にお客さまに見せないとわかりにくいかなということや、ほかにも台本にないキャラの描写も見せたいということもあって、ああいうシーンを増やしてみました。

——最後まで粘っていたシーンはどこですか。

上岡　最後までスタッフさん、特に照明さんとやりとりを重ねたのは、アーサイトが死ぬシーンですね。アーサイトが死んで、最後エミーリアとふたりになってはけるシーンは、ずっと粘ってましたね。私的にはパラモンを見せたくて、ひと区切りつけたくて、あの後、照明が暗くなってから職人たちが入ってくるんですけど、あれの秒

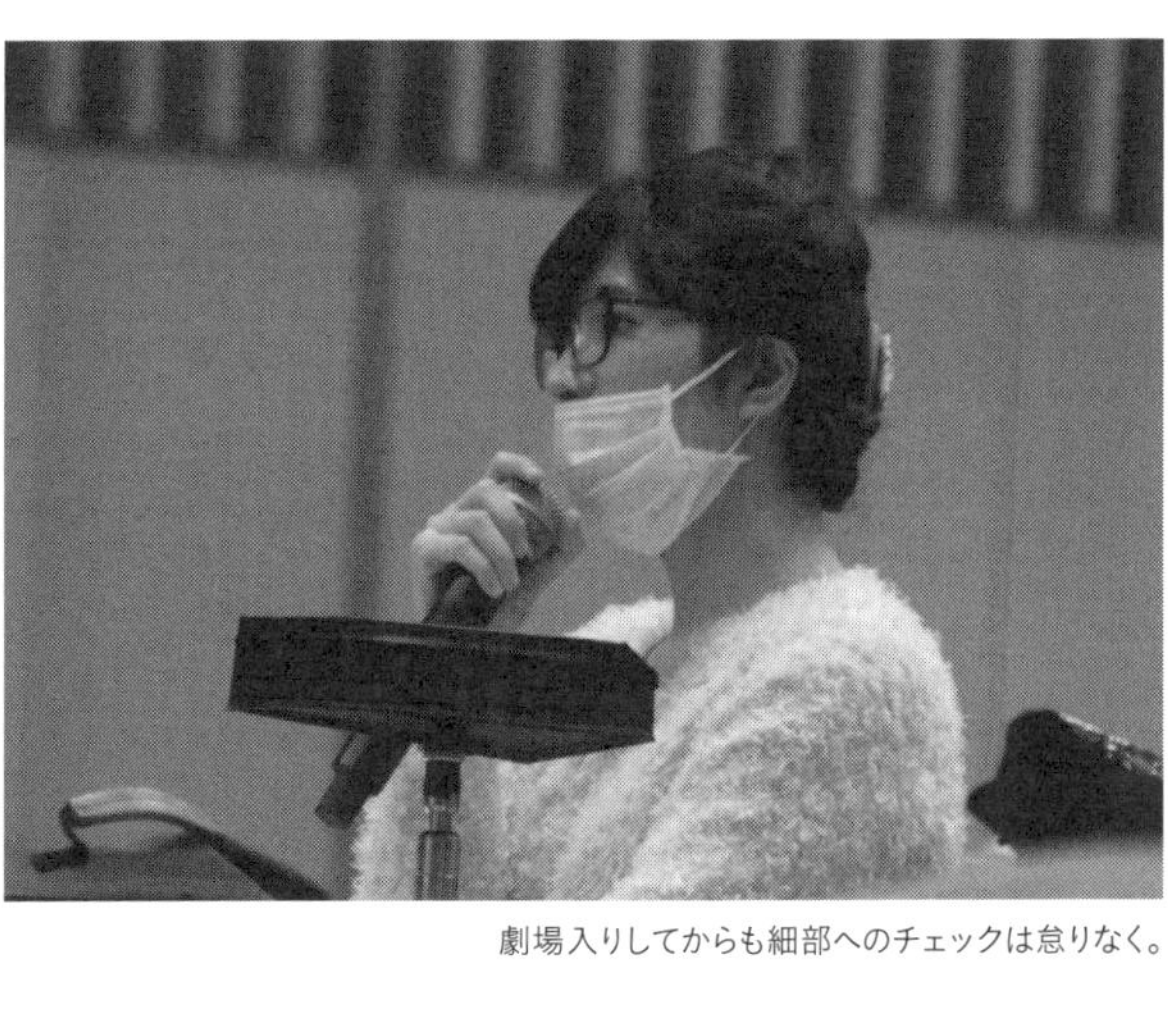

劇場入りしてからも細部へのチェックは怠りなく。

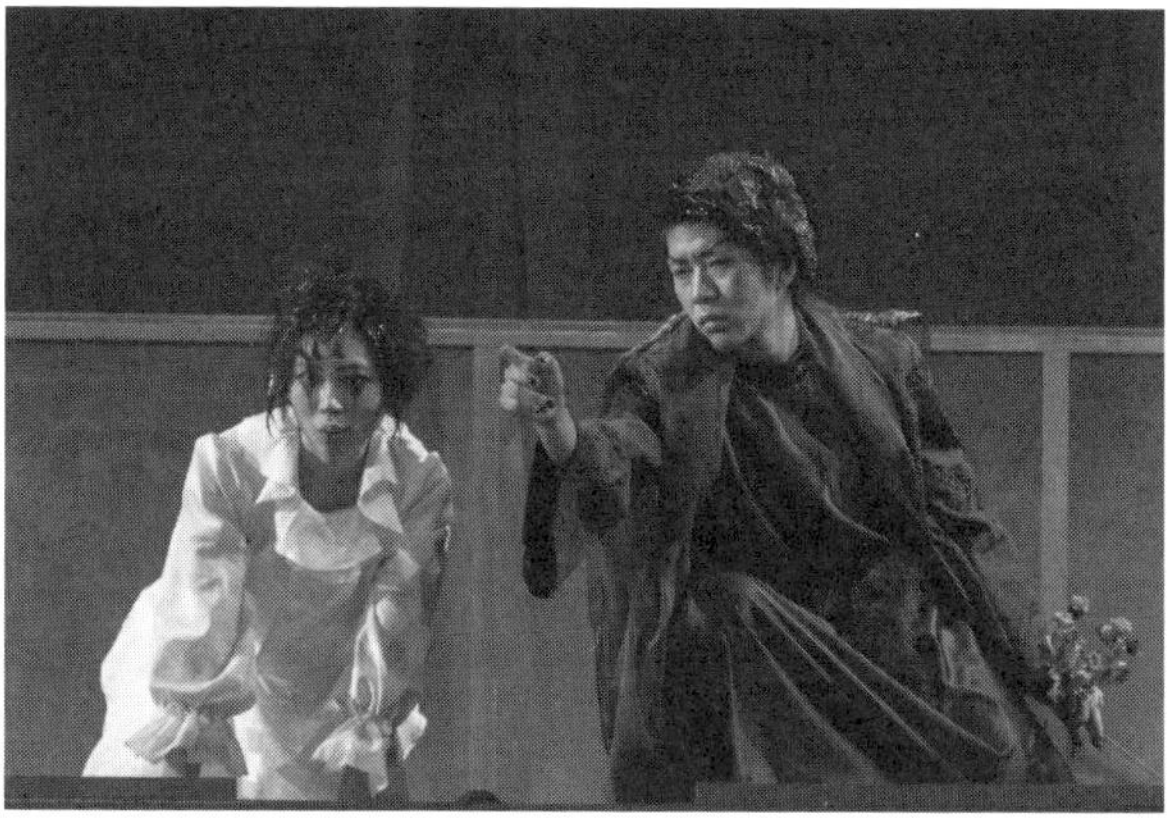

オベロン(藤家矢麻刀)とパック(小坂優)。

数を照明さんとすごくやりあいました。私はちょっと長めに残して、次に明るい曲が入っても落ち着くんじゃないかっていうのと、余韻を残したいっていう気持ちがあったんですけど、照明さん的にはあんまり長すぎるとミスに見えるかもしれないという思惑があって、秒数を、たとえば暗くなってから六秒経って明るくしてくださいっていって、「今の秒数どうですか?」「いや違います」みたいなことを延々と繰り返してました。

演出で何をめざすか

――『夏の夜の夢』は、演出によってはもっと生々しくやるところもあると思いますが、今回はそういう雰囲気ではありませんでしたね。

上岡　そこは私の性格が出たんだと思います。生々しいところはオブラートに包んで、かわいらしさを前面に出しています。

――『夏の夜の夢』でも『二人の貴公子』でも、その中に人物たちの対比がありますね。『夏の夜の夢』だったら妖精と人間、『二人の貴公子』だったら王様や貴公子たちの世界と牢番たちの住む世界、というように。このあたりの対比はどうやって表そうとお考えでしたか?

上岡　『夏の夜の夢』の方だと、妖精と人間はまず視覚的に衣裳の色で分けることでわかりやすくしました。『夏の夜の夢』は、ほかの舞台だとシーシアスとヒポリタのカップルとオベロンとティターニアのカップルを同一人物が演じることが多いんです。でも、私は別の人に割り振ることで、その違いを見せていこうと思っていました。

『二人の貴公子』の方だと、牢番ともちろん身分的な違いということはあるんですけど……それよりも私、『夏の夜の夢』と『二人の貴公子』のどちらにもある「すり替え」っていうテーマが面白いと思っているんです。すり替えがうまくいった方とうまくいかなかった方というか、すり替えがうまくいって愛を得ることができた『夏の夜の夢』と、すり替えはうまくいったかもしれないけれど、失うものの方が大きかった『二人の貴公子』の対比というのは考えていました。

あとは、キャラ同士の対比ですが、実はキャラ同士にも太陽と月という対比を当てはめて考えていました。主要な恋をするキャラたちを太陽と月に見立てて、衣裳でも、太陽側の人たちは暖色、月側の人たちは寒色、というふうにしていて、太陽と月がペアになるようにしてあるんです。

――ＭＳＰでは、脚本も自分たちで翻訳して準備するわけですけど、演出するときになって変えたくなることはないんですか。

上岡　パラモンとアーサイトが決闘になりかけるときに鎧をお互いにつけあうシーンがあって、本当の原作からはかなり台詞もカットしてあいうかたちになっていたんですけど、もたもたした感じがぬぐえなかったんです。見せ方によってはむしろＢＬ的なものになっちゃう可能性もあったので、そこは少し短くしました。でも、あとはほとんどコラプターズが訳してくださったとおりです。

――七五調をどうするかという問題もありそうですよね。

上岡　妖精たちの台詞を基本的に七五調にすることは、ふつうの人間たちと違う言葉にしたかったので私も賛成だったんですけど、いざやるとなると、七五調だとどうしても頭に入ってこないんです。リズムがよすぎて、逆に意味が頭に入ってこないんですね。

でも、うまく使えたら効果的なものになるはずなので、最後まであのままでなるべく粘りました。本当に細かいところは何か所か変えたかもしれません。

――オベロンの藤家矢麻刀さんががんばって七五調を消化しようとしていた印象がありました。

上岡　彼はがんばっていましたね。全体の稽古が終わった後も稽古場に居残って、「ちょっと台詞見てください」とか、「リズムがよすぎてわかんないところとかありますか？」とか、けっこう細かいところまで本人も気を使っていましたね。

――キャストと解釈が真逆だったようなところはありました？

上岡　たとえば、パックのラストの台詞がそうでしたね。私はこの台詞を、お客さんがお芝居の中にいるのか現実の中にいるのかわからない、あやふやな世界にいる状態の台詞じゃないかと考えていたんですけど、パック役の小坂優ちゃんは、これは観客を現実に戻すための台詞なんじゃないでしょうか、だから別にお芝居がからずに素の自分でいってもいいんじゃないだろうかっていうんです。これも結局はいろいろ話し合って、このお話は妖精たちが人間のお客様たちに見せる芝居だというのを一貫してやりたかったので、その世界観を説明して納得してもらいましたね。

――本番をごらんになっていかがでした？

上岡　私、本番の二日目で初めて二階席から見たんです。それまで一階席からしか見ていなかったので、そのとき初めてダンスの照明の色のきれいさに驚かされました。

あとは、お客さんの反応が一階と二階で全然違うこと。やっぱり二階から見ると全体が見えるんです。自分では後ろのお客さまにも楽しんでもらえるようにと考えて作っていたつもりですが、実際にお客さんから、二階からだと全体が見えてすごく面白かったですっていうお声もいただけて、それはうれしかったですね。

プロデューサー

小関優生乃

(こせき・ゆきの、文学部2年)

ライヴなものへの興味

――演劇に興味をもつようになったきっかけを教えてください。

小関　高校時代にはもう観劇はけっこう好きだったんですけど、大学で何か突き詰めるなら、趣味だけで終わらせるのはもったいないから、もうちょっと知識を身につけようと思ったのが、演劇学専攻を選んだきっかけです。ＭＳＰについては、高校生のときにオープンキャンパスに来て、ＭＳＰのブースにたまたま行って、「何かすごいことをやってるんだなあ」と思っていました。

――観劇が好きだったっていうのは？

小関　もともと２・５次元（アニメやマンガ作品をその世界観に極力忠実に舞台化したもの）とかを見ていたんです。そのうち役者さんを追いかけるようにして、小劇場を観たりしてちょっと興味をもったっていう感じですね。全般的に「生でやる」っていうのに惹かれるんです。映画は何回も同じものが観られるけれど、演劇って、同じ公演でも、お客さんの入りとか役者のコンディションによって、モノが全然別じゃないですか。そういうところが面白いなと思っていました。

――実際参加してみてどうでした？

小関　一年目は制作部で、わけもわからずって感じでしたけど（笑）、オープンキャンパスとか明大祭とかで、作品紹介の資料を作ったりしてました。それでこう、やっと全貌を知ったというか。

プロデューサーの仕事

――二年目になってプロデューサーに抜擢され

たわけですが、プロデューサーって何をする仕事ということになりますか？

小関　作品に関しては「演出」というポジションがあって、プロデューサーは団体の指針を示すというか、団体の中心になるポジションになります。でも、具体的な仕事って、そんなにないんですよ。

演出とは基本的には二人三脚です。人によって認識が違うかもしれませんけど。個人的に思っているのは、やっぱり演出は稽古場の要としての存在で、作品づくりに関しては演出が一番。一方、公演の運営自体とか、団体の活動に関しては、プロデューサーが中心、という認識です。

――演出に上岡（福音）さんを推薦したのは小関さんなんですよね？

小関　そうですね。誰がいいかなって話を、最初井上先生としてたんです。演出には、稽古場をまとめられる人物、視野の広い人物にやってもらえるといいよねって。たまたま私が一年生のときに、福音さんが演出をしていた舞台を観たことがあったことを思い出して、福音さんなら演出もできるし、人柄に関しても適当なんじゃないかって話になったんです。でも、年によって選び方はずいぶん違うと思いますけど。

ガイダンスのもよう。

――なるほど。そのほかに、最初の時点ではどんなことを考えますか？

小関　ＭＳＰという団体を進めていく上でのコンセプトを決めたりします。今年（二〇一六年）は、「風通しのよさ」とかですね。それから、プロの力は借りるけれど、最終的には「学生であること」を看板にできる団体であることと、その一方で「学生であること」に甘えないプロ意識をもった集団であること、これが今年度の大きな柱だったかなって思っています。まあ、そのこと自体は常にそうなんですけど、自分たちが知ってはいても、お客さんに伝わっていないことも多々あるので、そのことをお客さんとか外部の人に対してより打ち出していこうとしてました。

具体的な仕事となると、一番最初は、ガイダンスに参加する人を集めるところからですね。ガイダンスと、オーディションと、あと参加メンバーが決定してからは顔合わせ、夏休みの活動報告会とか。劇場に入ってからはプロデューサーが基本進行して、みたいなかたちです。

――オーディションとかの段取りはつけるけれど、中身にはあんまり口を出さない、というスタンスなわけですね。

小関　そうです。あとは、団体と大学との橋渡しや、スタッフとプロスタッフさんとの橋渡しや、そういう部分です。

【一年やってみて……】

——一年やってみて、小関さんとしての反省点があるとすれば、どういうところですか?

小関　反省点……。さっきの「風通しのよさ」ということでいうと、いろいろ対策はとってみたんですけど、部署も多いし、やってることもそれぞれ専門的なので、「今何をやっています」っていう話をしても、それがどういう意味なのか、他の部署にはなかなか伝わらないんですよね。情報の共有って難しいんだなと思いました。あと、どうしても部署ごとに分かれてしまって、やってることも場所も違えば、動き出すタイミングも違うし、さっきお話しした通り、情報の共有も難しいし、ひとつの団体としてまとまりを出すってことは、やっぱりちょっと難しかったですね。どうせ一緒にやってるなら、今何がどこでどう動いているかわかった方が、自分が作ってる感覚があって楽しいとは思うんですよ。チーフミーティングなどで直接情報を共有できないメンバーに事細かに伝えるのは難しい。

——プロデューサーとしてこういうところを見てなきゃいけない、みたいなことはありますか?

小関　私が今回気をつけてたのは、メンバーのそれぞれがどんな人間かを把握して、問題が起これば間にちょっと入って緩衝材の役割をしたりとかといったことですね。大所帯なので、チーフとかでも目が行き届かないところが多いし、そうしたときに、潤滑油みたいな役割ができると、スムーズにいくのかなと思って。

——読者の方に、ひとことメッセージを。

顔合わせ時の記念撮影。ここからいよいよ作品作りがスタート!

小関　学生演劇でこの規模のものというのは日本ではほかにないですし、サークルとかではなく、大学が主催でこういう活動ができるというのは、めったにないことだと思います。その意味で、MSPは特殊な組織だと思います。演劇の勉強をするにしても、作品の座学だけではなく、実際に上演という実践の場としてこういう機会をもっているという、この恵まれた状況にぜひふれていただきたいです。これから入学を考えている人にはもちろん、在学中の方にも参加してもらえるといいなと思っています。

MSPの1年を振り返る 小関優生乃×井上優

2015年11月

第12回公演『薔薇戦争』上演
第13回公演演目「ミッドサマー・ナイトメア」（仮）発表
制作部 アンケート集計
プロデューサー決定

12月

第12回公演反省会
コラプターズ 翻訳開始

プロデューサー大抜擢！

―― プロデューサーを決めるところから次年度のMSPが始まるそうですね。

井上 昨年度MSPが終演した翌日、後片付けが終わったあとですね。小関もいる中で、一昨年のプロデューサーの清水（咲希）や元制作部チーフと、来年度のプロデューサーの人選について話していたのですが、その場になぜか小関さんがいたんですね。その後の帰り道で、「あ、小関がいいじゃん」って思いついて、清水にメールしました。そういった突っ込んだ話にも自然に入ってくることのできる小関は適任だと思ったんですね。直観に近いのですが、歴代のプロデューサーはそういうふうに、自然に自分の立ち位置が確保できるタイプの子が多いですね。

小関 まさに寝耳に水だったので最初は戸惑いましたが、周りから尊敬されている清水さんに声をかけていただけて嬉しかったですし、「せっかくお話をいただいたなら、やろう！」と思って、その場でお引き受けしました。

井上 そのあとに演出が決まって、「この作品にどうやってアプローチする？」という具体的な話をしたのが二月ですね。二〜三月は演出、プロデューサーを交えて制作部会議で座組みや作品のイメージを固めていきました。

メンバー集め、頑張っています！

―― 春休みにはどんな活動を？

井上 新入生ガイダンスでMSPの宣伝をするので、そのための宣伝戦略を練ったりしていました。

小関 制作部とMSPに関わっている文学部の演劇学専攻の人たちを中心に動いています。各学部の先生にお願いして、授業内で宣伝させてもらったりもしています。

―― MSPの新メンバーはいつごろ募集するのですか。

井上 五月に第一回、第二回の参加者ガイダンスがあります。キャストオーディションの話もそこでします。

小関 その頃のチーフミーティング（各部署のチーフ全員の打ち合わせ）では、「ガイダンスではそれぞれの部署の仕事の説明をするの

2016年1月
制作部 初ミーティング
演出決定

2月
演出、プロデューサー（以下、P）、制作部 コンセプト打ち合わせ

3月
演出、Pほか 座組と作品のイメージについて検討

4月
第一回チーフミーティング（各部署チーフの打ち合わせ）
制作部 ガイダンス告知・準備

5月
参加者ガイダンス（6、11日）

で、そのためのプレゼン資料を用意してください」と伝えていました。ゴールデンウィーク前は、ガイダンスの準備や原稿集めで少しバタバタしていましたね。

井上　何年か前までは前年度のチーフがガイダンスをやっていたんですが、そもそも「今年こんな人がほしい」ということは、前年度のチーフより今年度のチーフに言ってもらうほうがいいという話になったので、二〇一三年ごろからそうしています。本当は座組のスタッフメンバーが確定してからチーフを決めても間に合うのですが、そんな経緯でチーフを早く決めることになっていますね。

——カンパニーメンバーはどのように確定していくのでしょうか。

井上　ガイダンスの一週間後に参加申し込みを締め切って、五月の下旬にチーフミーティングを行います。そこで各部署間で人材配分を行うんですが、これを「第一ドラフト会議」と呼んでいます。もちろんキャストの子たちはオーディションをしないと決まりませんが、スタッフ志望の子たちには過去にどんな部署をやったことがあるかとか、何をやってみたいとかで第二希望まで書いてもらって、人数を調整しながら各部署に振り分けていきます。照明部など、人数が多すぎてもしょうがない部署もありますからね。

小関　舞台美術部は去年多かったので今年減らしたら、結果的には減らしすぎちゃったかたちになりましたね。

井上　難しいんですよね、毎年舞台図が決まってから募集するわけではないので、今回は人手が足りない上に舞台装置をいろいろ作りすぎたので、アカデミーコモンに入ってからも装置ができあがらなくて。あれは舞台監督の村信さんも想定外だったみたいでした。

唯一無二を選び抜くオーディション

——キャストオーディションはいつ行われるんですか？

井上　六月第一〜二週にわたってオーディションを行って、選考に二週間程度かけています。これは演出とプロデューサーの担当で、台本の抜粋を読んでもらったり対話してもらったりする台詞オーディションと、ワークショップオーディションに分かれています。

去年、ワークショップはどういう感じだった？

小関　シアターゲームを中心にやりました。鬼ごっこを一〇人ずつくらいのグループに分けてやってもらって、その人がどんな人柄なのかを見つつ、後半はそのグループであるシーンを即興でやってもらいましたね。

参加申し込み(〆切18日)

チーフMG 第一回「ドラフト会議」

制作部 仮チラシ作成

MSPインディーズ 公演情報公開

6月

コラプターズ 台本完成

制作部 第一弾フライヤー完成、協賛店募集

キャスト オーディション(台詞・WS)、キャスト内定(22、24日)

7月

チーフMG 第二回「ドラフト会議」(8日)

キャスト、スタッフ決定(17日)

演出・監修・プロスタッフ コンセプトミーティング

制作部 パンフレット製作開始、グルメマップ取材

MSPインディーズ 稽古開始

井上 ワークショップオーディションは、セリフだけでは見えない動きとか表情を見てもらうのが狙いです。

オーディションを経て、演出にキャスト案を作ってもらい、六月の終わりくらいにキャストを決めますが、そのときはみんなで話し合いますね、僕や青木(豪)さんも交えて。上岡が「この子でいきたい」というのをまず確認して、迷っているところでは何人かの候補をみんなで見比べて意見交換もします。

小関 恋人四人をどう配置するかでは議論になりましたね。誰をどっちの役にするかとか、誰をどう入れるかとか。

井上 最終的には上岡に判断してもらいました。青木さんが面白いことをおっしゃってましたね、「僕がオーディションで選ばなかった子が出世しちゃったりするから、僕はオーディションには自信がないんだよね」って。MSPでも似たようなことはあります。今年残れなかった子が翌年キャストで再チャレンジして合格して、「あ、この子、こんなに面白かったのか」と思わされることは多々あります。

小関 判断材料が少ないのでもう一回見たいです、というコールバックをして、オーディションを補うようなこともしました。

——キャストの合格発表はいつですか?

井上 七月一日です。この日は毎年変わらないですね。そのあと「第二回ドラフト会議」があって、キャストに残れなかった子たちに、他部署に入るか声をかけて座組が決まっていく。最終的にはいつ決まったんだっけ?

小関 今年は七月一七日にメンバー決めでした。それから八月五日に顔合わせ。ここから制作部ミーティングは週一回、チーフミーティングは二週に一回と各部署が動き出していきます。

井上 顔合わせ前に入れておかなければいけないのが、七月半ばのコンセプトミーティングですね。

小関 演出家の「こういうものを作りたい! こんな作品にします!!」というコンセプトを共有するための打ち合わせですね。

井上 演出、監修、プロスタッフと、各部署のチーフ、デザイナーが集まって、作品の世界観、コンセプトを共有するという機会はこの一回だけで、これは毎年やっています。八月の全体スタートの前の重要なミーティングです。

そして、座組が動き出す

——キャストの皆さんの練習はどんなぐあいに進んでいくんですか?

8月

オープンキャンパス（2～4日）
稽古開始
制作部 本フライヤー完成
衣裳部 採寸開始、デザイン会議、製作開始
楽器隊 作曲・練習開始
MSPインディーズ 公演本番

9月

ポスター完成
高校生WS
キャスト 粗々通し、活動報告会（19日）
制作部 DM発送
舞台美術部 製作開始
照明部 照明プラン作成

10月

予約開始（8日）
制作部 フライヤー配布
劇場入り（29日）

小関　顔合わせの日に読み合わせをして、そのあとはワークショップや基礎練習中心になりますね。

井上　八月の頭は〝読み合わせ＋α〟くらいで、具体的な形にするところまではできていないですね。お盆明けには、演出に見てもらいながら練習するチームと、その場面に出ていないので自主練習するチームにわかれて、八月、九月と夏休みの稽古が進んでいきます。

小関　夏休みの終わりには〝粗々通し〟を行います。

井上　粗々通しをこのタイミングでやるようになったのは、ここ最近のことですね。二〇一三年くらいまでは、一〇月の頭まで通しはしなかったのですが、夏休みの終わりに活動報告会をするのでみんなが集まる機会で通しをやりたいということと、一回通すと見える部分があるというので、夏休みの終わりにやるようになっています。

――確かに全体の長さとかがわからないと、プロデューサーや演出にも不安が残りますよね。

井上　実質お盆明けからの一か月間の稽古でそこまでもっていくのはかなりの荒業だと思うのですが、そこからスタッフもいろんなことが確認できますしね。

舞台を支えるスタッフたち

――夏休み中、ほかの部署はどのような活動をしているのでしょうか？

井上　制作部は夏休みが始まってすぐの活動として、八月上旬に明治大学のオープンキャンパスがあります。オープンキャンパスは高校生にMSPをアピールするチャンスですから、制作部で毎年ブースを出展しています。また、稽古場と連携して高校生を呼んでのワークショップも行います。

小関　衣裳部は座組みが確定した時点で採寸が始まるので、夏休みからずっとやっています。

井上　稽古場の近くで作業しているのでできあがったものを持ってきてもらったり、というのは夏休み中ありました。

小関　ハーミアのドレスが最初に上がりましたけど、没になっていましたね……。

井上　それはしょうがないね。ゴーサインを出して、できあがったものをもってきて、という流れで、衣裳部は常に忙しいんですよね。

――夏休みの間に、MSPのインディーズ公演（MSP卒業生たちが中心になって行う公演）がありましたね。あれは今年の座組みにとって大きかったんじゃありませんか。

井上　スタッフに一回仕事してもらう機会があったのは、やっぱり大きかったですね。そのために照明部だけでワークショップを行っ

11月

制作部 チケット・パンフレット完成
舞台美術部 舞台建て込み
衣裳部 最終調整
照明部 機材仕込み
音響部 ピンマイク設置
場当たり(8日)
ゲネプロ(9日)
本番(10～12日)
次回演目発表「トロイラスとクレシダ」
制作部 アンケート集計

12月

プロデューサー、演出決定
反省会、チーフミーティング(19日)

たりしましたし、音響部も例年は一〇月になるまで出番がないんですけど、去年そのおかげで一回仕事してもらえました。村信さんのもとで仕事をする経験が夏休みの時期にあったのは、すごくよかったです。

小関　舞台美術部はけっこう死んでいましたけどね（笑）。

井上　ごく簡素なものを作る予定が、そこそこなものになってしまったんです（笑）。舞美チームには夏休みに作ってもらうものがけっこうあったので、申し訳なかったです。

夏休み明け、ノンストップの日々！

――夏休み明けになると、もうすぐ本番一か月前を迎えますね。

井上　一〇月は通しがひたすら続きました。でも、必ず誰かが欠席してましたね。

小関　あの時期は毎日稽古だし、一気に寒くなるからみんな風邪をひくんです。今年の通し稽古、全員そろったのは一回だけでしたね。

井上　一〇月に入ると、制作部が周りのお店に情宣をし始めます。「チラシばらまき隊」とか「置きチラ隊」って呼んでましたね。パンフレットに載せる協賛のお店を探してくるのは、六～七月になります。

小関　パンフは四三〇〇部作りました。

井上　お客さんを四〇〇〇人呼ぼうとしていたからね。そんなこんなで、劇場入りをするのが一〇月二九日。今年は舞台美術の進行が遅れていたので、例年より早くアカデミーコモンに入れて助かりましたね。

――照明の仕込みなんかも、劇場に入ってからの勝負ですもんね。

小関　でも、実際には照明は夏休み中にだいぶ組んでいたんですよ。

――MSPは無料公演ですけど、予約を取りますよね。

井上　例年九月のお彼岸ごろにしていたのですが、今年は一〇月八日にしました。毎年、予約をしたのに来ない人がいて、それをどうやって減らそうかって話になり、予約が早すぎるのではという意見が出たので今年は遅らせたんです。

小関　例年来てくれる方にはDMを送ったりして、劇場に足を運んでもらえるよう工夫しています。

――本番が終わって、バラして、終わってひと月くらいたってから反省会が開かれましたね。

小関　一二月一九日ですね。

井上　実際「解散会」ですよね。そんな感じの一年間でした。

――ありがとうございます。しかし、反省会が終わった直後に、皆さんが下のロビーでもう次年度の打ち合わせをしてたのには驚きました（笑）。

フラッシュバック!

Midsummer Nightmare

大好評のうちに幕をおろしたMSP第13回公演『Midsummer Nightmare』。「夏の夜の夢」と「二人の貴公子」という２本の戯曲をつなげた意欲的な作品でした。ここであらためて、そのストーリーを舞台の写真つきでたどり直してみましょう。

MSP

第一幕「夏の夜の夢」

婚礼の儀を控えたアテネの侯爵シーシアス（横道勇人、Ⓐ左）とアマゾンの女王だったヒポリタ（荒田樹李、Ⓐ右）の前に、イジーアスに連れられて、娘のハーミア（谷口由佳、Ⓑ左）、ライサンダー（田畑賢人、Ⓑ右）、ディミートリアス（宮津侑生、Ⓒ左）が現われる。イジーアスはハーミアをディミートリアスに嫁がせようと思っていたが、ハーミアはライサンダーと熱愛中。シーシアスはハーミアに、父の意向に沿うようにと申し渡す。

ハーミアの幼なじみヘレナ（小川結子、Ⓒ右）登場。ヘレナはディミートリアスを愛しているが、ディミートリアスはハーミアに夢中で自分に見向きもしてくれないので、ハーミアのことを嫉んでいる。

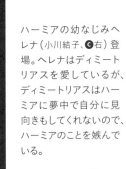

クインス（峰村美穂、Ⓓ右から3人目）、ボトム（武藤雄太、Ⓓ左端）ら職人たちが集まって、シーシアスの結婚式で披露する余興の劇の打ち合わせ。

妖精王オベロン（藤家矢麻刀、Ⓔ左）と女王のティターニア（大野叶子、Ⓔ右）は、可愛いインドの小姓をめぐって夫婦喧嘩中。オベロンは妖精パック（小坂優、Ⓕ）に、「恋のスミレ」をもってくるように命じる。その露を眠っているもののまぶたに一滴落とせば、目覚めて最初に見たものに恋してしまうのだ。

眠るティターニアのまぶたに、オベロンは「恋のスミレ」の露をたらす。パックはディミートリアスに恋の魔法をかけるよう命じられるが、間違えてライサンダーに魔法をかけてしまう。目覚めたライサンダーが最初に見たのは、なんとヘレナ。たちまち恋に落ちるライサンダー。

職人たちの芝居のへっぽこぶりを見てイタズラ心を起こしたパックは、ボトムの頭をロバに変えてしまう。職人たちは大パニック! しかし、そんなボトムを、眠りから覚めたティターニアが見てしまう。ロバ男に惚れ込んだティターニアはさっそく彼を寝室に連れ帰る。

魔法をかける相手を間違えたことがわかり、パックはオベロンに大目玉をくらう。オベロンはディミートリアスに魔法をかけるが、目覚めたディミートリアスが最初に見たのも、これまたヘレナ! 四人の関係は大混乱。

ロバ男のボトムにぞっこんのティターニアを見て、哀れに思ったオベロンは、ティターニアとライサンダーにかけた魔法を解くことに。喧嘩していたカップルは仲直り、ディミートリアスとヘレナも結ばれて、めでたしめでたし。

シーシアスとヒポリタの前に、3人の王妃が現われる。テーバイの王クレオンに夫を殺された彼女たちは、シーシアスにクレオンを討ってくれるよう頼み込む。引き受けるシーシアス。

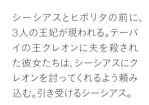

第二幕「二人の貴公子」

叔父クレオンの暴君ぶりに憤るパラモン（庭山優希、G）とアーサイト（鴨頭圭佑、H）。テーバイのために奮戦するも負け戦となり、捕虜となる。彼らのことが気になってしょうがない牢番の娘（山崎純佳、I）。

パラモンとアーサイトは牢獄の窓からヒポリタの妹エミーリア（徳田吹雪、J左）を見かけ、たちまち恋に落ちる。二人の間には亀裂が入るが、その直後、アーサイトだけが釈放される。

アーサイトは御前試合に優勝し、シーシアスやエミーリアの知己を得る。パラモンに恋する牢番の娘はパラモンを脱獄させるが、報われないことに絶望し、発狂する。

パラモンとアーサイトは再会するが、互いを許すことができず、決闘することに。シーシアスがそこへ通りかかり、日をあらためて決闘を行うよう命じる。勝ったものがエミーリアを手に入れることができるのだ。負けたものには死が待っている。

娘が発狂して取り乱す牢番と求婚者（阿部夏月、Ⓚ左）の前に、パックが医者に扮して登場。求婚者に秘策を授ける。

パラモンとアーサイトの決闘の結果、アーサイトが勝利する。パラモンが死刑に処される直前、アーサイトが事故に遭ったという知らせが届く。パラモンとエミーリアの前で絶命するアーサイト。

シーシアスとヒポリタの
結婚式。職人たちの間の
抜けたお芝居は大うけ。
さあ、夜も更けた、床につ
こう。パックも今夜のお客
さまにご挨拶いたします。

キャスト

MSPの舞台に出演するのは、明治大学のさまざまな学部から集まった学生たち。個性豊かなキャストがぶつかり合って、現代のシェイクスピアを表現します。『Midsummer Nightmare』のキャストに、これまでの歩みと舞台への思いをお聞きしてみました。

MSP

キャスト

パック

小坂 優

（こさか・ゆう、文学部3年）

一番自由がきく役

—— 小坂さんがお芝居に興味をもたれたのはいつごろからですか？

高校のときに進路指導で、職業の一覧の中に「役者」っていうのを見て、「あ、お芝居って面白そう」って思ってからですね。そこから「お芝居やりたいな」と。

その一心で大学に進んじゃったので、何か舞台を観て感動したからとか、観劇経験も全然ないままに演劇学専攻に入りました。高校の担任の先生には、演劇もやったことないのに演劇学専攻なんか行ってどうするのってめちゃめちゃ反対されましたけど（笑）。

—— 小坂さんは一年目からキャストでしたね。

はい、最初は『道化と王冠』ですね。それまでは実験劇場っていう演劇サークルで新人公演を一回やっただけなので、人生で実質二回目みたいなものでした。最初は絶対オーディションに受からないだろうと思っていたので、一年目で選ばれたときはうれしかったですね。

今年（二〇一六年）は初めてオーディションのときに「やりたい役はありますか」って聞かれたんですけど、素直に「パックがやりたいです」って答えました。

『夏の夜の夢』はいろいろな劇団が上演していますけど、それらを観て思ったのは、やっぱり同じパックがいないんですよね。性格、年齢、オベロンとの関係、演じている役者の性別。ちょっとずつでもけっこう違っていて。これは先輩からいわれたんですけど、「パックって、どんな人がやっても、どんな性格の妖精にしても演じられる役だから、今まで見てきたパックを取り入れてもいいけど、それを真似しても自分らしいパックじゃなくなるからやめろ」って。パラモンを演じた庭山（優希）さんですけど（笑）。パックはある意味、一番自由がきく役ではあるんですけど、それだけにパックの中に自分なりの軸を作り出せるかっていうところが問題でしたね。

『夏の夜の夢』のパック

—— パックはオベロンとの掛け合いが多いですよね。

オベロンとの掛け合いで一番印象に残っているのは、退場のしかたですね。オベロンが「GO!」っていって、ふたりで上手と下手に分かれて走り去るところ。あそこでは演出から、ふたりいっしょにそれを同じポーズをやることで、ずっとこういう関係で来たんだなっていう感じを出してほしいっていわれて、そういうのが表れるといいなという思いを込めてやりました。演技については、キャスト側でいろいろ考えてから、シーン稽古で（上岡）福音さんに見てもらうっていう流れなんですけど、私はけっこう自由にできた方だと思います。

――パックの台詞は基本的に七五調ですが、そこはいかがでした？

台本初めて読んだときに、「えっ?!」と思いましたね。ああ、もうリズムになっちゃうって。私は一番オベロン（藤家矢麻刀）とのシーンが多くて、妖精の中で台詞が多いのはダントツにオベロンなので、オベロンがどんどんリズムになっていくのもわかるし、私も長い台詞がリズムになっちゃってるから、シーンが一定になっちゃって面白くならない。感情も出しにくいし、崩したいけど変に崩すと、「ん?!」みたいな感じになっちゃうっていうか。

――そこは自分なりに切り崩そうとしてみました？

台詞の最中に動きを入れて、途中で切ろうとしましたね。「女王様はロバ男と熱愛中！」っていう台詞のところなんかもそうです。

――あのときの動きは小坂さんのアイディアですか？

あれは福音さんのアイディアですね。オベロンにもふざけかかっちゃえって。

――監修の青木さんからはどんな指示がありましたか？

青木先生からは、とことんちゃんと台詞と向き合え、と教わりました。台詞のいっている意味をちゃんと指してあげないとわからない、と。『夏の夜の夢』って、人物の関係が複雑だし、魔法がかかっちゃったりすると、さらにわけがわからなくなるから、観客に説明するならとことん説明しないと本当にわからない。だから、ある人のことをいってるんだったらその人を指すとか、ちゃんと台詞の指してるものを指せ、と。私がロバ男を表現するんだったら、徹底的に動きを真似してやればっていうことで、動きをなぞったり、立ち位置まで再現しちゃえば、みたいな指示をもらいました。

――『夏の夜の夢』って、ぼーっとしてると聞き流しちゃうけれど、けっこう大事な背景を台詞でだけ説明してるところもありますよね。たとえばインドの子供を連れてきた経緯のところとか、そこがオベロンとティターニアの間に諍いが起こったり、その後仲良くなることの背景にあるんだけれど、そこが全部台詞で処理されているから、観客に伝わるようにきちんと説明しなければいけない。

そうなんですよね、その台詞のところ、他の妖精さんをオベロン、ティターニア、インドの少年のかわりとして使っていまし

たが、私がちゃんと説明をしないと、代わりの妖精がインドの少年みたいに見えてしまうから、別の人でそれを説明しているということが伝わるように演じなければいけなくて、なかなか大変でした。

——すごく細かいことですが、恋人たちが下でケンカしてるところで、オベロンとパックが楽器隊の人たちと台詞なしで小芝居してるところがありましたよね。あそこはどういう？

　あそこはオベロンをやっている藤家が、楽器隊さんが妖精の格好をしているなら俺たちといっしょじゃないか、じゃあ楽器隊さんにもからもうっていい出して、ああなりました。ディミートリアスを起こそうとしてまたひと騒ぎ起こそうとしてるパックを見て、オベロンが怒って、「もうお前はあっちに行け」「はぁい」っていう台本にはないやりとりですね。

『二人の貴公子』のパック

——『二人の貴公子』でもパックが出てきますね。お医者さんをパックにするというのは……。

　これは福音さんの演出ですね、最初の台本の段階でそうなってました。ただ、『夏の夜の夢』は喜劇ですけど、『二人の貴公子』は違う。だから、パックも第一部のテンションのまま第二部に行くわけにはいかないですよね。第二部にも登場するなら、本来『夏の夜の夢』で完成しているパックという役に、さらに何かプラスして、この『Midsummer Nightmare』だけのパックを作らねば、と。明るいけれど、それだけじゃなくて、いろんな感情をもってるパックを作らなきゃいけないなと思いました。

——医者をパックが演じることの意味についてはどう考えましたか。

　この作品でのパックは、『夏の夜の夢』では人を惑わせる存在でしたけど、『二人の貴公子』では医者のふりをして出てきますよね、でもどちらもやってることは人間に対してのいたずらです。

　パックの役に決まったとき、図書館でパックのことをめちゃめちゃ調べたんですよ。パックって本によって記述が違っていて、いたずらをする妖精とか、でも実は恋を成就させる妖精とか、人間に幸福をもたらす妖精とか。

　この台本で第一部と第二部の両方で、人間にいたずらっていうかたちで魔法をかけるけど、私はやっぱり幸せをもたらそうとしている存在ではあるのかなと思っています。第二部にしても、パックはたぶん牢番の娘をそのままにしておけないっていう気持ちがあったんじゃないかなと個人的に思ってます。ただ、実際にこの物語の後に恋人たちや求婚者と牢番の娘がどうなるかはわからない。彼らが幸せになるかはわからない。そのまま物語は終わる。

　だから、お客さんに対しては、パックが幸せをもたらす妖精なのか、それともいたずらという不幸をもたらす妖精なのかっていう疑問をハテナのまま持って帰ってほしいんです。その先で、じゃあ自分の幸せは何だろう？って考えてほしい。だから、医者をやるときもいたずらをするときも、自分の好き勝手に動いているようだけど、実は、人間のことを考えているのかもと見えたらいいなって思いながらやっていました。

妖精って何だろう？

――パックをやっていて一番大変だった場面はどこですか。

一番大変だったのは、やっぱり最後のひとりで締めの台詞をいうシーンかな。他のシーンだったら、私以外にも人がいるっていう安心感があるんですけど、あそこは自分しかいませんでしたから。自分が締める

しかない、みたいな責任感は感じてました。あと、最後の台詞とか、冷静に考えたら、何いってるんだろうなっていうところがあるじゃないですか。「次はもっと頑張れます」とか、「えっ、次があるの?!」みたいな。謎が多くて七五調が強い台詞だけど、最後の台詞こそ、お客さんが聞き流して終わっちゃうみたいにはしたくなくて。だから、この台詞のひとつひとつの意味を大切にしたいなと思って、稽古でずっとこの台詞のことを考えていました。今までの芝居は一夜の夢にすぎないはかないもので、これで芝居は終わり、皆さんは現実に覚めていくかもしれないけれど、この芝居の登場人物に起こったことは皆さんにもありえないことじゃないと思いますよ。ここの登場人物の幸せは皆さんにどう見える？　そしてあなたの幸せって？　考えなきゃいけないと思いますよ、だからこの芝居は別に嘘ではありません、嘘は申しておりません、みたいな意味を込めてこの台詞をいいました。

――本番では最初の回と最後の回を拝見したんですけど、お客さんの反応がずいぶん違うことに驚きました。これは俳優としては、さぞやりがいがあることだろうなあと……。

本当に最後の台詞のところとか、お客さんの反応が回によってけっこう違うので、最後まで気を抜けなかったですね。予想外のところで拍手が起きちゃったり、笑い声が入っちゃったりして、びっくりしたところはありますね。特に最後の回はあたたかくて、リラックスして好意的に観てくださっていたと思います。

――最後の質問になりますが、妖精って何だと思います？

パックが幸せをもたらす妖精であったにしても、不幸せをもたらす妖精であったにしても、やっぱり人間のすぐ近くにいて、ある程度人間を動かしてる存在なのかなって思います。こちらもそれに耐えられる人間なのかどうかみたいなことも試されてるんじゃないかって、この舞台をやった後に思いました。だから嫌なことが続いても耐えてやるみたいなふうに、生き方についての考え方が変わりました。不幸なことが続いても、いや妖精のせいだから、って(笑)。

キャスト

ティターニア

大野叶子
（おおの・きょうこ、文学部3年）

プロデューサー・演出からキャストへ

——お芝居に興味をもたれたのは、いつごろからですか。

大野　中学三年生のときに、学校で有志でお芝居をやる機会があったんですよ。いわゆる高校演劇ですね。先輩は怖いし、稽古はつらいし、やだなーと思ってたんですけど、本番はすごく楽しくて、それは高二まで続けました。そのころには月に一回くらいお芝居を観に行くようになってて、演劇関係の勉強ができる大学に行こうと明治に入りました。

母が明治のOGだったので、MSPには明治に入ることがあったら参加しようと思っていました。入学が決まってすぐ過去映像を観たら、「スゴい！」。それで一年生で入って、そこから参加してます。

でも、そのときは映像・スチール部だったんですよ。いろんなものの写真を撮りながら、制作部の仕事もお手伝いさせていただいていたら、その流れで当時のプロデューサーの清水（咲希）さんに、次のプロデューサーをやってほしいといわれて、「やります！」とお引き受けした感じです。

——前回（第12回公演『薔薇戦争』）はプロデューサーと演出の兼務でしたが、今回はキャストでティターニアになりました。

大野　オーディションの合否発表と配役発表が一緒で、オーディションの発表日にはほとんどの人が配役を発表されるんです。そこで、「あっ、ティターニアやるんだ」って思いました。もともとオーディションのときに「何の役をやりたいですか」って聞かれて、私は「ティターニアか牢番の娘がやりたいです」って答えてたんです。希望がかなってうれしかったんですけど、稽古が始まるときは不安でしたね。シェイクスピアみたいに、歌う台詞、口語ではない台詞のお芝居をやったことがなかったので。

やっぱり最初やっていると、台詞が流れていっちゃうんです。ただ、もっと抑揚をつけてとか強弱をつけてとかテクニカルにやっていっても、何を伝えたいのかとか、誰のどういう台詞を受けてやっているのかとか、中身を考えていかないと結局伝わらないんですね。そこを夏休みにすごく考えて練習しました。私、けっこうテクニカルにそれっぽく読むみたいなのをやってしまいがちで……。

たとえば、一番最初のオベロンとティターニアのケンカのシーンとかも、全部勢いでいっちゃうところがあったので、ここは藤家とすごく稽古しましたね。ここはティターニアとオベロンの、前説以外での最初のシーンで、お互いのキャラクターと関係性をお客さんに提示するところですから、どのくらいのケンカの温度なんだろうとか、ずいぶん考えました。

オベロン側の妖精は、数はいるけれど、全体的にいうと、ザコというか仕事ができないのが多くて、結局オベロンが頼りにしているのはパックしかいない、みたいな感じ。それに対して、ティターニアは情に厚いから、四人の妖精から慕われてる、みたいな。それで両者の差を表現したり、オベロンとパックの結びつきみたいなものを表現できるといいなと思って、このシーンに出てる人みんなでけっこう話し合いましたね。

――藤家さんとは他にどういうようなことをお話しされました？

大野　結婚して何年くらいなんだろうとか。人間の時間の流れとは違うから、何万年とかなのかもしれませんけど。私たちが芝居する上でわかりやすい単位で考えると、まあ一〇年くらいなのかなと。自分が演じるにあたっては、人間でいうと、三五から四〇くらいの間の女性っていうつもりでいました。

あとは、ミシェル・ファイファーがティターニアをやっていた『真夏の夜の夢』の映画のイメージがけっこうあって、ミシェル・ファイファーみたいにゴージャスになりたいなーって思ってましたね（笑）。

他のキャストも観ていると思うんですけど、ナショナルシアターライブの、ジュリー・テイモア演出の『夏の夜の夢』を観て、こんな面白い『夏夢』があるんだと思いましたね。私、今までシェイクスピアのラブコメで『じゃじゃ馬馴らし』と『から騒ぎ』は好きだったんですけど、『夏夢』はいろいろな人が出てきて、忙しい感じがするので、それほど好きな作品ではなかったんです。でも、ジュリー・テイモアのはすっごく笑いました。お金もすごくかかってる舞台ですけど、正しいお金の使い方をしていますよね。映像とか、最初のシーンで気球の布がふわって広がってパックがシューって降りてくるところとか。

あれは本当に素敵な作品だったので、それを観ちゃったからこちらもがんばらなきゃって思いましたね。ただ、その作品では、パックをキャスリン・ハンターっていう有名な女優さんがやっていて、その人メインで進んでいく感じだったんですけど、私たちは素人の学生なので、ひとりに頼りすぎずにアンサンブルで作っていくことが

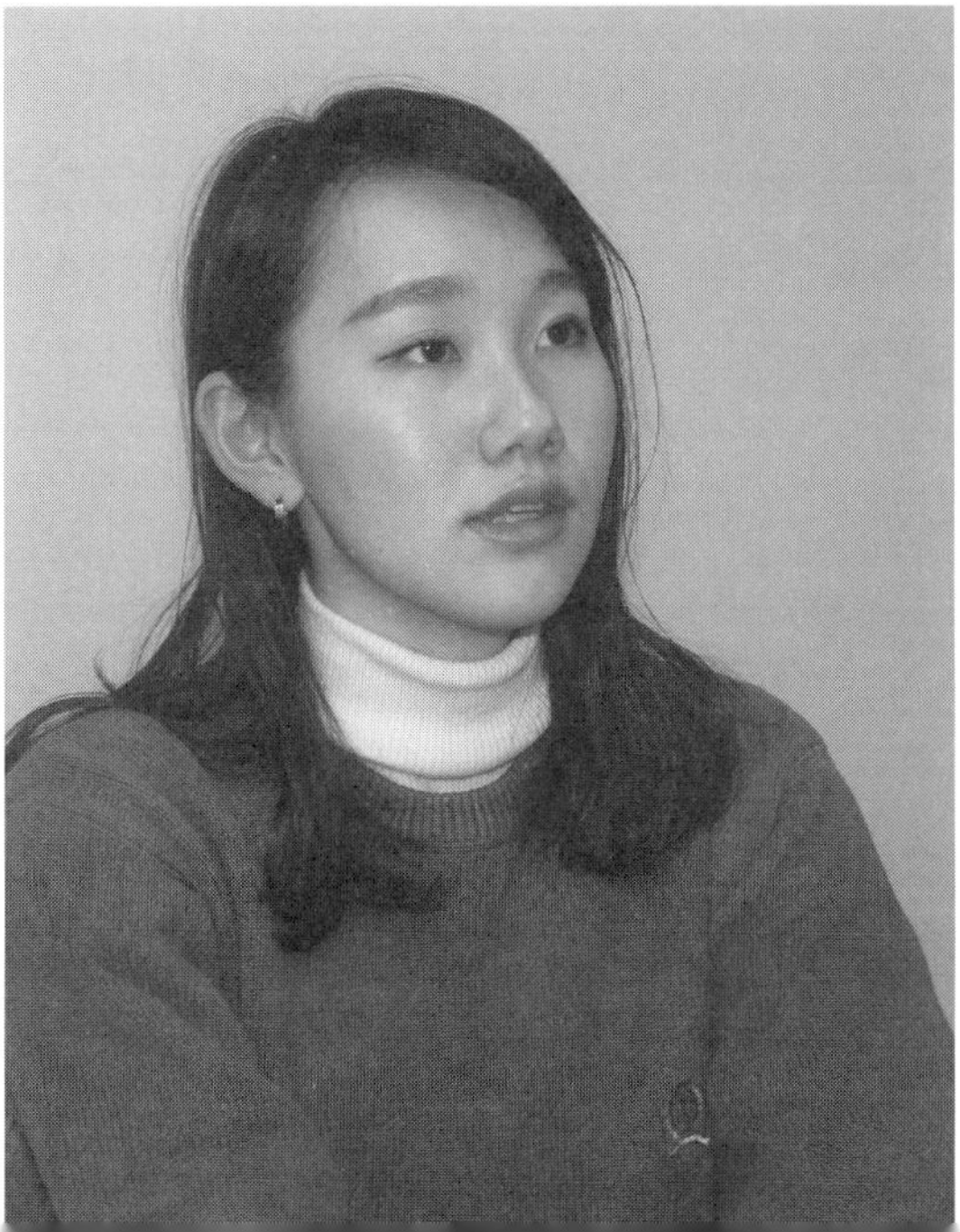

できて、それはすごくよかったと思います。

幻のお色気?路線

——ティターニアは、ロバ男に恋してしまいますが、実際にはありえないからこそ、どう説得力をもって見せるかが難しいところかと思います。そこはいかがでした?

大野　ティターニアがロバ男に恋をするのは、絵画とかに描かれるくらい『夏夢』でもすごく象徴的なシーンですよね。グロテスクといえばグロテスクですけど、恋ってどういうきっかけで落ちるかわかりませんからね……。人の気持ちはすごく移ろいやすいものだということがわかるように、恋するときはパッと入って、魔法が解けたらパッて引くみたいな感じでわかりやすくすることを心がけました。あとは、ボトム役の武藤と妖精四人との掛け合いとか、テンポが大事なところだったので、そこもけっこう練習しましたね。

——『夏の夜の夢』は、セクシャルな含意のあるお話ですよね。もちろん学生がやるからには、あまり下品にはできないと思いますが……。

大野　実は最初、そっちのお色気路線で芝居を作ってたんですよ。でも、演出がお色気路線があまり好きではなかったみたいで。しばらく粘ってたんですけど、ここで張り合ってもより良いものは生まれないと思って芝居の方向を変えました。同じ大学生もさることながら、父母会の方や教職員の先生方も観にいらっしゃるので、みんなに楽しんでいただくためにどうしようかなって考えて、今回お色気は封印することにしたんです。ただ、そっちはそっちで、大学生がふざけてるみたいにならないようにするのがけっこう難しかったですけど。個人的には、品のない職人と妖精界の女王ティターニアが交わるところってセックスなんだろうと思います。

演出と演技

——まず演出から入られた人として、演じてみるという経験はいかがでした?

大野　全然違いましたね。去年（二〇一五年）は稽古場を動かしていく立場だったので、あまり細かいところまで見えなかったです。誰それと誰それがいまケンカしてるよとか、誰かがずっと具合が悪いらしいとか、そこまで全部目を配れなくて。私、演出も初めてだったので、自分のことでいっぱいいっぱいになってしまっていて、ある程度芝居ができる人、及第点が取れている人に関しては、あんまりお芝居を見られなくて、むしろ初めての子を底上げしてあげる方に重点を置いていましたね。
　ただ、今年自分で役者をやってみると、「えっ?! 楽しい!」みたいな感じがすごくありました。三時間の芝居で、私の出番はそれほど多くないので、自分の稽古がない時期は自主練したり、みんなと話し合ったり、後輩のお芝居を見たりとかしていました。そういうことを通して、演劇を一緒に作る仲間というだけじゃなく、人間的に結束ができて、だからこそ大きい舞台でみんなを信頼し合ってこの舞台を作れたんだと思います。私、今年参加するかすごく迷ったんですけど、本当に参加できてよかったと思います。

――逆に、演じる立場になってみて、去年の演出でああしておけばよかったみたいなこととかってあります?

大野　動線をもうちょっと整理してあげたらよかったなと思いますね。去年はすごく殺陣が多くて、裏通りとか早替えとか、役者が死ぬほど大変だったみたいで、着換えながら走って、反対側から出てくるみたいなのとか、お姫様が次の次の場面で殺陣で出るときに着替えが間に合わなくてドレスで出てくるみたいなことがあって大変だったと思うんです。もうちょっとおもんぱってあげられればよかったんですけど、そこまで頭が回らなかった。

『薔薇戦争』補遺

――前回の『薔薇戦争』は、主役がかなり土壇場になって降板、という大変な出来事がありましたよね。

大野　リチャード三世をやるはずだった大津留（彬弘）が、肺気胸を患ってたんですが、本番三週間前に再発しちゃったんです。激しい運動を避けた方がよかったんですけど、リチャード三世は殺陣も多いので、いろいろあったんですが、やむをえず……。彼は、復帰した後に、もともと加藤（彩）がやっていたバセットという役をやってくれました。

――しかし、代役の加藤さんは三週間でよくあれだけがんばりましたね。

大野　加藤は、大津留が降りることが決まった夜に呼び出して、「リチャードをやって」「あっ、いいよー」みたいな感じで引き受けてくれました。そういうタイプの子

ティターニア（大野叶子、右）、ボトム（武藤雄太、左）。

なんです。次の日から、朝九時からみんなが来る六時までみっちり稽古をやって、六時になったらみんなとまた稽古して、九時～二二時みたいな稽古をしました。「時間の感覚わかんない、今何時？」「あっ、もう暗いよ」みたいな感じで。特に、リチャードはモノローグが多いので、そこの演出を最初に全部つけました。ただ、大津留が作ってたものとは変えないとたぶん成り立たないので、全然別物として作りましたね。男の子と女の子だし、条件も違うので。

―― 僕は最初、「なるほど、リチャードを女の子にやらせるのか、これはいい狙いだな」と思ってたくらいですからね。あとで直前に決まった代役と

第12回公演『薔薇戦争』。
左から2人目、リチャード三世（加藤彩）。

知って、本当に驚きました。

大野　これは去年いた人はみんな覚えてるっていうんですけど、加藤がリチャードになって五日くらい経ったところで、リチャード三世の「冬のような凍てついた屈辱も……」っていう有名なモノローグをしゃべるシーンを他の人も入れて稽古したときに、みんなびっくりしたんです、加藤が完全にリチャードだったから。そのとき、みんなが彩の本気を感じて、本当に空気が変わっちゃうっていうことを経験しましたね。その空間にいた人全員が、「うちらもがんばんなきゃ」ってなったのが、みんなにもわかったんです。よく覚えてるんですけど、その空間の空気が揺れたんです、みんな息をハッて吸ったから。

―― すごい体験ですね。そういうことが起こるのがMSPなんですね。

シーシアス
ヒポリタ

横道勇人（よこみち・ゆうと、情報コミュニケーション学部4年）
荒田樹李（あらた・じゅり、文学部2年）

子供のころから演劇好き

―演劇に興味をもち始めたのはいつごろからですか。

横道　僕が一年生のときは、まだ大学の学部間共通の総合講座で「シェイクスピアを上演しよう」っていうのがあったんです。それを見てガイダンスに行ったのがきっかけです。

もともと親が演劇好きだったので、中学校時代から演劇は観ていました。一〇歳のころには市民ミュージカルにも出たことがあったんですよ。

―MSPの存在は入学する前から？

横道　観る前に入っちゃったんです。ただ、稽古は厳しかったし、アカデミーホールに入って稽古したときには、これはがんばらなければいけないな、と感じました。市民ミュージカルのときもけっこう大きいホールでしたが、台詞はなかったので。台詞をしゃべるとなると、もっとがんばらなきゃな、と。

―横道さんは四年ともキャストでしたね。ご自分では、なぜ一年生のときに選ばれたと思います？

横道　声は大きかったんですよね。当時の稽古の録音を聞くと、すごくヘタなんですけど、声の大きさだけはデカかったので、それが理由かなと思いますね（笑）。

―荒田さんはいかがですか？

荒田　私は小学校に入る前くらいに、家に『セーラームーン』のミュージカルのビデオがあって、それをよく観ていたんです。それくらいからたぶんお芝居には興味があったんでしょうね。

自分でお芝居をやろうって思ったのは高校のときで、演劇部に入部して、音響と二本くらい脚本を書いて、みんなで演出をつけていました。舞台に出たいな、とは思いつつも、裏方も楽しいから、裏方の中心になってましたね。そのころから演劇を学べるコースがある明大に進みたいと思っていました。

―そのころにはMSPのことは知っていましたか？

荒田　いえ、全然知らなくて、入学してもらったチラシでそういうのがあるって知ったんです。でも、その前に演劇研究会に入っていたので、「私はたぶん四年間やらないだろうな」と思ってました。でも、なんか、やってますね（笑）。

―MSP、やってみていかがでした？

荒田　自分はだめだなって痛感した三カ月でした。でも、勉強になったこともすごく多かったです。私、自分の強みっていうのが全然なくて、いまだになんでオーディションに受かったのかわかってないんですけど……。

――横道さんは、荒田さんはいかがでした？

横道　なんで受かったか、ですか？　いや、荒田さんしかいないんじゃない？（一同笑）

荒田　そうですか？　横道さんはMSP界隈では有名なんですよ。私の友だちとかからも、「よこみーさんのお嫁さんやるんでしょ？　許せない、嫉妬するー」みたいに言われるくらい、すごい人気あるんですよ。

シーシアスとヒポリタ

――今回の『Midsummer Nightmare』の一部と二部をつないでいるのは、おふたりですよね。

横道　そうですね、一部と二部を通しているのがシーシアスとヒポリタなので、つなぎの場面もこのふたりが中心になってやっています。一部では「ヒポリタ大好き」みたいな感じですけど、『二人の貴公子』になると、法律破ったら死刑だっていう厳しい王様なんです。このふたりのシーシアスがしっかり同一人物になるようにがんばったつもりです。

――荒田さんはいかがですか？

荒田　私も、一部の方は最初と最後しかしゃべらなくて、そこから推測できるヒポリタの感じと、妹のエミーリアから窺えるヒポリタのイメージに差があったので、私も急にめっちゃしゃべるようになったなって感じにならないように、台詞のやりとりの裏で、このときはこう考えているってことを洗い出してつなげて、それを立ち居振る舞いに生かせるようにがんばりました。

――シーシアスとヒポリタの関係については、どう考えていましたか？　シーシアスの台詞の中には「力づく」ということばもありましたが……。

荒田　ほかの『夏の夜の夢』は、最初の方針は仲が悪くてだんだんに打ち解けていくパターンが多いんですけど、今回の福音さんは最初から仲よくしてほしいという演出だったので、そのためにはヒポリタはどう考えていたのか、とすごく考えました。「これは自分よりも強い人が好きなのかもしれない！」とか。

――裏設定みたいなことを考えたわけですね。

横道　そうですね。一騎打ちしてシーシアスが勝った、みたいな（笑）。

荒田　強い人が好きだから、抗うことなくついてはきたんだろうけれど、やっぱり仲間が殺されているから複雑な思いはあったはず。でも、一緒に過ごしているうちに強さとか優しさとか威厳に心惹かれていったんじゃないか、と。

――演出の福音さんとは演技に関してはどういうやりとりがありました？

横道　最初『夏の夜の夢』だからコミカルでいいのかなって思って演じていたんですけど、シーシアスはどっしりしていてほしいっていわれましたね。

――あまり動かなくていいと。

荒田　ほかにもコミカルな動きをする役があるので、全員がそんなコミカルなことをしていても締まらないから、シーシアスが締める立場だったんですね。

横道　基本的にシーシアスは、とにかくヒポリタが好きで、ヒポリタと結婚することしか考えていないんです。だから最初の「さあ、美しいヒポリタ、結婚式ももうすぐだ」っていう台詞があるんですけど、これが決まれば、あとはなんとでもなるぞ、と先輩からいわれるくらいでした。この「さあ、美しいヒポリタ」には、そうとうなエネルギーを費やしましたね。

荒田　私もこの最初のシーンはすごく緊張しましたね。その前に妖精たちの出番があるとはいえ、本編が始まるのはここなので、「ここ、トチれない！」と。

――大きい劇場と小さい劇場で、演じ方に違いは出てきますか？

荒田　声量の差はあるでしょうね。私はそんなに声が大きい方ではないので、小劇場だとちょうどいいくらいの声量なんです。でも、いざアカデミーホールでやるとなると、まず「声が小さい」っていうダメ出しが来ます。仕草にしても、お客さんが近いとそれが見えるので、細かいことをしてもそれはそれで楽しいんですが、アカデミーホールで細かいことをしすぎると、「何やっているかわからないのにうるさい」みたいになっちゃうので、そのあたりの折り合いが難しいですね。

横道　声量の話は確かにそうだね。今度初めて小劇場でやるんですけど（二〇一七年二月三～五日、劇団螺船企画公演）、もっと声小さくていいよっていわれる（一同笑）。

頼れるセンパイ、横道さん

荒田　横道さんはキャストの中のまとめ役っていうか、先頭に立ってみんなを導く存在でしたね。

横道　そうだった？　申し訳ないくらい何もしていないけどね。

荒田　いやいや。キャストの話し合いのときに、横道さんがみんなの意見を聞きつつ自分の意見もいって、見事な手腕でキャストの士気を高めてくれたんですよ。

横道　今年（二〇一六年）の稽古場は、福音がすごく優しくてお母さんみたいな存在なんですよ。これまでの演出の人は特に一年生には厳しかったんですけど、それと比べると福音は優しくてお母さんみたいなので、ちょっと危機感がないかも、みたいになったことがあるんです。それで、四年生の中でそういう場を設けようっていうことになったんですよね。それでモチベーションが上がったかどうかはわからないですけど。

――どんな話をされたんですか？

横道　まず、足りないものを挙げさせたんですよ。それから、これまで演出にいわれていることは何か、みたいなことをいいましたね。まず熱量が足りない、時間にルーズで、規則を守る気持ちが足りない、それから会話が足りない、会話になっていないみたいなことを。ふたりの掛け合いのシーンでも、福音は「ふたりの会話が成り立っていない」とよくいうんです。

――相手の台詞に対して応えているかたちになっていないということですか？

横道　そうです、そうです。

荒田　キャッチボールができていない、みたいな。

横道　「じゃあ、どうしたらいいと思う?」って、意見を聞きましたね。時間に関しては、後輩が稽古が始まる前にスタンバイしていて「三分前です」と呼びかけたり、時間になったら手を叩いて合図したりという方向で落ち着きました。会話が成り立っていないというのは、やっぱりふだんから会話をしていないからじゃないか、稽古場の中で絡む人とは会話をするかもしれないけれど、別物の二作品をやっているので、あっちとこっちで会話をすることがない、みたいな問題が見えてきました。だから、自分の役だけでなくて、一緒に共演している人がいなかったらほかの人を呼んできて読み合わせをするとか、ほかの人の役の台詞をもっと読んでみるとかもいいよって話をしたり、あとはもっとお互いに会話をしよう、「最後に、このメンバーでよかったね、と思えるようにしよう」っていいましたね。

シーシアス（横道勇人、右）、ヒポリタ（荒田樹李、中）、エミーリア（徳田吹雪、左）

荒田　そのときにみんな、「横道さん、カッコいい……！　がんばろう！」って感じで、みんなウルウルしてましたよ。

横道　作品の成功っていうのもみんなでめざしてやるんですけど、ＭＳＰを始めるのもけっこう勇気がいるんですよ、オーディションもあるし、三〜四〇〇〇人のお客さまが来るわけだし。それに挑戦をしてきたからには、個人として、たとえば荒田さんは荒田さんとしてそれを乗り越えたっていう成功をしてほしい、自分だけじゃなくて、もっと周りの人のために、ひとりひとりが共演者の成功のためにがんばっていこう、といった記憶がありますね。

荒田　それを聞いて、みんな「あぁ〜、もうついていこう！」って（一同笑）。

キャスト

ライサンダー
田畑賢人（たばた・けんと、文学部2年）

ディミートリアス
宮津侑生（みやづ・ゆうき、国際日本学部2年）

ヘレナ／ダンス振付
小川結子（おがわ・ゆいこ、文学部2年）

ハーミア
谷口由佳（たにぐち・ゆか、文学部1年）

演劇への入り口

――みなさんがお芝居に興味をもつようになったきっかけを教えてください。まず小川さんから……。

小川　私は小学校のころからダンスをやってたんです。ダンスを続けたくて、運動部みたいに厳しいところではなくて、演劇をやってみようかみたいな感じで始めました。

最初は、ダンスと演劇はまるっきり別々だって思ってたんです。ダンスは自分だし、演劇は役じゃないですか。だけど踊っていくうちに、感情を込めるとか見せ方とか、いろいろなことを追求しなきゃいけなくなってくるんです。そうすると、演劇の方でも同じようにいろいろ考えるようになってきて、今はもう自分の中ではいっしょみたいなものですね。

――最初に始めてらしたダンスはクラシックバレエですか？

小川　いや、ヒップホップダンスなんです。バレエは全然踊れません。

――MSPに入るようになったきっかけは？

小川　文学部演劇学専攻に入って、大学で一番大きい演劇のプロジェクトがあるのが面白そうと思って、オーディションを一年生のときに受けたのがきっかけです。

田畑　僕の場合は、母親がもともと声楽家で、オペラの団体に所属して舞台に立っていたので、その影響ですね。小学校三年生のときに自分も初めてオペラに出演させてもらったんですけど、そしたら舞台が好きになって、それからという感じです。その後もオペラに出演していく中で、音楽劇とはまた違ったストレート系のお芝居もやってみたい、幅を広げたいと思って、この大学の演劇学専攻に入りました。

宮津　僕はストーリーがあんまりないんです。中野キャンパスの掲示板に、シェイクスピア劇やりますみたいなポスターが貼ってあって、「面白そうだな」と思ってそれに応募したっていうだけですね。演技も初体験でしたし、それまで観たことある舞台も、劇団四季の『ライオンキング』とか『キャッツ』くらいでした。

谷口　私は、初めて演技というものに触れたのが小学校のころで、日野市の映画祭でノルウェーの『マレーネとフロリアン』（監督＝アニータ・キリ、二〇〇一年）っていう戦争もののアニメーションの吹き替えをやったのがきっかけです。そこから演じることが楽しくなってきて、中学で演劇部に入って、中高六年間ずっとやってました。やってたのは、ふつうの高校演劇ですね。生徒主体で創作もしてスタッフワークも全部先輩から引き継ぎながらやっていました。MSPに応募するときも、最初はスタッフで応募しようかなと思ってたくらいです。照明さんとかすごくスタッフワークも充実してらしたので。

それぞれのキャラクター

——それぞれのキャラクターについて、思うところを聞かせてください。

小川　ヘレナは今までやった中で一番自分から遠い人なんですよ。自分ではこんなに人に執着したこともないし、ヘレナってしつこいからお客さんに嫌われるんじゃないかと思ってました。でも、「ヤンデレ」っていう言葉に行き当たったときから、もうヤンデレに特化することにしました。

右より、小川結子、谷口由佳、田畑賢人、宮津侑生。

——田畑さんのライサンダー役は、けっこう現代ふうにアレンジしてありましたね。

田畑　役的に台詞も現代風でしたね、チャラ男というか。最初自分が思ってたライサンダー像とは違いましたけど、完璧に自分と違うというわけでもなく、似てる部分もあるんですよ。なのでそういう意味でも、やっていくうちにけっこうしっくりくるようになりましたね。バカで、チャラくて、現代風ではあるんだけど、一途さという意味では現代の人にあまりないようなものがあると思います。

——ディミートリアスに関してはいかがですか？

宮津　ディミートリアスは頭で考えるタイプなのかもしれませんね。それに対して、ライサンダーは単純に好き好きみたいな感じ。僕は三人に比べてディミートリアスっぽいねっていわれることが多いんですよね。

田畑　それはちょっと思う。

宮津　演じるにあたっては、ディミートリアスはヘレナに来るな来るなっていってるんですけど、突き放すにしてもいろんな種類がないとつまんないっていわれて、毎回怒鳴ってても飽きちゃうし、いろんな方向を探っていましたね。

谷口　私は、ヘレナとの対比とか、女同士の違いみたいなところを意識してキャラを作りましたね。かわいいキャラだけではいけないな、と思って。天然キャラではあるんですけど、裏では何か考えていて、たぶんライサンダーのことも尻に敷いているんじゃないでしょうか。自分にモテる自覚があるなりの賢さみたいなところがあるんだろうけど、自分があざとい演技をしてしまって女性客に嫌悪感を抱かせないように努力したつもりです。

四人のコンビネーション

――四人が右往左往する一番おかしいシーンがありますけど、お互いのコンビネーションがすごく難しかったんじゃありませんか。

小川　谷口以外は、一年のときからの同期だったからやりやすかったたっていうのは大きいかもしれないです。全然知らない人たちとやってたら、信頼関係を築くのも大変だし、身体を使う危ないシーンもいっぱいあるから大変だったろうなと思います。

谷口　そんな中に私もすごく自然に加えていただいたので、私もすごくやりやすかったです。

宮津　それはよかった。このキャストを見たときに、一年生がひとりで大変だなと思ってたので。

――ライサンダーは決め台詞とかポージングとかいろいろありましたけど、田畑さんのアイディアが生かされてるんですか?

田畑　自分だったり周りのキャストだったりまちまちですね。そのアイディアを毎回演出の福音さんに見てもらうんですけど、福音さんがけっこう笑ってくださったので、やりやすかったです。

――通し稽古も何度か見せていただいてたんですが、ヘレナの足にすがりついてライサンダーが出てくるところって、最初からありましたっけ?

小川　ディミートリアスとヘレナの最初のシーンで、一時ヘレナがディミートリアスの足にすがることにしてたんですよ。でも、ドレスがあって無理なので、そのふたりでやっていたのを、ライサンダーがヘレナの足にすがりつくことにしたら面白いんじゃないかっていうのがもともとのアイディアだったんですよね。

――ハーミアが靴を投げつけるのも、最初からありましたっけ?

谷口　途中からですよね。

小川　もともと私が舞台上で走るために靴を脱ぎたかったのが始まりですけど、そうしたらハーミアも脱ごうかっていうことになって。

――感情をものを使って表現するのは効果的ですよね。最後の方でハーミアがヘレナにコブラツイストしてるのを本番で見て、「やや、これこないだの通し稽古でなかったぞ?!」と驚きました。

小川　コブラツイストは青木先生の案ですね。

谷口　けっこう特訓しましたよね。稽古中に、夏休みが終わってから、福音さんが夏の間に決めた演技を崩そうっていう演出をなさっていて、そこからいろいろ崩していったんです。あれでけっこう変わりましたよね。人間の小汚い部分が加わっていって、コブラツイストのシーンが生まれるという。

ハーミア（谷口由佳）、ライサンダー（田畑賢人）

小川　ハーミアの暴力をヘレナが受けようっていう案を自分たちで出していたからこそ、その動きをコブラツイストにしてみようかという青木先生の提案が生まれたと思うので、その土台を自分たちで作れたのはよかったかなと思います。舞台裏でみんな気にしてる部分ってあるんです。ディミートリアスへのビンタ、成功するかなとか、裏で聞いてて面白いんです。

——あのビンタもけっこう大きい音でしたよね。

谷口　よし！

宮津　いや、この人の上達具合がハンパないんですよ。コツを覚えたんですかね。痛くないんですよ。本当に。

谷口　よかったです。位置と音が大事ですよね。あれ、舞台に出る前に、手を温めておくんですよ。これで鳴るか鳴らないか、全然違うんです。毎回通し稽古ごとに殴らせていただいてて、その回ごとにいろいろダメ出しをいただくんですよ、「今日、音小さかったよ」とか「今日、痛かったよ」とか。それでいろいろ試した結果です。

宮津　いや、もともと素質があったんだと思いますよ。最初にビンタを採用することになったら、ふつう遠慮するじゃないですか。でも、一発目からフルスイングでしたからね。

谷口　ごめんなさい！

フォークダンスのような ヒップホップダンス？

——小川さんは今回ダンスの振付もされてますよね。振付は前からやられてたんですか？

小川　振付を最初にやったのは、たぶん小学生のときですね。高校ではダンス部だったのでけっこう作ってて、大学に入ってからもお芝居用に八本くらいは作ってます。

宮津　今回みたいな大人数の作品もやってたの？

小川　いや、二回目です。高三のときに、運動会の応援団のダンスで一〇〇人くらいのものを作ったことはあります。でも、MSPでも、人数が多いし、しかも全員出さなくちゃいけないから、誰がどこにいるのか整理するために、飴を人に見立てて作ってました。

　私は、言葉やテーマから考えていくんですけど、最後は結婚式のダンスだって聞いたので、そこから連想するものをバーッて挙げて、踊りを作っていきました。輪が二つ重なるようなかたちになるところは、太陽のイメージです。「太陽と月」だったら……（ノートを見せて）これは初期のメモで、結局一個も使ってないんですけど、こういうのをやりたいなと考えていたものです。

――膨大な数のキーワードですね！　しかし、これは演技と合わせると、そうとうな仕事量だったんじゃありませんか。

小川　ヘレナをやりながらダンスも考えていたので、もう今年（二〇一六年）はMSP以外のことはやってませんでしたね。

――でも、できあがった作品は、いわゆるヒップホップダンスとはずいぶんイメージが違う感じに見えましたけど。

小川　私自身、大学に入ってからジャズダンスもやり始めたんですけど、劇中のダンスってメッセージ性とかパフォーマンス性がふつうのダンスとは違うので、ジャンルという考え方はしませんでした。

　今回は、全体としてはフォークダンスに近いイメージだと思いますけど、バレエができる方には跳んでもらったり、視覚的に面白いことはできる人たちにやってもらったり、ペアダンスはカップルだからあった方がいいかなって思って取り入れたり。自分でもいろんなジャンルをやってきた分、固執しないで取り入れられるし、その一方で、自分は技とかできないけど、この大勢の中にはできる人もいるし、表現の幅は広がったと思います。でも、私の知りあいには、「ああ、ヒップホップだね」っていわれますね。

谷口・宮津・田畑　えー！　全然わかんない……。

小川　「ジャズダンスじゃないよね」って。ジャズダンスをやってる人が作ったら、もっと全然違うふうになると思います。

谷口　へえー、深い！

ディミートリアス（宮津侑生）、ヘレナ（小川結子）

キャスト

ボトム 武藤雄太（むとう・ゆうた、情報コミュニケーション学部１年）

クインス 峰村美穂（みねむら・みほ、国際日本学部３年）

フルート 諸星福次朗（もろほし・ふくじろう、法学部４年）

スナウト 川島梨奈（かわしま・りな、文学部１年）

スターヴリング 三日市亮（みっかいち・りょう、文学部１年）

職人たちの演劇はじめ

――演劇にふれることになったきっかけを教えていただいてもいいですか？

三日市 高二のときに『幕が上がる』という映画を観て、その原作の平田オリザさんの本や舞台を観に行って、どんどんハマっていったという感じです。

武藤 僕は高校のときに演劇部に所属してました。もともとスポーツをやっていたんですけど、部活でやるのが嫌で、楽かな、みたいな感じで友達と入って、大学でもちょっとやってみようかな、みたいな感じです。

峰村 私は、演劇を初めてやったのは、高一のときに文化祭でやったクラス劇なんです。そこでは別にハマったわけではないんですけど、浪人中にラーメンズの小林賢太郎のコントとか舞台表現を観て、それにハマったんですね。しかも、彼は脚本も演出も美術も全部自分でやっていて、それがすごくいいなと思って。こういうのが許されるなら、大学に入って演劇をやってみようかなと思って、始めたんです。

諸星 僕は三年生からで、一、二年生のときはＭＳＰの存在も知らなかったんですよ。やろうと思ったきっかけは、二年の冬に活劇工房というサークルの新人公演をたまたま観たことで、「あ、すごいキラキラしてるな……お芝居ってすごいな」と思って、その翌年に入ることにしました。

川島 私は小さいころに、人形劇とか、子供向けの劇とかを見せてくれる人がいたんです。たまたま地元の子供ミュージカルに連れていってもらって、「いやー、これすげーな」と思ったのがきっかけです。高校を選ぶときに、「どこで演劇ができるかな」みたいなことを調べて明八（明治大学付属中野八王寺）に行ったら、たまたま子供ミュージカルで一緒だった加藤彩さんがＭＳＰに出ていたんですね。観に行ったら、「ふわ～！　これはもう大学入ったらやるしかない！」と（笑）。

真面目にやる？笑わせる？

――今回は職人たちということで、第一部の『夏の夜の夢』と、第二部の最後のところで出番がある、という出かたになりましたね。なぜこの劇中劇が最後に来ることになったんですか？

峰村　ふたつの作品をつなげるものが、そもそもはシーシアス様しかいなかったんです。ほかにどんな手があるか、というときに、劇中劇があれば、劇とそれを観る観客ということで全登場人物を集結させることができる。全部のシーンが終わった後に、このふたつのお芝居がつながっていたことを示すためには、最後に劇中劇をもってくるしかなかったんじゃないかな、と思っています。

右より、三日市亮、峰村美穂、武藤雄太、川島梨奈、諸星福次朗

――職人が全員出てくるところは何回かありますけど、何人かいる中で台詞をポンポン回していくのは、大変だったんじゃありませんか。中心になっているのはクインスかボトムでしょうが……。

武藤　大変でした……（一同笑）。

峰村　全員、会話がバカなんですよ。だから、いわゆる日常的な会話のやり方は成立しないんですよね。「こういう台詞はこういういい方するよね」みたいなことが適用されない台詞ばかりで、意味がわからないことしかいっていないので。それが苦労した一番の理由かなと思います。

――クインスの台詞も、作者はギャグのつもりなんだろうけど、それをそのままやっても……みたいな問題がありますよね。

峰村　最初は、真面目にいって間違っているのが面白いのか、最初から笑わせるつもりでしゃべるのがいいのかというところから始まったんですけど、三カ月やっていると誰も笑わなくなってくるんですよ。だから上演するまでは、ずっと「これで合っているのか？」みたいなことを全員思ってましたね。精神的につらい感じでした（笑）。

武藤　台本を読んだときは「何が面白いんだろう？」と（笑）。本番を迎えて、客席の反応を見て、何かわからないけどこれでよかったんだ、みたいな感触は、全ステージ終えて得られたかなと思っています。

——諸星さんがシスビーを演じるところは、台詞より身体で笑わすみたいな感じでしたね。

諸星　本当にそうですね（笑）。ビジュアルの力もお借りして。僕が観た『夏の夜の夢』では、フルートを女性がやっていて、しかもその女性の役の地続きな感じでシスビーをやっていたので、ああいう笑いの取り方ではありませんでした。

——川島さんは塀の役ということでしたが……。

川島　オーディションの結果を見るときに、「スナウト（塀）」と書いてあったんですよ。『夏の夜の夢』は一回読んでいたんですけど、塀の役っていうのは全然忘れてました。でも、皆に「次、MSPで塀やるんだ～」っていったらちょっと面白いかな、と思って「やったー」と思ったのは覚えています（一同笑）。

——三日市さんのスターヴリングはウサギでしたが、舞台の上手側に残ってちょっと小芝居をするところがありましたね。あれは最初から？

三日市　台本上では出てきているんだけど台詞はなくて、「あれ、『退場』って書かれてない……そうか、ここにまだいるのか」みたいな感じでした。「どうしよう」とは思いつつ、台詞がなくて、そこにいる、というんだったら、「何やってもいいんだよ！」と開き直ったり。とはいえ、そのときにしゃべっているのはボトムなので、それを邪魔しない程度に自分でコショコショやろう、みたいな感じで最終的には決まったみたいな感じですね。二回目に観た人が気づいて「なんかやってるわ、面白いな」ぐらいな、そういう要素かなというつもりです。

——今日は欠席ですけど、加藤（拓実）さんのライオンがけっこう印象に残っていて。「がおー」しか言わないけど、何かいろいろ考えていそうな感じがしました。

三日市　福音さんからは「バカキャラで」といわれていました。加藤さんは根が真面目な人なので、バカ１００％でいこう、ある一定のラインを越えてぶっこわしていこう、みたいな感じでした。とりあえず叫んでみようぜ、みたいな。

ネタを出してはボツにされ……

——まず六人で芝居を作ってみて、上岡さんに見てもらうわけですよね。上岡さんからはどんなことをいわれました？　ネタは出したけど「それはいらない」とか。

峰村　それはちょっと大量にありますよ（笑）、一〇〇出して一残るか、みたいな感じで。

諸星　僕らが「これやったらいいのかな」みたいなのをいろいろ考えて、そこからよりよいものを残していただいたということですね。

川島　ボトムの「ご婦人方……」みたいな台詞のところで……。

三日市　とにかくガヤがどうすればいいのか

わからない。

川島　それで、じゃあもうマダムになろう、といって、全員マダムになりましたね。

三日市「やぁだ〜」とかいって。

峰村　粗通し、めっちゃ受けたけどね。

三日市　だけど、福音さんからは「うーん、私は……」と（笑）。

峰村「皆が笑っているのはわかるんだけど、私はわからない」って。

三日市　もう本当に多かった、それが（笑）。

武藤　そのたびに「あぁー！」って。ダメだろうね、予想はしていたけど、みたいな感じでしたね。

三日市　ボトムとかクインスがしゃべることが多いので、そのとき後ろが何もやっていないとさみしいから、小ネタで笑わせていこう、ということになって、それで小ネタが大量に生まれてきたんです。

武藤　そして大量に消された（一同笑）。

――武藤さんのところでボツになっちゃったところって、何かありました？

武藤　僕は劇中劇の間じゅう、ずっとしゃべっているので、そこをどうしゃべろう、みたいので試行錯誤していって、いろいろ消されましたね。最初、演技が下手くそというのでずっと棒読みでやっていたりして、でもずっと棒読みだと飽きる。だんだん皆顔が無表情になっていくのを目の当たりにしながら、ずっと台詞をいって、みたいな。

川島　辛いなー。

武藤　周りに相談をしたりしていろいろやったんですけど、どれもしっくり来ず……。青木先生に見てもらったときに、「棒読みでやればいいんじゃない？」といわれて、「ここで棒読みにして、ここは気合入ってちょっとうまくなる」みたいな、そういう切り替えでやってみたら、最終的にうまくハマりましたね。僕は小ネタというより、台詞をどういうふうに聞かせるか、ボトムとしてどう動くかというところで悩む方が多かったですね。

――職人の中でもボトムは、話の大事なところにからんでくる重要な役ですよね。いきなり抜擢されて、いかがでした？

武藤　台本を読んで、最初は「台詞いっぱいある……がんばろう」みたいな感じでいたんですけど、そのうち「何こいつ、めっちゃうるさいじゃん！」。これは騒がなきゃいけないんだなと思って、テンションを上げていきましたね。ひとりのときが多いので、そこで折れちゃダメだなと。

――すごいメンタルだと思って、感心しました（笑）。ティターニアとのからみも重要でしたね。

武藤　そうですね。相手が妖精であろうと自分を貫く、みたいな感じで。ティターニアもぶっとんだキャラクターで、それを振り回すわけだから、考えてみるとけっこう大変でしたね。ボトムという役については、いちおう自分なりに調べたりもしましたよ。「バカなので、シェイクスピアとしては階級的に下の人をイメージして書いたんだろう」とか。自分では、欲望が前面に出ているキャラなので、「人間って、要は欲の塊だよね」ということを示す役かな、と思ってやっていました。ティターニアとのからみでは、性欲をどこまで表すかということで、いろいろ紆余曲折もあった……みたいです。

パラモン
アーサイト

庭山優希（にわやま・ゆうき、経営学部4年）

鴨頭圭佑（かもがしら・けいすけ、文学部1年）

【パラモンとアーサイト】

——MSPに入ることにしたきっかけを教えてください。

庭山　大学に入って、とりあえず演技の勉強がしたいと思っていたんです。募集要項に三カ月毎日稽古するって書いてあったので、初心者だったんですけど、いい機会かなと思って参加することに決めました。もともと演劇もあまりちゃんと観たことがなくて、映画の演技しか知らなかったんです。でも、MSPをやれば、演技の訓練になるかなと思って。

僕はほぼ洋画しか観ないんですよ、でもアクション系の派手なやつよりは、会話とかが中心の静かなものとか暗いものの方が好きですけど。で、海外の映画俳優の演技は、演劇の演技にちょっと近いと思ってるんです。日本人は感情を圧し殺して生きていることが多いので、映画でも演技でも感情をあまり出さないですよね。舞台用の演技だと洋画の俳優の方が参考になりますね。

——鴨頭さんはいかがですか。

鴨頭　僕は高校一年生のころに演劇を始めました。といっても、うちの学校には演劇部がなかったので、愛媛の小さい劇団で高三まで。当時は、愛媛だと全然舞台もやっていないので、動画を通してシェイクスピアや野田秀樹を観ていました。それで大学を選ぶときには、演劇を学べるところということで明治大学を選びました。

——MSPに入ってみていかがでした？

鴨頭　いや、ね、それはもう……。先輩がたのアドバイスとか本当に素晴らしくて……。

庭山　お前、思ってもいないこといわなくていいよ。

鴨頭　いや、MSPの動画は、高校生のころからネットで見てきたんですよ。すごいな、こんな大規模なのができるんだって思いましたね。年によって雰囲気も違うと思うんですけど、今年（二〇一六年）はまとまりがありましたよね。そこはもう先輩がたのサポートのおかげだと思ってますね。

庭山　本当に思ってんの？

鴨頭　いや、思ってますよ、本当に！

——パラモンとアーサイトは、庭山さんと鴨頭さんが希望していた配役だったんですか？

庭山　オーディションのときに、何の役をやりたいかって聞かれて、僕はパラモンっていいましたね、たしか。

鴨頭　僕は、『夏の夜の夢』はすごく好きだったんで、オーディションでは、パックを希望してたんです。『いまを生きる』という映画の中で、登場人物のひとりがパックをやっているのを観て、すごいと思っていたので。『二人の貴公子』の方は、なんとなくは知っていたんですけど、全部は読めていなかったので、アーサイトになったときは、「えっ、マジか」と。正直、予想外でしたね。

庭山　僕はオーディションの前に全部読んでたんですよ。印象としては、アーサイトが主役に見えていましたね、いちおうW主演みたいなかたちですけど。でも僕、あんまり王道の主役をやりたいとは思ってないんです。パラモンは、最後におこぼれがあるんですけど、僕はそういう人の方が好きなんですよ、人間として。だから、パラモンの方がやりたかったですね。

――庭山さんは、映画を観てても脇役の渋い演技とかに目が行く方なんですね？

庭山　僕、どっちかというと群像劇の方が好きなんですよ、みんながメインな感じの。主役が主役らしくしているだけの映画だと、その人のことはよくわかるけれど、ほかの人のバックグラウンドは見えなくなって、観ててちょっともったいない気がしてしまう。だったら、群像劇の方がいろんな人に感情移入できる可能性がある分、観てて楽しいですね。

庭山優希（右）、鴨頭圭佑

――鴨頭さんはいかがですか？

鴨頭　最初にアーサイトとして、読み合わせをしたときには、すごく熱い心をもった人みたいな印象があって、そんなふうに演じようと思ってたんです。ところが、演出の上岡さんの意図では、パラモンはすごく熱い、感情の昂ぶりもすごい人、アーサイトはわりと冷静で、それをなだめるという冷静な面をもった役だと聞いたんです。その違いをアーサイトとパラモンではっきりさせなきゃいけないと考えながら、この役を演じました。

演技のクォリティ

――最初にパラモンとアーサイトがエミーリアを見かけて、ふたりとも一目惚れするところがありますね、あそこで説得力をもたせないと後がもたないので、難しかったんじゃないですか。

鴨頭　そのとおりで、あそこで一番苦労しましたね。

庭山　最初はあそこ、笑いが取れるなって思ってたんですよ。後半で悲劇寄りの作品にはなるけれど、笑えるポイントもあってもいいかなって思ってたんです。でも、演出的には笑いを取ってほしくなかったらしくて、真面目にやった結果、笑いが起きちゃったら、それはOKみたいな感じでした。それで、たぶん笑われるだろうなと思いながら、本番をやってみたら、実際鴨頭の台詞でけっこう受けましたね。

鴨頭　そう、僕らは「いやー、でもここ笑わせたいよね」っていってて、そこで気が合ったんですよ、最初。でも、やっぱり最後はアーサイトが死ぬところで終わるわけだから、このエミーリアに惚れるところに説得力がないと、この後もうダメな芝居になっちゃうからっていう福音さんのご意見で、こうなりました。

――『二人の貴公子』では殺陣《たて》がありましたね。この殺陣をつけた方は?

庭山　扉座の鈴木利典さんが、まずワークショップで来てくれてたんです。その後、僕ら用にということで、三〜四回、都合一五時間くらいつけてくださったと思います。

鴨頭　もっとやったじゃないですか。

庭山　いや、それは殺陣をつけていただいた時間。後はもう自主練をひたすらやってましたね。

鴨頭　もともと台の上で殺陣をやるっていうアイディアもあったんですけど、それはさすがに危ないっていうので取りやめになりました。

庭山　粗通しはそれでやれてたんですけど、実際に台を建てるのが見えてきたくらいで、その台をアカデミーホールの床に釘で固定できないので、やっぱりちょっと危ないでしょうっていう話になって、それで演出的にNGになったんです。それで、台の上を想定したものを下にもってくるということで、もう一度殺陣のつけ直しになりました。

――ところで鴨頭さん、瀕死のアーサイトが運ばれてくる場面で、最後の回に本当に泣いてませんでした?

鴨頭　あっ、そうなんですか?

庭山　何いってんだ、お前。

鴨頭　いや、どうだったかな? いやー、難しい。

――庭山さんはいかがですか?

庭山　いつもはそのシーン、自分では俯瞰できてるんですよ。でも、僕がアーサイトに駆け寄って、やりとりを始めたら、鴨頭の声がいつもと明らかに違ってて、泣いてるんですよ。

鴨頭　いや、まあ……。

庭山　それを聞いちゃって、こっちもちょっとテンパっちゃって。そこからいつもと違う感じになっちゃいましたね。

――あそこはお客さんもグッと引き込まれていたと思いますよ。

鴨頭　やったー。

庭山　いや、あれはちょっとダメですね。いや、いいんですけど、やっぱりお客さんは毎回同じクオリティを求めていると思うんですよ。

――そうですか、でも毎回お客さんの反応も違うし、それを受けながらやっていく、というところもあるんじゃないですか。

庭山　そうなんですけどね、僕自身は、お客さんの反応はあまり考えないようにしてるんです。笑いのときはそれも重要なんですけど、こっち側はあんまりクオリティを変えたくなかったんです。最後の回だけ演技がちょっと違うものになっちゃったというのが、良い悪いじゃなくて、個人的には悔しかったんです。

でも、あの演技をできたのは、自分にとっていい経験になったと思います。あんなに舞台上で泣いたの、初めてだから。でも同時に、それまでの四ステージでお客さんの前でやってたものを最後に出せなかったのはちょっと、後悔というのでもないけれど、残念でした。

キャラクターと役者の間に

――パラモンとアーサイトって、この時代の騎士ならではの、一目で女性に惚れてしまって、命を捧げて惜しくないみたいキャラクターですよね。庭山さんと鴨頭さんは、そういうキャラクターに対してどう思われます?

鴨頭　僕はまったく違うんですよ、正直いって。誰かをこう落ち着かせるような一面もないし、一緒のところは性別くらいしか思い浮かばない……あんまりこんなこといっちゃいけないのかもしれませんけど。これは、役に自分が近づくか、あるいは自分に役を入れるかみたいな話ですよね、たぶん。

庭山　役作りのことを考えたときに、これは実際の話じゃないんで、年齢とかは自分たちである程度決められたりしますよね。そこで、僕と鴨頭は、等身大に近いくらいの歳の設定にしてみました。振る舞いとかも、貴族と僕ら一般人とでは当然違うんでしょうけど、たぶん言葉がちょっと固いとかそのくらいで、思考回路自体はそこまで変わらないんじゃないかと思っていました。ただ、この人たちは一目惚れして命を懸けるけど、僕らはそんなことはない。いることはいるのかもしれないけれど、けっこうな割合でそんなことはないだろう。でも、思考回路は似てるから、同じような状況になることをシチュエーションとして自分の中にもって、それを少し拡大解釈できれば、この人たちのこともちょっとは理解できるんじゃないかと思いました。今回はそれで作っちゃいましたね。だから、理解しようというよりも、僕はこの役を自分に寄せていこうっていうことしか考えてませんでしたね。

キャスト

楽器隊チーフ／編曲 湯畑みさき
（ゆばた・みさき、情報コミュニケーション学部2年）

作曲 道塚なな
（みちつか・なな、文学部4年）

作曲家と編曲家

——おふたりのお仕事の割り振りについて、ご説明していただいてもいいですか。

道塚　私が基本の作曲を担当しまして、簡単な音源と簡単な楽譜を湯畑さんにお渡しして……。

湯畑　その楽譜にもよるんですけど、「この曲にはこの楽器」というのを決めたり、フルートとかクラリネットといった楽器にパートを振り分けたり、「このメロディにこんな伴奏をつけてみよう」とかアレンジを考えたり、それを楽譜にしてみんなに配って実際に練習をしたり……という割り振りです。

——「ここはこういう感じの曲を」みたいなことは、上岡さんと道塚さんとの間で決まってくるんですか。

道塚　稽古の始まったけっこう早い段階で福音ちゃんと打ち合わせをして、「このタイミングでこのシーンだから、こういうイメージの曲で」っていう、イメージとタイミングだけ事前に伝えてもらって、そこから自分のイメージを広げたり、ときどき稽古場に行って様子を見ながら作っていった感じですね。

——上岡さんのもっていたイメージとぶつかったりはしませんでしたか？

道塚　イメージは何となく共有できていたんで、ぶつかり合うことはなかったですね。ただ、こういうイメージで、といわれたものと、それとは別に自分が作ってあった曲とが近くなってしまった場合、逆に趣向を変えたり、みたいなやりとりはありました。たとえば、「ララバイ」っていう子守唄はもともと三拍子のかわいらしい感じだったんですけど、福音ちゃんからは『ザ・子守唄』みたいな感じがいい」といわれてて、ジブリのこの曲に似た感じでというその曲を聞いたときに、それが一番最後に出てくる「♪妖精たちを～」っていう曲に少し似ていたんですね。それでちょっと違うイメージに直してみたのが、今の「ララバイ」です。

——今回は、前半と後半でタイプが違うお芝居だったので、作曲家としては違う雰囲気を出そうと考えられたんじゃありませんか。

道塚　そうですね。前半はかわいらしい音が多くて、後半はラストスパートにかけての泣き要素が入る曲だったりとか、ちょっと重いけどテーマになる曲とか、そういうことをイメージしていました。でも、どちらかというと、シーンごとに「こういうシーンだからこういう曲かな」というつけ方をしていますね。

——最初に作っておく曲と、後から作っていく

曲の両方がありますよね。

道塚　そうですね。最後のダンスの曲を最優先で作って、その次に歌もの、キャストさんが覚えたり踊ったりする曲を作って、それ以外の曲を進展に合わせてどんどん作っていきました。

――最初に作ったダンスのときの曲は何月ごろに？

道塚　八月の末、稽古が始まるころですね。フォーメーションとか大変だったので、振付をする子に、早めに渡してあげないといけないんです。もうちょっと早く取りかかれていたらよかったんですけど、私もMSPインディーズの本番が八月の下旬に当たっていたので。「八月中であれば……」といわれていたので、八月末にダンスと最後に全員で歌う曲の二曲をまず作って渡しました。

ライヴ演奏の魅力

――曲をもらって湯畑さんがアレンジをして練習をするのは、九月に入ってから？

湯畑　そうですね。夏休み明けの九月中旬くらい、ダンスの楽譜を受け取った段階でできるだけ早く、どんどん配ってやっていきました。

――それまで編曲はされていたんですか？

湯畑みさき（右）、道塚なな

湯畑　いや、まったくしてませんでした。私もやってみないとどうなるかわからないという感じでした。

――楽器隊もオーディションをやるわけですか？　楽器隊の編成はどちらが考えられるんですか？

湯畑　編成は私が考えたんですが、どんな楽器ができる人が来るか前もって予想がつかないんです。もちろん「この楽器は絶対ほしい！」とか「この楽器ができる子が来てくれたらいいな」という理想はあるんですけど、やっぱりいろんな質の楽器があれば、それだけいろいろなイメージの曲が作れるので、できるだけいろんな楽器がほしいと思ってかき集めましたね。

――MSPの場合、楽器隊の人たちがステージで演奏しますね。その演奏にキャストが合わせて動けるのは、強みでもあり難しいところでもあると思いますが、どんな具合に合わせていくんでしょう。

湯畑　音をつける前の段階で、福音さんの方で「このきっかけで、ここまでこの曲」というのがだいたい決まっているんです。

音合わせの段階でやってみて、福音さんから「あれ、ちょっとこれ長すぎるな」ということになったら、その場で「じゃあ、次はこっちのパターンで」とか「ちょっとここ短くして、この台詞をきっかけでやめてみよう」ということがあったり、ちょっとの誤差なら曲の速さを調節して何とかしたりしますね（笑）。それが生演奏の強みだったりでもあるので。なんとなく雰囲気で演技に合わせていくっていうのもがんばりました！（笑）

ボトムが歌う歌。
テキトーな鼻歌のようでいながら、
劇伴としても何度か演奏されています。

分業のメリット、デメリット

——今年の反省点があれば、聞かせてください。

道塚　今年は作曲と編曲が分かれていたのが異例でしたね。例年は、チーフの人が作曲もするんです。去年は、私と同期の山中友賀ちゃんがチーフもやって曲も作って、というかたちでやっていました。それ以前の年は、曲もそんなに多くなかったので作曲と編曲を分けることもなかったんですけど、今年はちょっと多かったですね。今回、私が福音ちゃんに声をかけられたときには、私が四年ということもあって、「それはぜひやりたいけど、作曲だけになってしまう」っていうことにしたので、異例の体制になったんです。まあ、なんだかんだいって、本番で太鼓は叩いていたんですけど（笑）。それでよかった面もあり、でも逆にこっちのイメージを託すときにうまく伝えきれなかったかも、と湯畑さんに申しわけなかった点もあり、ですね。

湯畑　確かにチーフの仕事とアレンジの仕事はまったく別物なので、私も両方とも中途半端になってしまったかもしれません。初めてだったので、もう少し両方とも時間をかけられたらなという反省が残りますね。

スタッフ

ひとつの舞台を作りあげるには、スタッフの力が欠かせません。MSPの場合は、もちろんスタッフも全員学生です。総合的な視野が必要なセクション、専門的な技術が必要なセクション、いろいろありますが、それぞれの取り組みについてお話ししていただきました。

MSP

スタッフ

制作部チーフ

栗山なつみ

（くりやま・なつみ、情報コミュニケーション学部2年）

制作部とは何か

―― MSPに入ることになったきっかけを教えてください。

栗山　私は高校のときから、演劇部ではないんですけど、高校のホールでずっと舞台スタッフをやっていたんです。周りに演劇に関心のある子が多くて、MSPも友達から話を聞いて興味をもちました。結果的にはMSPが決め手になって、明大を受けることにしました。

―― どうして制作という仕事に？

栗山　スタッフという仕事に対する目覚めは高校のときからあって、もともとは音響とか舞台監督とか、舞台の中身を作るスタッフをやっていたんです。そこでスタッフが演者を支えてるみたいな気持ちでいたんですけど、私たちスタッフも誰かに支えられているということに気がつきました。高校ではそれは顧問の先生とかですけどね。制作という仕事に興味をもち始めたのはそこからです。一番下、といいますか、支えている人たちを支える、そういうことができる人になりたいと思ったんです。

―― 制作部って、ひとくちにいってどういうことをやる部署なんでしょう。

栗山　制作部とはって、実は難しいですね（笑）。実務としては、カンパニー全体向けの仕事と、お客さま向けの仕事に大きく分かれています。

カンパニーの中では、制作部は一番早く動き出すチームで、一月からスタートしています。MSPで演目自体は、前の年度の公演のときには決まっています。たとえばキャッチコピーを作ったりとか、キャストのオーディションの運営とか、参加のガイダンスとかも運営しているのは制作部なので、まずMSPそのものを作るところが、制作部の大きいところですね。お客さまに向けた仕事としては、宣伝活動だったり、ご予約の案内だったり、当日の会場の運営だったり。これまでの積み重ねがないとムリだし、引き継ぎを徹底してやらないとできない仕事ですね。いってしまえば、公演の中身、舞台の中身以外のことは制作、っていうことかもしれません。ガイダンスとかでは「制作部は縁の下の力持ちです」っていってます。

制作部の一年

栗山　手帳を見ながら流れをご説明しますと……。まず、一月から動き出すんですけど、それは前の年から残ってるメンバーで進めてまして、参加ガイダンスを経て新しいメンバーが合流するのが、キャストオーディションが終わった後の六月の後半くらい。そこからどんどん仕事が増えていくっていうか、座組ができあがると宣伝の活動も活発になってくるので、やることが増えてきます。

四月は、新入生向けの宣伝活動がありますね。参加ガイダンスが五月にあって、参加の応募を受け付けて、六月に入るとキャストオーディション。制作部の新メンバーが合流するのもこのころです。七月にキャストと全部署のスタッフが決定して、八月の頭にオープンキャンパスとカンパニー全体の顔合わせ。

今年（二〇一六年）は八月に、高校生向けに、公開稽古っていうイベントをやりました。いらっしゃったのは一五人くらい、台風で日程が変わって、来られなくなってしまった子もいたんですけど、好評でした。これも去年の『薔薇戦争』から始まったものです。制作部は、アイディアを出すと仕事がどんどん増えるんですよ、まあ、やった方がいいんですけど（笑）。あと今年は、ダイレクトメールを一八〇〇通ほどお送りしました。夏休みにそれを制作部みんなで折って。やっぱり忙しいのは夏休みかな。

九月はもう手帳にも書いてない（笑）。いろいろやっているんですが、このころになると私はやらなきゃいけないことを全部書き出して、終わったことはガーッと消していってたんで手帳はしっちゃかめっちゃかですけど、たぶん九月は相当いろいろやってるはずです。DTP班はパンフレットを作る仕事と、広報は広報で、グルメマップのページを作るのにお店との交渉とか掲載情報の確認とかに忙しくしてます。そのほか、チラシの折り込みや、パンフレット内の協賛広告の調整もありました。

——チラシは何枚くらい作るんですか？パンフレットは？

栗山　二万枚くらい撒いてます。パンフは四三〇〇部作りました。実際の動員数は、四〇〇〇をちょっと切るくらいなので、いい数字だったと思います。予約の開始が一〇月八日、パンフの入稿も一〇月の半ばくらいで、ここが一番大変だった記憶があります。

——情宣には、今はSNSが大活躍ですね。

栗山　もともとはメルマガだったんですけど、LINEの時代になったっていうことで、『薔薇戦争』のときからLINEを使ってます。LINEはオープンキャンパスとかで宣伝をして、中高生向けの媒体として使ってますね。

——高校生向けには、公開稽古っていうのと、小屋入りしてからバックステージツアーっていうのをやってましたね。

栗山　MSPの展示を明大祭とかオープンキャンパスで知って、それで明治に行きたいっていう子が年々増えてるので、ありが

たいですね。私の話を聞いて、「わぁ、なんか楽しそうですね」って目をキラキラさせていってくれる子も多いので、うれしくなりますね（笑）。

――広告をくださる近所のお店の方々は、どんなふうにMSPを見てくださってますか。

栗山　地元の方は毎年応援してくださってる方も多いです。飲食店だと、お店があるので自分では見に行けないとおっしゃる方もいるんですけど、「今年もこの時期が来たね！」みたいな反応されることもあります。そういう方は、私たちよりもMSPのことをよくご存じなので、積み重ねの大切さを感じますね。

――たとえば、テレビとかラジオみたいなメディアを通じて宣伝したりとかは？

栗山　野望としては、あります（笑）。今年は『書痴の楽園』という、スカパーやインターネットで公開されている番組に取材で取り上げていただきました。ネットの媒体とかから、取材させてくださいっていうお声をいただくことは増えてきていてうれしいんですけど……テレビとなると、まだなかなか反応が返ってきにくい状況です。

――当日に近くなってくると、何が忙しくなってきます？

栗山　まずギリギリまで広報活動はしてるんです。学内の食堂に三角のPOPを置いたり、近くの飲食店にチラシを置かせてもらったりとか、本当にギリギリまでやってます。それから、予約の電話は制作部みんなでとっています。予約が始まってから、平日ずっと（笑）一一時から二時までの間、授業がない人でまわして、電話番をするんですけど、それは本番までずっと続いてます。アカデミーコモンに入った後は、プロスタッフの方のお弁当の手配をしたり、当日お配りしているパンフレットの中にアンケートやチラシを挟んだり、これもギリギリまでやってます。

でも、私自身はいろんな打ち合わせを事前にやっているので、一番大変なのは一〇月半ばくらいでした。近くなると逆に、チーフとしてやることは少なくなってきます。

――当日は、皆さんスーツに身を包んで、お客さまの誘導に努めていましたね。

栗山　そうですね。過去の経験やお客さまのご意見をもとに、自分たちなりに工夫して連携し、ご案内につとめています。私は今年はずっと一階の入口付近にいました。MSPは自由席なので、毎年来てくださってる方が、受付開始の一時間くらい前から並んでらっしゃるんですよ。並んだ順番で受付なので、そういうお客さまの対応をしたり、列を作ったりしていたんです。

公演が終わると、アンケートの集計ですね。これを三日間くらい使ってやりました。それが一一月末で、それをまとめて、来年の戦略を立てるのに使います。あと、引き継ぎの資料まとめも大事で、「これがないと、来年質問攻めにされるよ」っていうことで、みんな率先してまとめてくれます。

【MSPの魅力とは】

――制作部なりの今年の狙いみたいなものはありますか？

栗山　私の今年の狙いは、「明治大学生に

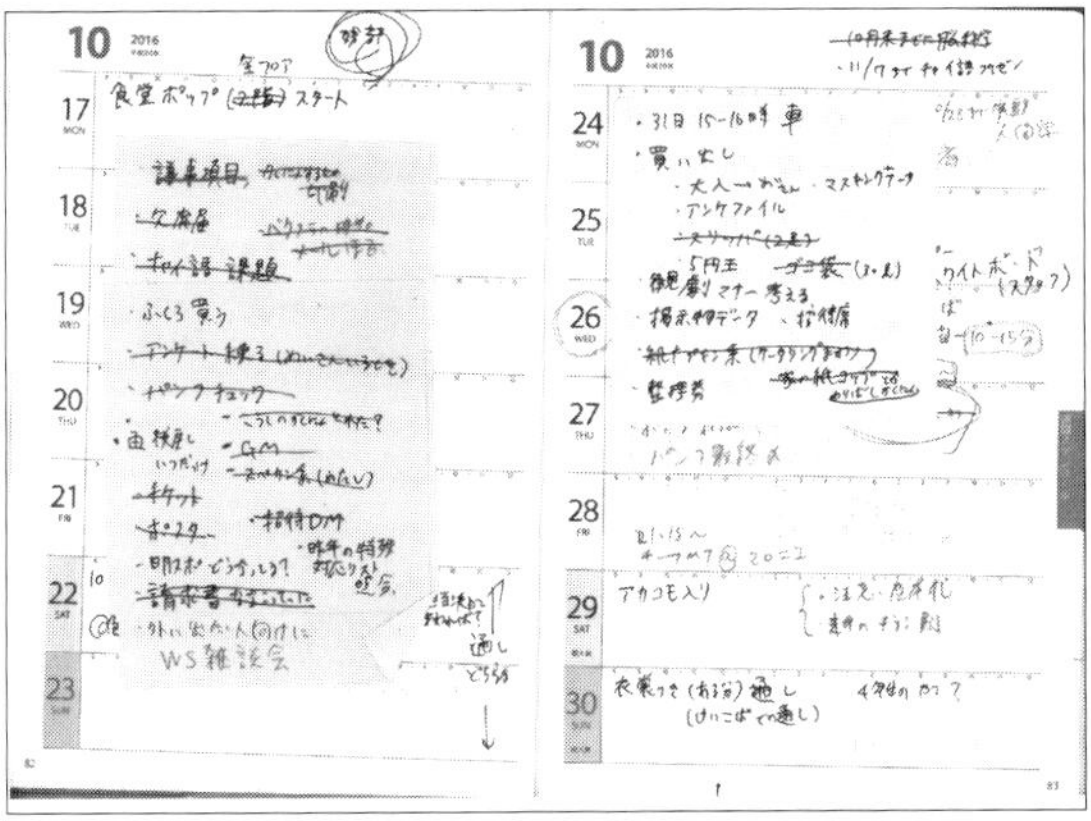
手帳は予定とタスクリストでいっぱい。

観てほしい」ってことだったんです。それで、さっきも言いましたが、食堂にＰＯＰを置いてもらったり、あとは、これは初めての試みでしたが、図書館とか三省堂と連携して、ＭＳＰの展示みたいなことをやらせていただきました。

明治の学内で意外に知名度がまだ足りないのと、あと、ＭＳＰに毎年来てくださってる方って、意外とふだん観劇する層じゃないんです。そういう人にこそ観てほしいので、ふだんお芝居を観ない明治の学生の人たちも取り込めたら、と考えていました。

あと私、ＭＳＰの中身を知ってほしいなって思っているんです。「学生演劇最大規模！」とか「全部学生がやってるよ！」っていっても、なんかピンとこないというか、私が一年目に活動している中で、中の人たちがいろんな思いをもって特別な思い入れをもってやってる姿がいいなって思ってまして、それはお客さんに魅力として映るんじゃないかなと思ったんです。それで、ブログの対談の記事とかをやって、どういう思い入れでやってるのかみたいなこととか、ちょっとドキュメンタリーふうにならないかなと思ってやってました。アンケートを見ると「学生さんたちの熱意に感動しました」っていう意見があったり、キャストブログを読んでくださってる方もいたり、そういうふつうのお芝居としての面白さだけじゃない見方をされてる方がいることが一年目でわかったので、それを踏まえてやってみました。あとは明大サポートさんですとか、いろいろなところと提携させていただいたり、新しいことはちょいちょいできたかな、と。

――観てくれた明大生の数、増えた感じはありますか？

栗山　ああ、増えてると信じたい（笑）。あと、一回観てくれた人が、次の年もまた来てくださるかっていうのも大事だと思います。さっきお話ししたドキュメンタリー性みたいなことも、単純に広報活動というわけじゃなくて、観た後の感想にも響くんだってことがわかったんです。それで、ＭＳＰファンっていうものができてくれるといいなと思ってます。

――キャストもスタッフもどんどん入れ替わっていくし、毎年やってることも違うのに、ちゃんと引き継がれるものがあるっていうのはすごいことですよね。

栗山　そうですね、ＭＳＰっていう団体のファンでいてくれる方々を大切にしなきゃなあって、つくづく思います。

スタッフ

演出助手部チーフ

西脇慎一郎

（にしわき・しんいちろう、文学部3年）

MSPの先輩たちが面白くて

――演劇に興味をもったきっかけは何ですか。

西脇　僕、すごいテレビっ子だったんですよ。ドラマとかお芝居とか、地元にいるときから見てて面白いなーと思って、大学受験にあたって明治に演劇学専攻があることを知って、進路を決めました。自分で見ていたのは、三谷幸喜とかクドカン（宮藤官九郎）とかですね、それくらいしか脚本を書く人は知らなかったので。話を作っている人自身が面白いなと思っていたんですが、自分で演劇をやっていたわけではありませんでした。

――では、お芝居を生で観たことはなかった？

西脇　地元は岐阜だったんですけど、高校は名古屋に通っていたので、そうすると四季劇場とか大きな劇場があって、そこではミュージカルとか『オペラ座の怪人』とかは観ていましたね、母が好きだったので。

――MSPのことはご存じでしたか？

西脇　MSPのことは、大学に入るまで全然知りませんでした。シェイクスピアについても、『ハムレット』とか『ロミオとジュリエット』とかは一般教養程度は知っていましたが、くわしいことは全然でした。

――MSPのどういったところが面白いと感じましたか？

西脇　まず規模が大きいのが魅力的でしたね。サークルでの活動だと大きな美術やお金をかけて作ることにはおのずと限度があって、何十万とはかけられないので。それを大人がちゃんと関わってやってるのってどんな感じなんだろうと思って。

個人的な話をすると、僕が入学した年のMSPの第一一回公演『道化と王冠』では、田所早紀さんと浦田大地さんが演出をされ

てたんですが、ふたりとも実験劇場の方で、僕が入学して初めて四月に観た作品に、浦田さんは役者、田所さんは演出助手として関わっていたんです。その後、友人に誘われてMSPのガイダンスに行ってみたら、そのふたりが演出をやって、四月の作品に出てた役者さんがみんな参加するって知って、MSP、面白いのかな、って思って、MSPに入ることにしました。

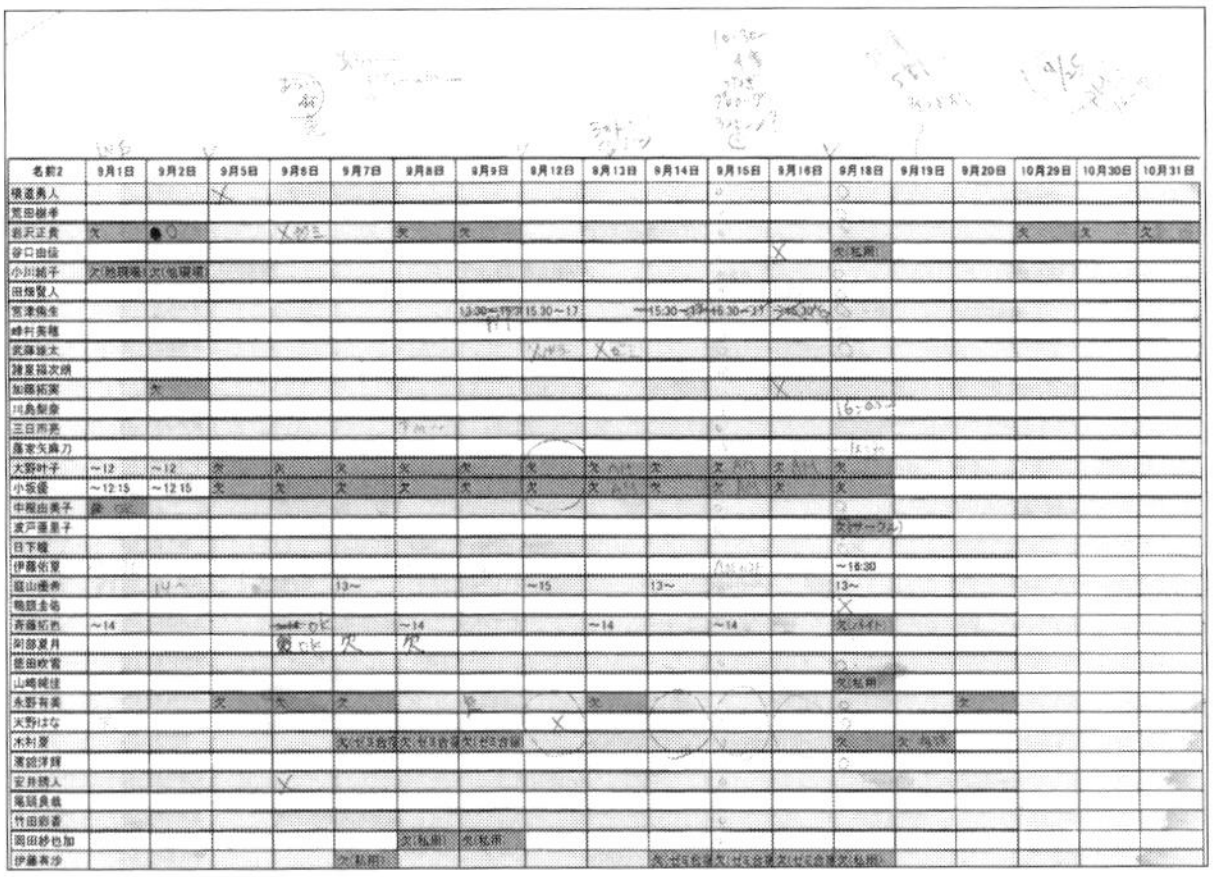

キャストの出欠予定リスト

【演出助手という仕事】

―演出助手って、どんな仕事なんですか？

西脇　基本的になんでもやります。演出とかスタッフさんがやってほしいなと思うことを、基本的に先回りしてやっておくという仕事だと僕は思ってます。一番わかりやすい仕事としては、稽古場でトラブルが起きないようにしたり、演出がストレスなく演技をつけられるようにサポートするとかですかね、ほかにもたくさんありますが。

―ほかの部署との連携を図ったりもされるわけですね。

西脇　それもメインの仕事ですね。照明部さんに「このシーンは明かりがほしいらしいです」とか、音響部さんとか楽器隊に「ここで曲がほしいです」とか。舞台美術部には「このシーンで剣が何本出てくる」とか、「ここで剣を持ってはけた人が、すぐ剣を外してから舞台に出てくるので、そこで剣を受け取ってください」とか。舞台進行を担う舞台監督補佐の権田（歩人）と、一番連絡を取っていたと思います。

―演出助手は、今回の場合だといつごろから動いているんですか。

西脇　演目が発表されて演出が発表されて、先生と演出とプロデューサーで、今年はどんなテーマにしたいかといった話し合いに僕も極力参加して、演出がどんなことを考えているかを美術の人たちに聞かれたときに答えられるようにしています。まあ、主にメモを取っているだけですけど。でも、打ち合わせのときにいったことを忘れる演出もけっこういるんですよ。「私そんなこといった？」「いや、五月にこういってます」「ああ、そっか、じゃあそれで行こう」みたいな感じになるので。またもう一度練り直すよりは、こうだったって思い出させてあげる方がいいかなと。

簡単なたとえでいうと、二週間ぶりにやるシーンで、役者が五人出るはずのところ、

「前回はふたり休んでいて代理つけてやってます」と演出に伝えたり、そのとき最初出てくる人が上手から出てきているのに、演出が「下手から出てきて」といったときに、僕が「前回は上手からになってましたけど、どうしますか?」と指摘したりしますね。そのときに演出が「じゃあ、やっぱり上手はやめて下手にしましょう」とかいったりすると、「いや、でもその前のシーンでその人は上手ではけてるので不可能です、裏を回れないので」とか教えてあげたり。

演出は、この人はどんな演技や表情をするのかとかだけでけっこう頭がいっぱいになりがちなもので、演出に関係ない事務的なことは僕が担当することが多いですね。もちろん、演出家にも、ひとりできっちりやられる方もいらっしゃるので、そういう場合はやりませんけど。

——たとえば、上岡さんが演出を迷ったりしたときに、助言してあげたりするようなことってあるんですか?

西脇　支障が出ない程度に、耳打ちしてあげたりはあったと思います。

——シーンごとにかかる時間の管理などは、演出助手の担当なんですか?

西脇　そうですね。「このシーンは前回よりも二分も長くなってるけどなんでだろう、彼のしゃべるスピードが遅くなってるね」とか、「どっちの方がよかっただろう、長い方がよかったなら、じゃあ、ほかのシーンをもっとキュッと圧縮しないといけないね」とかいったかたちで提案をしています。

ワークショップ中のひとコマ。

——プロデューサーの小関さんは、本番が近づいてくるとあまりやることがなくなってくるといわれてましたが、演出助手はいかがですか?

西脇　九月の粗通しまでが演出助手の腕の見せどころだと思ってます。あそこまでにすべてのシーンをひととおりまとめることが大目標ですね。それまでに、殺陣のワークショップや発声のワークショップやプロスタッフさんに来ていただける日を調整して、キャストもそれぞれのスケジュールを把握して、「今日はこのシーンができます!」とか、「明日はあの人がいないので、先にあっちのシーンをやった方がいいと思います」と提案したりしながら詰めていきます。

舞台監督補佐

権田歩人
（ごんだ・あると、文学部2年）

舞台監督とその補佐

— MSPに入ったきっかけを教えていただけますか？

権田　MSPは前回から参加しています。前回は舞台美術部をやっていました。それまで僕自身はあんまり演劇に関心があったわけではないんですけど。でも、父と母は昔テント芝居に関わっていたみたいで、子供のころからお芝居に連れて行かれたりはしてました。

— 入ってみていかがでした？

権田　演劇をやっている人たちって、独特な雰囲気があるなと思いましたね。面白そうな人が多いイメージでしたけど、入ってみたら実際そうでした。

— 舞台監督補佐って、どんなお仕事をされるんでしょうか。まず、舞台監督って何をするものなんでしょう？

権田　演劇のハード面の責任者ですね。照明や音響から、大道具とか舞台の設営みたいなところまで含めて。演出家はソフト……というより、ハードもソフトも含めて全体を考える人ですね。スタッフは演出家のいうことをかなえる立場ですが、舞台監督はその中で、いろいろあるハード面をそれぞれに取りもつ役割といえるかもしれません。

　たとえば今年でいうと、演出の上岡さんと舞台美術の熊谷（綾乃）さんの間で、舞台を二階建てにしたいという希望がありました。舞台監督の村信（保）さんは安全性を確保した上で、それを実現できるよう舞台の組み方を考えてらっしゃいました。また、舞台の奥に太陽と月を吊りたいという希望もあって、吊り物が大きくなってくると照明との兼ね合いが必要になるので、そこの取りもちもしておられましたね。

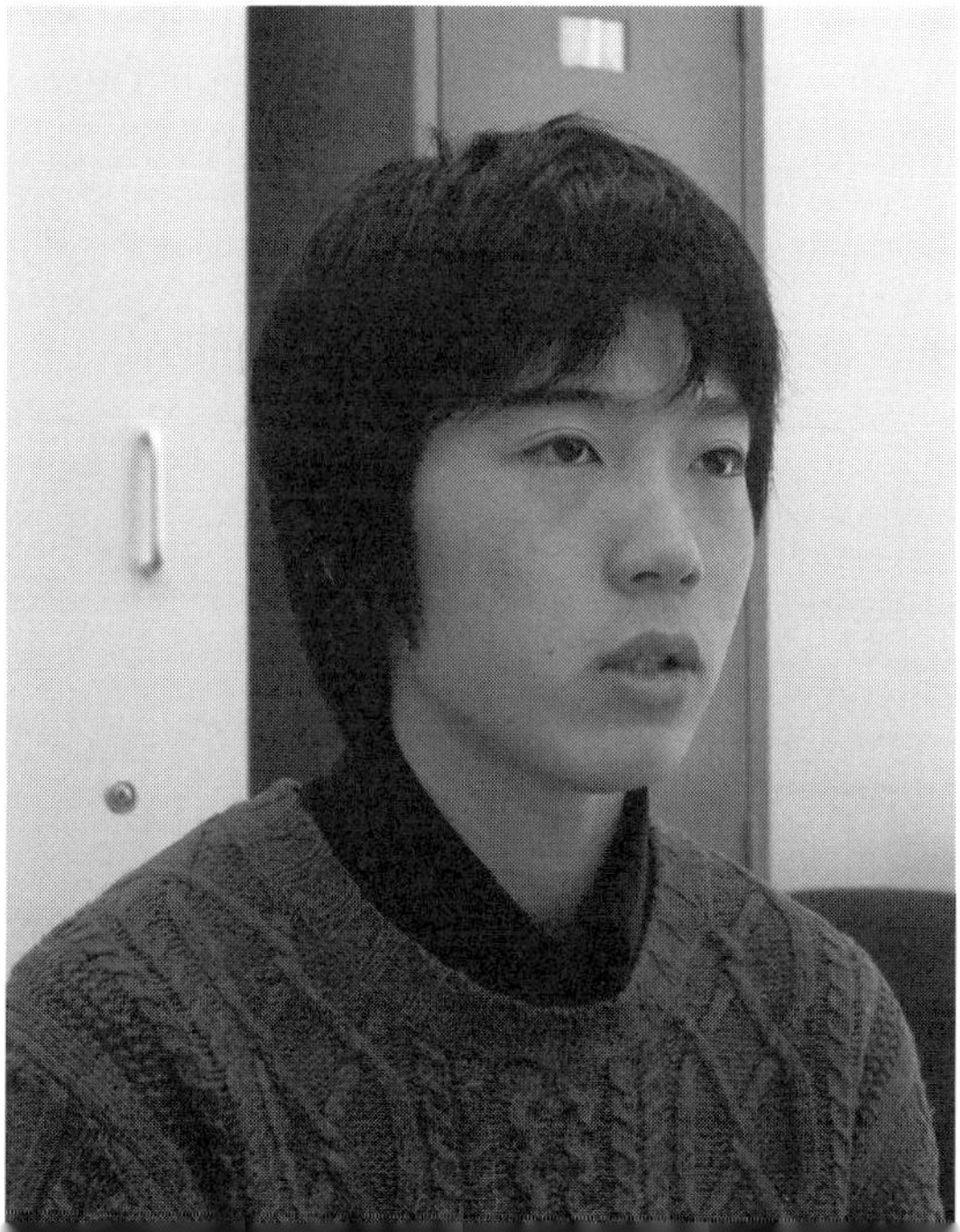

—— 権田さんはその村信さんを補佐する立場なわけですね。補佐というのはどういう位置になるんでしょう？「権田、あれやって」「はい！」みたいな感じなんですか？

権田　そうです、本当に「これやって」ですね。過去の舞台監督補佐をやられた先輩方には、もっといろいろ舞台の仕事をわかっている人もいたようで、村信さんの出番が少なかった年もあったみたいです。今年はずいぶん違いましたけど。

—— 舞台を作っているところを何度か見に行きましたけど、村信さんが率先して木を切ったりしてて、舞台監督ってこんなこともするんだって驚きました。

権田　村信さんや、明治大学の演劇公演で舞台監督をされている方はそうですね。大道具を作れる方が舞台監督を務めることは多いと思います。

各部署との関係の中で

—— 実際に舞台監督の仕事が始まるのはいつごろからですか？

権田　セットが実現可能かどうかを判断するときからですから、五〜六月くらいからですね。アイディア段階から、これならだいたいいけそうとか、これは無謀だとかいって打ち合わせを進めていきます。小屋入りが近づくにつれて、内容はより具体化していきます。

MSPインディーズ・シェイクスピアキャラバン第１回公演
『クレオパトラ【平成妄想編】』再脚色・演出／川名幸宏

—— 権田さんの立場から一番関係が深いセクションはどこでしょう、演出助手部でしょうか？

権田　僕は演出助手部といちばん関わりがありましたね。道具の融通とか、アカデミーコモンに入ってからは楽屋から何時に出るとか。あとは通しのバミリ（立ち位置を決めるために床にテープを貼ること）は僕と舞台美術部チーフの比嘉さんがけっこうやりましたね。やれる人がやるって感じで。

—— 本番当日は、どんなお仕事を？

権田　本番中は村信さんが、照明さんと音響さんとつながっていて、本番中は何かない限り、村信さんはキュー出しくらいです。僕は、ふつうの裏つきですね。舞台美術部チームが舞台裏につくんですけど、一緒に暗幕の介錯をしていました。たとえば棺とか担架とか小道具が必要なときに、役者が間に合わないと、裏にいる人が持っていってスタンバイするとか、それくらいです。実は、今年はそれがすごく少なかったんです。去年はめちゃくちゃそれがあったんですけどね。

MSPインディーズの経験

――舞台監督補佐という立場で芝居を観ていて、芝居の観方も変わってきたんじゃありませんか。

権田　そうですね。今年は八月にMSPインディーズ（MSP出身者を中心とした演劇ユニット）の公演が先行してあって、僕はそこでも村信さんの舞台監督補佐として関わっていたんですが、それにはずいぶん感化されましたね。二本立ての公演で、演出には川名幸宏さんと新井ひかるさんのふたりが当たられてました。それまでMSPに関わってこられた先輩方がたくさん参加してらしただけでなく、打ち上げには、それ以外の先輩がたも参加してこられて、これだけの人たちが関わっていたんだなあと感じました。そこで、今のMSPよりももっとめちゃくちゃだった時代があったっていう話を聞いて。演出さんが「これがしたい」っていって、それに対して不平不満が出つつも、本番になればスゴいことになる、みたいな話を聞いて、すごく面白そうだなと感じました。それが終わってから本格的に今年のMSPが始まったので、前回はなんとなく参加するだけでしたけど、今年はどこかで面白さに加担したいと思って臨みました。

MSPインディーズ・シェイクスピアキャラバン第１回公演
『クレオパトラ【大正浪漫編】』演出／新井ひかる（空かると）

田畑賢人くんとは一緒にインディーズをやっていたんですけど、川名さんと稽古しているところに僕もお邪魔したことがあって、そこで川名さんが「今のMSPを観ると、学生ががんばっているように見える」という感想を田畑くんにいっていたのが印象的でした。つまり、「あ、○○くんががんばっている」っていうふうに見える、役名より先に役を演じている人の名前が感じられちゃう、それはよくないと。で、MSPが始まってから通し稽古を見て、「ああいうことだよね」みたいなことを田畑と話しましたね。

――MSP本体とインディーズでは、規模が全然違いますよね。舞台監督の仕事って、規模が違うことでどれくらい変わってきます？

権田　同じように大変でしたね。小さかったですけど、インディーズの場合は二公演やるのとほとんど同じような感じでしたから、結局大変さは一緒だっただろうと思います。

音響部チーフ

鈴木萌々

（すずき・もも、文学部2年）

裏方はカッコいい!

――MSPに入ることになったきっかけを教えてください。

鈴木　私は文学部の演劇学専攻なんです。MSPの存在は文学部のガイダンスで初めて知ったんですけど、一回舞台を作ることに関われるといいなと思って入ることにしました。

――最初から音響を希望されてたんですか?

鈴木　音響が第一希望だったんですよ。実は、私は別の演劇サークルにも入っているんですが、そっちだと照明をやってます。なので、別の裏方をやってみたくてMSPでは音響をやってみようかなって。

　ちなみに、大学に入る前までは、ずっと音楽系の部活だったんです。吹奏楽とかもやってました。

――なるほど、楽器隊の音のバランスをとるのは、いわゆる音楽とかでいうミックスみたいな作業ですもんね。でも、演劇学専攻ということは、演劇そのものにそのころから興味があったわけですよね?

鈴木　ミュージカルが好きだったんです。宝塚とか、東宝がやってるミュージカルとか。初めて観たのは2・5次元ミュージカルなんですけど、最近それに出てた人が帝国劇場とかに出るようになってましたね。

――鈴木さんは、そういうものを楽しみつつ、裏方の方にも興味があった?

鈴木　そうですね、観てる側が楽しく過ごしているときに、それを裏で支えている人がすごくカッコいいなと思って。どういうことやってるんだろうというのは、ずっと思ってました。

音響部の仕事

――音響部は、今回の演目では、具体的にはどういうことをやられてました?

鈴木　たいしたことじゃないんですけど（笑）、舞台の上にマイクを置いて、それで台詞を拾っていました。舞台の一番前の部分と二階建ての台の前方にマイクがあって、それで拾った音をスピーカーから出すんですけど、そのときの台詞の音量の調節、それから楽器隊の人も全部ピンマイクをつけているので、その音の調節をするのが音響部の仕事です。たぶん今回はMSPのこれまでの公演の中で一番楽器が多かったと思うんですよ。ですから、そのバランスの調節が難しかったですね。

　台詞を拾うためのマイクもけっこう使いましたね、ひとりひとり声の音量も違うので。ただ、舞台から拾っているので、役者がマイクの前を通るのにあわせて、上げたり下げたり、というのを聞きながらやっていました。階段を降りながらしゃべるシーンもあるので、階段の上、中ほど、下で順番に上げたり下げたりしていましたよ。一方で、台詞の邪魔になる音を拾ってはいけないので、ほかのマイクの音量は下げたりとか。

―マイクは総数で何本くらい使っているんですか？

鈴木　台詞のマイクは全部で一〇個ですね。楽器隊は全部で七〜八本です。機材はプロスタッフの方の会社からお借りしています。

楽器にはそれぞれマイクを一本ずつつけました。全部マイクを設置しておいた方が、卓（ミキサー）の方で調整しやすいかなというのもあると思います。これはプロスタッフさんが考えてくれたんですけど。

―スピーカーは舞台の両脇でしたっけ。

鈴木　そうですね。客席側の横にふたつ、それから舞台の上下、あと舞台の奥にもあります。

―今年は、音響部なりの工夫をされたところってどこかありましたか？　ある人の台詞とか楽器にリバーブかけたりイコライジングしたりとか……。

鈴木　音量だけの操作ですけど、ウインドチャイムとかシンバルの出だしの音だけ上げて、そのあとの余韻はだんだん下げていくっていうのをやってみました。そうすると、音がよりお客さんの印象に残るんじゃないかと思って。単に私が、そうするとカッコいいんじゃないかな？　と思ってやってるんですけど（笑）。

―上岡さんとの打ち合わせではどんなことを？

鈴木　うーん、音響をやっている人間がいいと思えるようにやってはいますね。聞こえるべきところは聞こえ、聞こえなくていいところは聞かさない、ということで。音響部って、そんなに演出さんとすり合わせをしないところだったんですよ。福音さんが「この曲はこの楽器が一番聞こえてほしい」みたいなこだわりがあったので、そういう考えをきちんと聞いて、すり合わせをもう少しやれたらよかったかな、というのが今回の反省点です。あまり突っ込んだ話はできなかったので。福音さんもそういうミュージカルとか、宝塚がお好きらしいので、宝塚っぽいというか、音楽も多め、歌も多めだったんだと思います。

【MSP以外では？】

―今回は、基本的には舞台上で鳴ってる音がほぼすべてでしたけど、ほかのお芝居だったら、用意した曲を流すのも音響部の仕事ですよね。

鈴木　そうですね。今年はＭＳＰインディーズのお手伝いをしたので、演出さん

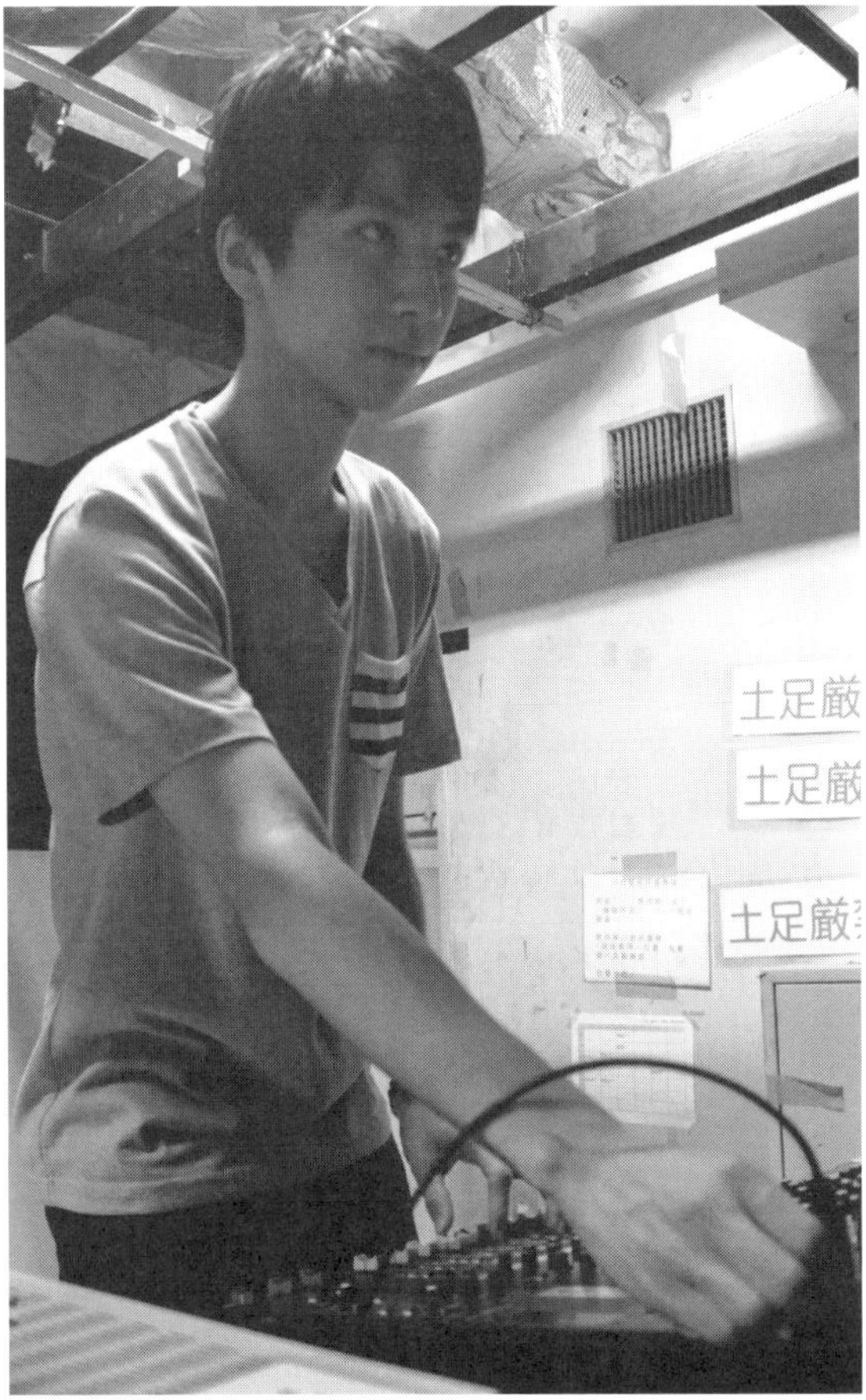
音響部ワークショップ。

から音源をいただいてやってましたね。インディーズの規模だと、音響部のメインは音楽や効果音を出すことなんです。そういうところで必要とされる能力と、MSPで必要とされる能力は違いますね。小劇場だと、音楽が流れてくるタイミングとかは、こっちで作れるんです。「ここで音が入ってほしい」という演出の方の話を聞いて、台詞の後で、頭の音を何拍待つかとか、何秒待つかとか、こちらのセンスが問われます。でも、MSPだと、それが全部楽器隊の人のタイミングになります。音響部はそれについていくみたいな感じなので、けっこう違いますね。実は今回、トラブルがあったときのために、前もって録音しておいた音源も用意はしてたんですけど、使わずじまいで終われて、それはよかったです。

――音響部の仕事をされてて、お芝居の見方が変わったところはありますか？

鈴木　私、相変わらずミュージカルばっかり観に行ってるんですけど、そういうの観てても、マイク音量みたいのが気になっちゃいますね。「なんかバックミュージックでかくないかな？」とか（苦笑）。座る席にもよるのですが。ミュージカルだと、歌の歌詞が聞きたいのに、「後ろの音楽大きいな」とか「私だったらもっと下げるな」とか……。照明もそういう見方をしちゃいますね。

――宝塚とかはマイクありきなんですよね？

鈴木　そうですね、マイクありきです。宝塚は音響もありますが、照明がすごいので、いろいろと気になって、なんか私ひとりでドキドキしてます（笑）。逆に、「こういう照明にするんだ」とか、「こういうシーンでこういうのもアリなんだな」とか、思ったり。そういう裏方的な、何か勉強になることはないかなって思いながら、観ていますね。

【次頁】舞台上のマイクのセッティングを記した図。

2016 Midsummer Nightmare
明治大学 アカデミーコモンホール
1.01 | 1/100 | 2016.11.11～13
Planning by 渡部 晋
Operation by
Tel 03-3361-4750
Fax 03-3361-7731

WONDER 3 SOUND DESIGN

明治大学 アカデミーホール 舞台平面図 1/100

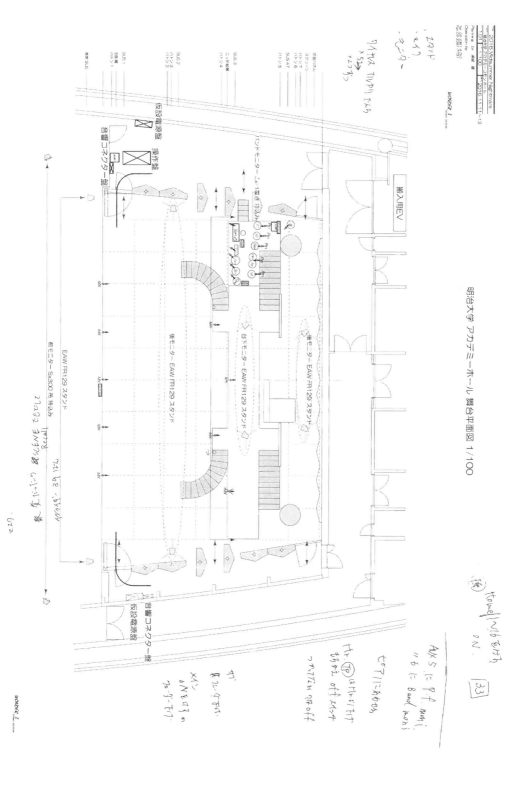

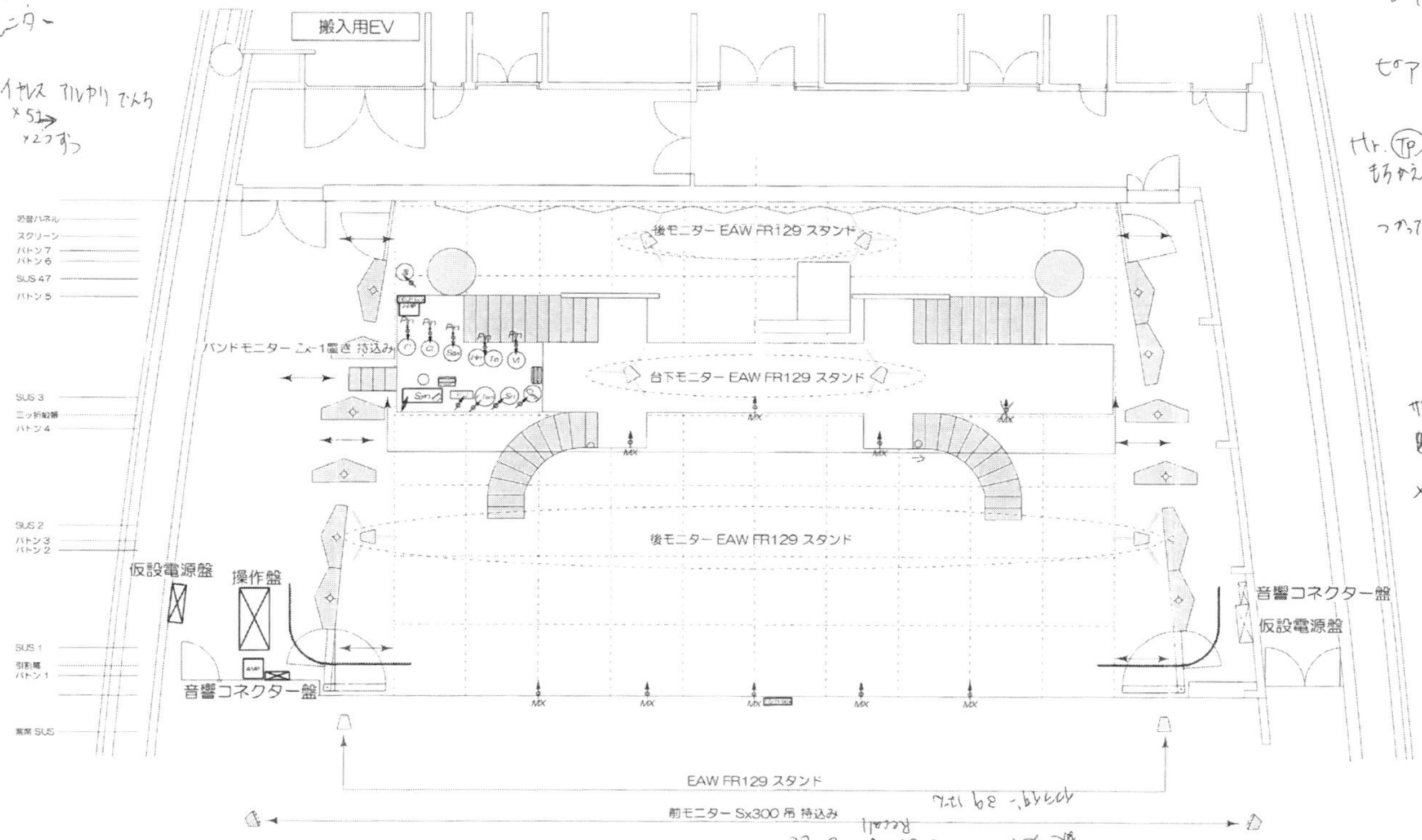

WONDER 3 SOUND DESIGN

スタッフ

照明部チーフ／照明プランナー

染野美沙

（そめの・みさ、文学部3年）

ワークショップで腕を磨く

— 照明部はなかなか専門性の高い部署だと思いますが、学生がいきなりできるものなんですか。

染野　毎年夏休みに、照明ワークショップを開くんです。初めて照明をやる学生でも、小屋入りまでに知識だけでなく実践面でもある程度のことはできるように勉強する機会を設けています。照明経験者の先輩がプランナーやオペレーターを担当する現場に仕込み要員として後輩を呼び、実際のタイムスケジュールの、限られた時間の中で仕込む経験をしてもらえるようにしています。

— 実際にはどんなことをされるわけですか？

染野　たとえば、照明にはいろいろな色を出す「ゼラ」というセロファンのようなものがあって、色ごとに番号が決まっているので、番号を覚える機会になるようできるだけいろんな色を使ってみたり、他にも灯体から延びているケーブルを素早く、きれいに、かつ撤収作業のときに片づけやすいようにバトンに巻く、というケーブル処理を教えたりしていますね。機材の名前も覚えてほしいので、ひとつの機材だけでなくできるだけいろんな機材を見られるような機会にしようとしています。

— 実際に照らすところまでやるんですよね。

染野　光の当たりを調節する作業をシュートというんですが、ワークショップではそこまでやりますね。仕込み、シュート、バラシ、機材整理までやっています。

— 照明部は現場のアカデミーホールには、どのタイミングで入ることになるんですか。

染野　照明部って、仕込むのが一番最後なんですよ。カンパニー全体の小屋入り日に照明部も美術の手伝いやホール側との確認のために一応アカデミーホールに入りますが、照明部だけ早めに帰る日やオフ日もあります。本格的に作業開始になるのは美術が完成してからです。役者が稽古して、衣裳ができて、メイクもできて、美術もできて、音響も仕込んで、最後に照明になるんですね。ですから、今まで皆さんが作ってきたものをうまく見せるのも照明の力だし、逆にダメにしてしまう可能性もあるのが照明なんです。

照明部ワークショップ。

――責任重大ですね。

染野　はい、プレッシャーはありますね。

照明の仕込み

――照明の仕込みは何日間でやるんですか。

染野　まるまる使えるのは二日くらいです。一日目が吊り込み・シュートで、二日目がシュート・明かり作り、三日目が明かり作りの続きのあと、場当たりになります。二〇〇灯以上の灯体を仕込むことになりますね。ちなみに、MSPが持っている照明機材はなくて、もともとアカデミーホールにある劇場機材に加えて、照明プロスタッフの方の会社から何台かお借りしてやっています。

　でも、いざやってみると、やっぱり頭の中で描いていたものと実際は違うことも多々ありますね。今年は舞台美術の方で、二メートルほどの高さの台が舞台上に作られましたよね。その台の上にいる役者の顔を照らすライトの位置を考えるときに、アカデミーホールの断面図を見ながらプロスタッフの方と相談して、これなら大丈夫だろうと思っていても、実際に仕込んでみると、舞台の下の方にも光が漏れてしまうことがありました。

――そのライトはどこから照らすものなんですか？

染野　上からです。舞台奥の反響板に光と役者の影がすごく出てしまって、それをどうにか目立たなくできないかという試行錯誤をする結果になってしまいました。

――どうされたんですか？

染野　ホリゾントライトを使いました。最初は白い布に当てるために上空からだけ使おうとしていたんですが、下に抜けてしまう光をカモフラージュできないかということで、反響板に向けて当てるように仕込んだんです。2階の役者を照らしているときはその反響板当てのホリゾントライトを少しだけ点けて、影が気にならないようにしました。

どんな明かりを作るのか

―― 脚本を読んで、こういう明かりを作ろうとか考えたりもするものですか。

染野　特に演出からここは何色という指定がなければ、作品のイメージに合うようにプランナーが考えます。あと全体のシーンの明かりを決めるとき、衣裳の色を参考にします。たとえば緑の衣装だったら、緑の明かりを当てた方が衣裳の色が映えるので。そこからピンスポットの色を決めるときは、舞台上の雰囲気に合わせてピンチーフが決めていきます。

　たとえば『二人の貴公子』は、作品の全体的なイメージが、私はオレンジ色だったので、戦場のシーンとかもオレンジを基調にしています。場転（場面転換）明かりという暗くなる明かりは、例年のMSPではだいたいダークブルーを使っているんですけど、『二人の貴公子』の方ではオレンジ色の場転を入れてみました。

―― 全員でダンスを踊るところが最初と最後にありましたが、あそこではどんなことを考えていましたか。

染野　オープニングのダンス（プロローグ）の場面では、演出の福音さんから、冬（寒い季節）から春（暖かい季節）になるように、と伺っていたので、一番初めはブルーの明かりにしました。ブルーは冷たい感じっていうこともあるんですが、妖精たち、ティターニアたちが出てくる時間が夜なのでブルーにして、プロローグの途中から黄色とか暖かい色をちょっとずつ入れて、最後はお芝居につながるような色に雰囲気を戻すという感じで作りました。エンディングのダンスは、とにかく明るく、祝祭的な感じと福音さんがおっしゃっていたので、シルエットだけでカッコよく見せるのではなく、ダンスが始まるシーン（シーシアスの屋敷の大広間）の明るい明かりを基に、ダンスに合うような色味の光を足していくようなイメージで作りました。

　ちなみ最初のプロローグが、照明部みんなで一番がんばって作り上げたシーンだと思います。あのシーンは本当にもう私のやりたいこと、作りたい明かりを出すために、メンバー全員が力を合わせて作ってくれたシーンなので……。

―― 照明って、それだけが目立ってしまってもまたうまくないというところがあると思います。お客さんにはどんなふうに照明を見てほしいですか。

染野　そうですね……どこかひとつのシーンだけでもきれいだなぁってお客さまひとりひとりの心に残って、思い出していただけたらいいなあと思います。

【次頁】照明のセッティングを記した図。

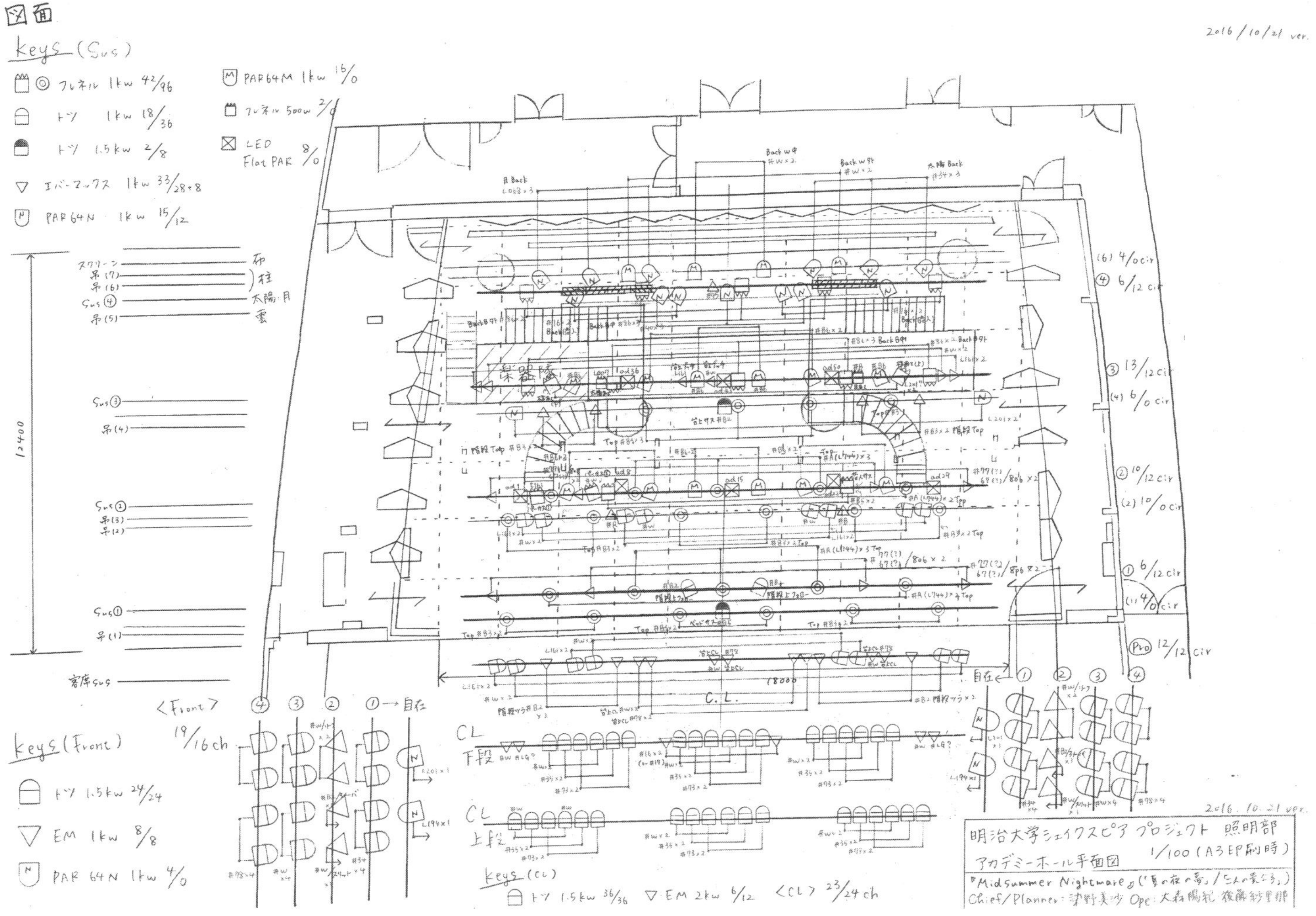

図面
2016/10/21 ver.
Keys (Sus)
フレネル 1kw 42/96
トツ 1kw 18/36
トツ 1.5kw 2/8
エバーマックス 1kw 33/28+8
PAR64N 1kw 15/12
PAR64M 1kw 16/0
フレネル 500w 2/0
LED Flat PAR 8/0
12400
スクリーン
吊(7)
吊(6)
Sus④
吊(5)
布
柱
太陽・月
雲
Sus③
吊(4)
Sus②
吊(3)
吊(2)
Sus①
吊(1)
客席Sus
月Back
Back W中
Back W外
太陽Back
(6) 4/0 cir
④ 6/12 cir
③ 13/12 cir
(4) 6/0 cir
② 10/12 cir
(2) 10/0 cir
① 6/12 cir
(1) 4/0 cir
Pro 12/12 cir
18000
C.L.
自在
<Front> 19/16ch
Keys (Front)
トツ 1.5kw 24/24
EM 1kw 8/8
PAR 64N 1kw 4/0
CL 下段
CL 上段
Keys (CL)
トツ 1.5kw 36/36
EM 2kw 6/12
<CL> 23/24 ch
2016.10.21 ver.
明治大学シェイクスピアプロジェクト 照明部
アカデミーホール平面図
1/100 (A3印刷時)
『Midsummer Nightmare』
Chief/Planner:
Ope:

スタッフ

舞台美術部チーフ
比嘉菜々美（ひが・ななみ、情報コミュニケーション学部2年）

舞台美術プランナー
熊谷綾乃（くまがい・あやの、文学部3年）

二階建て秘話

――おふたりは最初から舞台美術がやりたくてMSPに入られたわけですか？

熊谷　はい、そうですね。もともと舞台美術に興味があって大学に入って、それでMSPを知ったんです。私は演劇サークルに入ってないんですが、せっかく演劇学専攻に入ったのだから、演劇に関わろうかなって思って、MSPの舞台美術に入りました。

比嘉　私は最初楽器隊に入りたくて応募したんですけど、入れなかったので、衣裳部か舞台美術部かを選んでっていわれたので、舞台美術部に入りました。私、鍵盤しかできないんですけど、鍵盤楽器ってそんなに人数はいらないんですよね。

――前回の『薔薇戦争』と今回とでも、舞台美術の考え方はずいぶん違いますよね。前回は、細長い屏風みたいなものが舞台を出たり入ったりして転換にしてましたが……比嘉さん、楽しそうな顔してますね（笑）。

比嘉　懐かしいなあ、と思って（笑）。

熊谷　考え方の違いというよりは、終わってからの反省でしょうか。今回は喜劇だったのもあって、決めの場面がなかったかなという反省が残りますね。前回だと、幕が落ちるとかパネルがひっくり返るとかの動きがあったので、豪華で、視覚的にも楽しめたかと思うんです。今回のは、大きくて派手ではあったんですけど、大きい動きはなかったので……雲くらいかな。

比嘉　雲！　一回だけ動くやつ。

熊谷　それだけだったので、もっと動くプランのほうがよかったのかなとは思いました。

――今回は二階建てという構想がありましたね。

熊谷　二階建てにしたのは演出の要望があって、それをかなえるにはどうしたらいいかを考えた結果なんですけどね。さらに、危なくなくて、安全で、なおかつ見た目も綺麗で、演出の要望に合っているもの、みたいな感じでしょうか。

――あの下のスペースはわりと人の出入りが多いですから、どれくらい幅を取るかを考えたりしないといけないわけですよね。

熊谷　考えましたね。今回、幅は一間（約一・八メートル）。それくらいであれば落ちないよね、ということで。作業的にもその単位だと作りやすいんです。

――両側に丸い階段がありましたね。

熊谷　もともとは台がほしいという演出側の要望があったんです。そこからいろいろ考えて、柱をモチーフにしたいと私から提案しました。でも、妖精を上に上げて、台から行き来したいということで、柱をつないでその上を歩けるようにすることになりました。そこで、階段をどうするか。やはり演出から『二人の貴公子』でコロシアムみたいな場面を作りたいという要望があったので、階段面を見せつつ、『夏の夜の夢』は妖精の世界だから丸い感じの階段にしたらかわいくなるし、舞台面も広く使えていいんじゃないかという流れから丸い階段になったんです。でも、作るのは大変でしたね……。

比嘉　でしたね……（笑）。

熊谷　すみません（笑）。

――ステージに太陽と月があるというのも最初から？

熊谷　最初の美術プランミーティングのときから、『二人の貴公子』の方で月と太陽に祈る場面を作りたいから、月と太陽がほしいと。あれはそれぞれアテナとアポロンなんです。

――あれはエミーリアに向かっていっているわけじゃなかったんですね！

比嘉菜々美（右）、熊谷綾乃。

小道具作りは楽し（大変だけど）

――舞台美術部としては、その前の準備というと、具体的には……。

比嘉　アカコモに入る前は、それまでに終わらせようと思って、がんばっていろいろ作ってます（笑）。太陽と月とか、二階建ての台の部材とか、小道具とか。小道具はけっこう大変でしたね。

熊谷　剣も前回のを流用しないで全部作り直しましたしね。

――ということは、ロバの頭も？

比嘉　そうです、ロバは私が作りました（笑）。ちょっと余裕がなくて、毛は一色になっちゃいましたけど。

――小道具はいろいろありましたよね、骨壺とか。

比嘉・熊谷　骨壺……（笑）。

熊谷　はじめは三個だったのが五個に増えたんですよ（笑）。アカコモ入りが近くなってから、骨壺に模様がほしいといわれて。もともと骨壺を持つのは王妃だけだったんですけど、一般兵も骨壺を持つことになったので、王様の骨壺とわかるように模様をつけなきゃいけなくなったんです。それで、紋章を考えたりしましたね。楽しかったですけど（笑）。私、小道具作るの好きなんですよ。ダイソーに行って、これ使おうって買ってきて、作って、みたいなことが。ああ、でも、今年一番大変だった小道具は風船でしたね。

比嘉　大変でしたね……。そもそも風船をアカコモで使うことが厳しいというか、あまりよく思われないんですよ、飛ばしちゃいけないので。ヘリウムのボンベも持ち込み不可なので、別の建物で膨らまさなきゃいけないし、数も一回のステージで三六個使うことになったので、数も大変でしたね。予算はもともとカツカツなんですけど、もう大丈夫かなって思っているころに風船の話が舞い込んできて、大あわて。ヘリウムガスで一回一回膨らませるのも大変だし、風船はしぼむし、苦労しました。

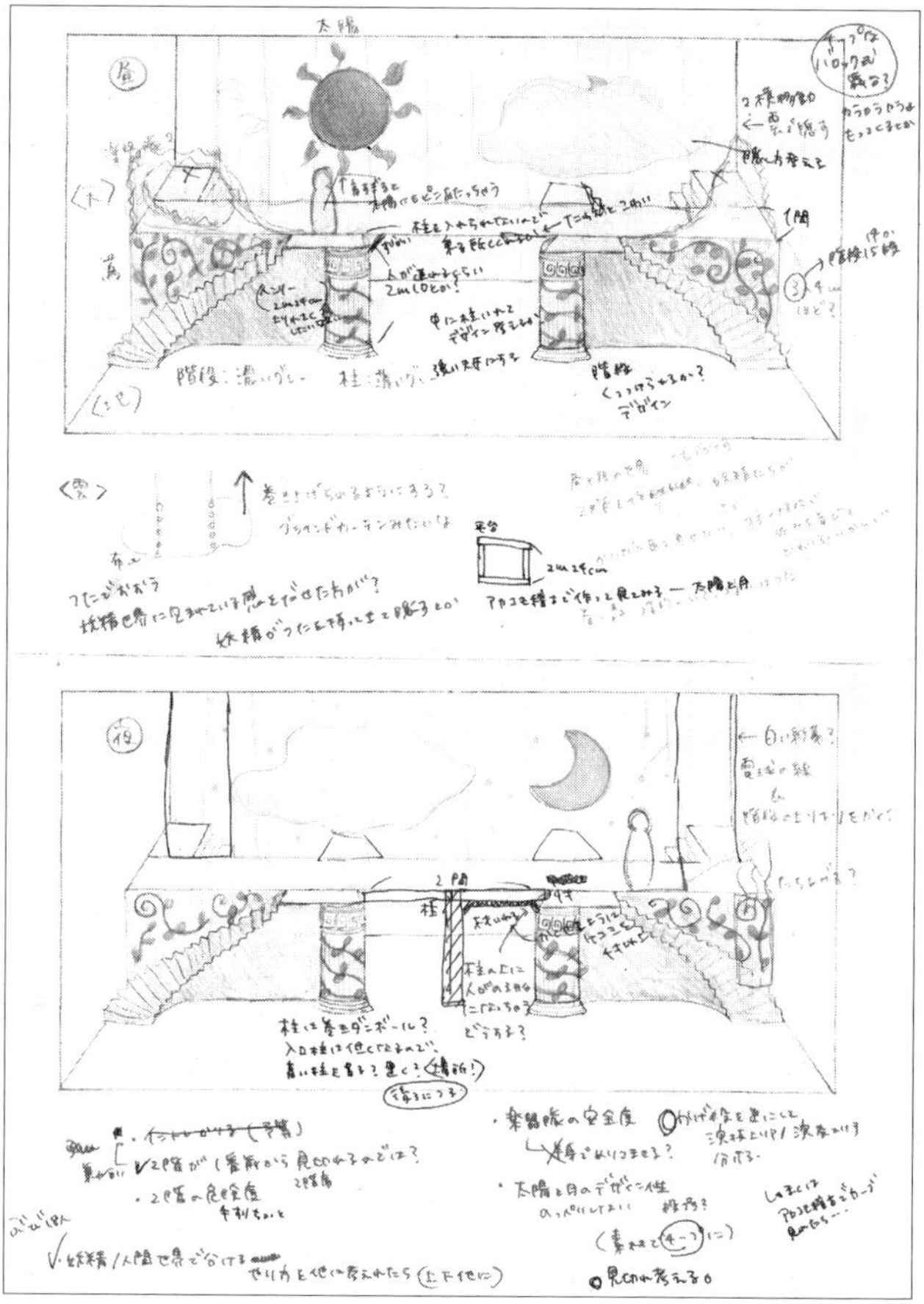

セットのイメージ図

―― ヘリウムガスはどこから調達するんですか。

比嘉　誰かがネットで安いものを調べてくれて、それを送ってもらいました。

熊谷　ステージごとにちょっと離れた格技室で膨らませて、毎回ステージごとに持ってきてもらうんですよ、三六個。

比嘉　いや、本当に大変でしたね。

熊谷　九月の粗通しくらいの時点で、風船を使うとはいわれてたんですけど、ひとり一個だと思っていたんですよ。でも、よくよく考えたらしぼんじゃうから、一個じゃダメなんですよね。しかも、ひとり六個！

――（笑）たしかに森を表現するんだったら、一個じゃ足りないですよね。

熊谷　しかも、首にからまったりして！

――たしかに一回、舞台でちょっと首にからまったりしてましたね（笑）。どうもお疲れさまでした。

舞台美術部ワークショップ中。

紋章入りの骨壺。

階段を横から見たところ。中の補強ぐあいも周到。

階段を上から見たところ。
キャストは正面を向いたまま、
ここを降りていく。

森を表現する風船。

スタッフ

衣裳部チーフ／デザイナー補佐 廣瀬歩実（ひろせ・あゆみ、文学部2年）
デザイナー 市川ひとみ（いちかわ・ひとみ、文学部4年）

「色縛り」とは

―おふたりとも、MSPには衣裳がやりたくて入られたんですか？

市川　ふたりとも、大学に入る前はそれほどでもありませんでしたね。私の場合は、MSPのガイダンスで各部署のチーフさんのプレゼンを聞いて、「衣裳、素敵だな」と思ったからです。

廣瀬　私もそんな感じでした。ガイダンスを見て、一番「楽しそうだな」と思ったのが衣裳だったので。

―デザインのアイディアって、基本的には演出側から「この人はこういう感じにしたい」というのがそれぞれの人物について出てくるんですか？

市川　そうですね。最初に演出と打ち合わせをして、どのキャラをどうしたいかを聞いていって、デザインを起こしていきます。

―最初の打ち合わせはいつごろですか？

市川　七月の中旬ぐらいです。

―最終的に決定するのは？

市川　キャラごとにOKを出してもらうので、最終的に全部決まるのは、一〇月末ぐらい、劇場入りしてからですね（笑）。

―決まったところからどんどん実際に製作していくわけですね。

市川　はい。ただ、恋人たちには色縛りがあって、難しかったですね。テーマが「太陽」と「月」で、キャラクターも属性で分ける感じだったので、それに合わせて色も寒色系と暖色系で分けてほしいといわれていたんです。そうすると、使える色が少なくなってしまって、色選びが大変でした。ほかにも「妖精は緑」「パックは白」という縛りがあって……。

―妖精と人間の違いは？

市川　妖精は、普段着に使わない薄い布や軽くて透ける布を使いました。あとは妖精は緑と決まっていたので、そこの色の違いと。

―色の縛りは『二人の貴公子』でも踏襲されているんですか。

市川　そうですね、全体的には。『二人の貴公子』では、貴公子たちは赤と青、と決められていたんですけど、牢番とか求婚者にはそこまで縛りはなかったですね。ちょっとくすんだ色がいいかな、くらいですかね。

―『二人の貴公子』だと、女性陣は黄色でしたね。

市川　そうですね。「エミーリアは黄色」というのは決まっていたので、そこから他の部分、恋人とか貴公子とかぶらない色にするには黄色系しかないなと。

廣瀬　もともと月の女神というイメージ

だったんですよね。

ハードワークを楽しく乗りきる

――去年の『薔薇戦争』と今年とで、取り組み方に違いはありますか？

市川　全然違いました。今年の方が楽しかったですね。去年までは歴史劇だったので、当時のイギリスの服装を調べたり、去年は軍服縛りがあったので、ヴァリエーションを出すのが難しかった。今年の方が、妖精とか王様とか、身分のばらつきもあったので、作るのは楽しかったです。

――でも、大変じゃなかったですか？

市川　実はここ数年では、今年が総数的には一番少ないんですよ、一〇〇着くらい。前回とかその前は、一五〇着くらいあったので。大量に生産するものが多かったんですね。全員が着るマントを三〇着とか一気に作っていたので（笑）。でも、今年はパターンが多かったので、その試行錯誤が大変でした。

それから、一〇月の末に衣裳つきの通し稽古があって、そこでまたいろいろと問題が発生して、作り直しになったりします。実際に着て動いてたら破れちゃったりとか、

廣瀬歩実（右）、市川ひとみ。

動きにくいという意見がキャストから出てくるので、どんどん直していきます。『二人の貴公子』でも、エミーリアの侍女の竹田（彩香）さんが、最後にバレエのようなターンをしたり開脚したりするんです。ワンピースだったんですけど、スカートの部分が開かないといわれて、裾が広がりやすいスカートに取り替えました。

――デザインする側（市川）と作る側（廣瀬）との間で、意見の相違はないんですか、「絵にはこう描いてあるけど、こんな形にできないよ」とか。

廣瀬　いや、もう従順に作るので……（一同笑）。

市川　私が考えたけどうまくできないことを、アドバイスとかアイディアを出してくれて、違う形になったりということはありますね。

廣瀬　装飾とかは、けっこう皆で意見を出し合いましたね。

市川　大まかに「こう変えましょう」じゃなくて、「ここはこういう縫い方の方が」とか、そういうアイディアですね。宝石っ

妖精たちの衣裳がすべて違うことに注目！（次頁参照）

ぽいボタンをつけたり、縁取るテープを縫いつけたり、フリルを延々とつけたりとか（笑）。あと、劇中劇でシスビーっていう女装するキャラクターのスカートがめくれあがっちゃうので、「パンツ作った方がいいね」とか、「前ウエストにリボンつけよう」とか（笑）、みんなですごく楽しんでやっていました。

衣裳の中の糸、ならぬ意図

——デザインのディテールに意味をもたせることは、衣裳部側から提案するんですか？

市川　妖精の四人組でいったら、それぞれ「蛾の羽根」とか「豆の花」とかあったので、そこの部分を取り入れるために羽根をつけたり、蜘蛛の糸っぽい色のものを入れたりとかいうのはありましたね。

——牢番の娘の着ているものが、進んでいくうちに一枚、二枚と減っていき……。

市川　ボロボロに……。

——なっていくというのは、やはり演出家の意図からですか。

市川　最初の話し合いで、どんどん狂っていく感じを出したいといわれたんですけど、そのときに、どんどん巻きスカートとか取っていけば、一番下にボロボロのを着ておけば、みたいな感じでアイディアを出してくれて、それになりました。

——シーシアスがちょっと地味じゃありませんでしたか？

市川　最初に演出側からは色のイメージなどの具体的な意見が出なかったんですよ。でも、偉い人はなるべく丈を長めにして、威厳のある感じにしようと思っていました。オベロンもロングジャケットなので、そういうところは意識しましたね。

廣瀬　それで、威厳のある色といったら黒、みたいな。

——メイクやヘアメイクも衣裳部の担当ですか？

市川　そうですね、メイクデザインは中里仁美、ヘアメイクは阿部正美です。

——エミーリアの後ろの編み込みとか、すごいなと思いましたね。

市川　ありがとうございます。

——ところで、衣裳部って「女の園」みたいなイメージですが……。

廣瀬　そうですね、女しかいない。

市川　でも、逆に楽しいですよ、いろいろ好き勝手いえるので（笑）。

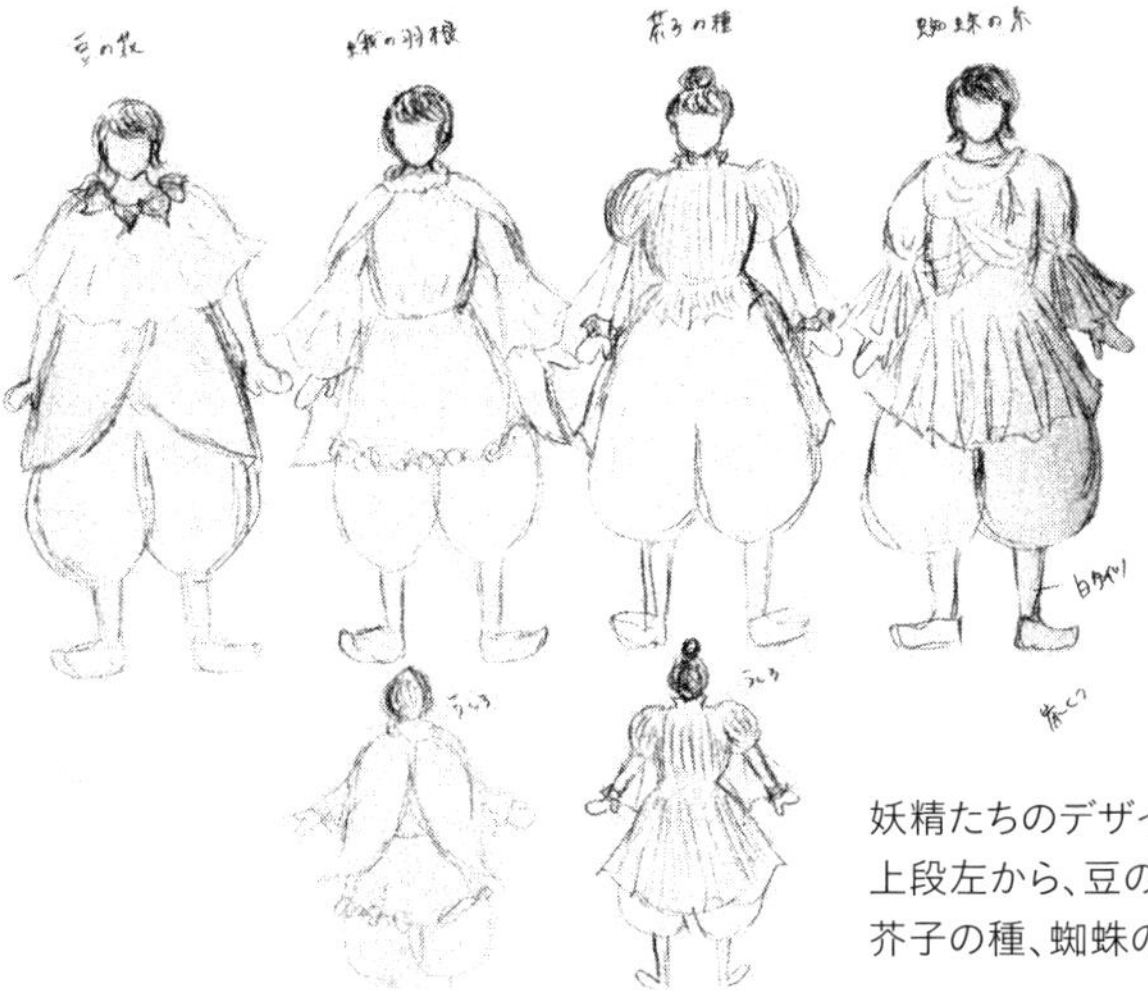

妖精たちのデザイン画。
上段左から、豆の花、蛾の羽根、
芥子の種、蜘蛛の糸。

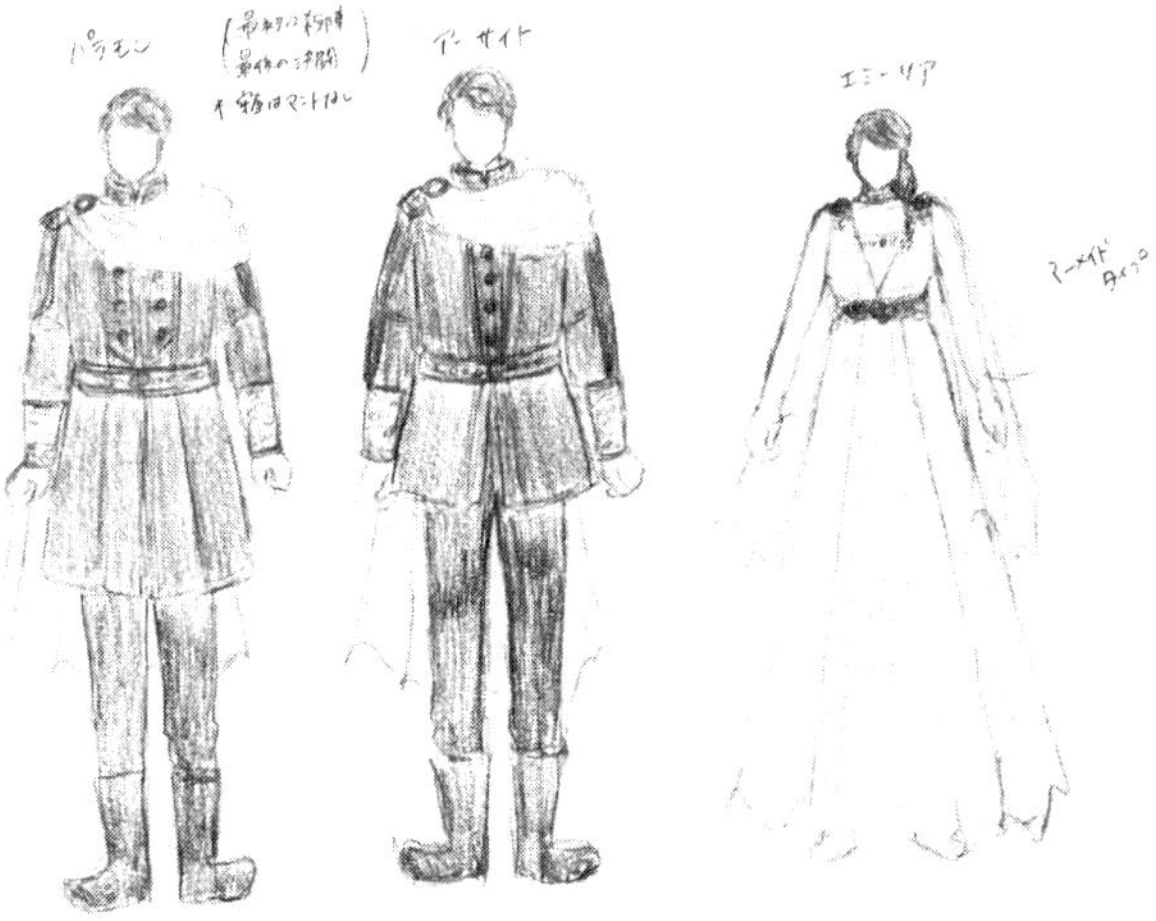

左から、パラモン、アーサイト、
エミーリアのデザイン画。

左から、牢番の娘、牢番、
狂った後(牢番の娘)、
求婚者のデザイン画。

映像・スチール部チーフ

飯塚京佳
（いいづか・きょうか、政治経済学部2年）

MSPに一番長くつきあうセクション

――MSPに入ることになったきっかけは何ですか。

飯塚　もともとは宝塚が好きだったんですが、たまたま講義でMSPのことを知って、ガイダンスに行ったら、楽しそうだな、と思いまして（笑）。

――宝塚が初めて観るお芝居っていう方は、MSPでもけっこう多いですね。

飯塚　そうですね。宝塚の舞台写真って毎公演出るんですけど、その写真を見るたびに「ああ、そういえばここ、こういう表情してたな」と。私も高校時代、写真部だったので、どうしても「私もこういう写真撮りたいな」と思うんです。ガイダンスで「舞台の写真を撮れる」と聞いて、「これじゃないかな」と思ったんです。たぶん、セッティングとかに凝って何回でも撮り直しがきく写真よりも、その一瞬を逃したらもう出てこない表情、みたいなものの方が好きなんでしょうね。

――映像・スチール部は、ある意味、MSPの活動に一番長くつきあっているセクションですよね。

飯塚　そうですね。「いついつこういうのがあるよ」と聞いたら、そこは空けておいて撮りに行きます。

年間スケジュール

――活動自体は、前年度の終わりから始まっているわけですね？

飯塚　まず、五月に参加ガイダンスがあるんですけど、ガイダンス終了後にキャスト志望の人の写真を撮るのが最初の仕事になります。オーディション用の写真ですね。

この作業は、基本的に前の年度から残っている人たちの仕事です。このときには、真正面の顔写真と、横を向いた写真と、胸から上の写真と、全身の真正面と横との三枚をそれぞれの人について撮ります。

――それだけでも大仕事ですね。

飯塚　それをもとに、六月にオーディションをやります。これも映像を残しておきます。その場で決められなかったときに見られるようにということですね。

その後にスタッフ決めというミーティングがチーフ間であります。いわゆる「第一回ドラフト会議」ですね。これも終わった後、舞台美術部さんが格技室の掃除をするので、そこからどんどん撮っていきます。ここで決まった人たちは早めに撮っておかないと、パンフレット用の写真を撮るのが後になるほどスケジュールが窮屈になっていくので。

本格的な活動は八月の夏休みから始まりますが、その前に活動しているところにはなるべく顔を出して、チーフさんに活動する日にちと場所を聞いて、そこに行ける人が撮ってきます。夏休み中は、稽古場にも外部からのワークショップ講師さんがいらっしゃるんですけど、一回しか来ない人もいるので、確実に押さえるようにしています。

夏休みの終わりには、活動報告会と初回の粗通しがあって、活動報告会では各部署の活動風景を曲一曲分くらいの長さに編集したものを上映し、粗通しは定点カメラで押さえておきます。

(4) キャスト・スタッフ・プロスタッフ・WS 講師顔写真

第3章　各撮影ごとの注意

16

19

右頁で飯塚さんが手にしているのは、松村・一澤両先輩が作った虎の巻テキスト。めちゃくちゃ充実した内容です！

――映像の編集は誰がされてるんですか？

飯塚　これはもう松村（薫）先輩と一澤（洋平）先輩に頼ってます……。私には本当にわからない未知の世界ですね。

九月中にパンフレットの写真の締め切りが来ます。キャストさんには写真のチェックをしてもらって、嫌だといわれたら差し替えます。パンフレット用の写真としては、キャストはなるべく役柄に沿ったイメージのものを、スタッフは写真を見ただけでその人がどの部署かわかるものをめざしています。

一〇月に入ると、毎週のように通しがあるので、欠かさず撮りに行きます。最後にいつ下手にハケるかといったことを把握しておくためですね。映像はYouTubeに上げておいて、メンバーに見てもらいます。キャストさんも、自分でやっているとどうしても気づかない部分がありますし、他の部署の人たちも、やはり通しを見ないとわからないことがあるので。

　本番になると私たちの仕事は減ってきます。私たちの仕事の一番は、このパンフレットの写真納品と、あとは本番の映像撮影なので、本番間際はむしろ時間があるんです。その間は最後のときに流す動画を作るための画像を集めたり、アカコモ入りしてからの様子を撮影したりしていますね。

　本番の映像は、二日目の午後の部と、三日目の午後の部の二回撮影します。DVDに残るのは、基本三日目の方です。音声は、マイクから録ったものを音響さんからいただいています。それを一澤さんなり松村さんなりがじっくり編集して、一二月の全体反省会のときに希望者にDVDを販売します。

　ちなみに、本番終了後の懇親会でも短い動画が流れるんですが、最後のカーテンコールのところの映像を入れたいがために、終わったらすぐデータをもっていって編集してるんですよ。

――それはすごい！（笑）

頼りになる先輩たちの勇姿。

舞台を観る眼

――決定的瞬間みたいなものを狙うときのコツというか心構えって、どんなものですか。
飯塚　まず、やはり通し稽古を何回も見ておいて、その瞬間を待ちかまえるということ。あとはもう、私もお客さんとして観ているときの「ここ、よかった！」と思うところを写真に収めることでしょうね。やはり、写真を見たときに「ああ、そうだったね」と思い出してもらえるような写真を撮りたいので、感動した場所を撮ろうと思っています。
――今年撮りがいのあったシーンは？
飯塚　やはりアーサイトとパラモンが決闘するシーンというのは、すごく撮りがいがありましたね。殺陣で動いているので、どうしてもピントを合わせるのに苦労するんですけど、ここぞというところで写真が撮れて、「やった！」と思いました。
――最初と最後のダンスのシーンは、撮る立場からするとどうですか？
飯塚　難しいですね。動画を撮るときもそうですが、全体を撮るかたちにしていました。一部を切り取っても、何をしているのかよくわからなくなっちゃうので。今年、上と下が別の芝居をしていることも多かったので、それも難しかったですね。下で台詞をしゃべっていてるときに、上でもライトもそこまで当たっていないのに、いい演技をしていたりすると……うーん、難しい！

プロスタッフ＋シニアーズ

MSPは学生主体のプロジェクトではありますが、学生だけではまかなえない部分もところどころ混じっています。そこを支えてくださるのが「プロスタッフ」の皆さん。どんなスタンスでMSPに関わってくださっているのか伺ってみました。「シニアーズ」とは、ズバリ「先輩」のこと。過去のMSP（旧明治大学文化プロジェクト）上演に携わってくださったプロスタッフやOB／OGの方々にお話を伺いました。

MSP

インタヴュー

監修 青木 豪

（あおき・ごう、劇作家・演出家・明治大学文学部兼任講師）

シェイクスピアを飽きさせないで見せるには

——シェイクスピアって、矢継ぎ早に場面が移り変わっていくタイプの作品も多いですね。

青木　シェイクスピアはどの作品でも場面は多いですよね。でも、当時は場面転換のための装置替えがなかったんです。

シェイクスピアはもともと、グローブ座という劇場のために書いていました。今はロンドンで復元されていますけど、グローブ座は三階まである半野外の劇場で、舞台前が天井がないヤードと呼ばれるスペースになっていて、そこに立ち見の客がいっぱい入る。つまり、一〇〇〇人以上入るような劇場のために書いていたわけです。そして、当時は照明もありません。

舞台は客席に向けてちょっと出っ張っていて、そのせいで三階まで二七〇度くらい客が入ってるわけです。グローブ座には二階にも舞台があって、舞台の後ろの部分も三階くらいまであるわけですよ。当時は照明がないから、照明で切り替えるということはありません。ここにスポットを当てる、とかもなしです。そうすると、二階に出るか、上下どっちかから出てくるかでしか場面を変えられない。だから、いまどういう状況かって説明する台詞がわりと多いんです。漠然とした場所に人が入ってきて、今はここだっていって変えていくから、小さい芝居もしてられない。グローブ座が当時そういう状況だったことを考えると、シェイクスピアがなんでそう書いたのかは、わりとわかりやすいんです。けっこう客席も使えるし、下手から入った瞬間に上手から出てくれば、それはもう場面が変わってることになるんですよね。それは、演出留学したときにグローブ座でかなりたくさん観て、わかったことのひとつ

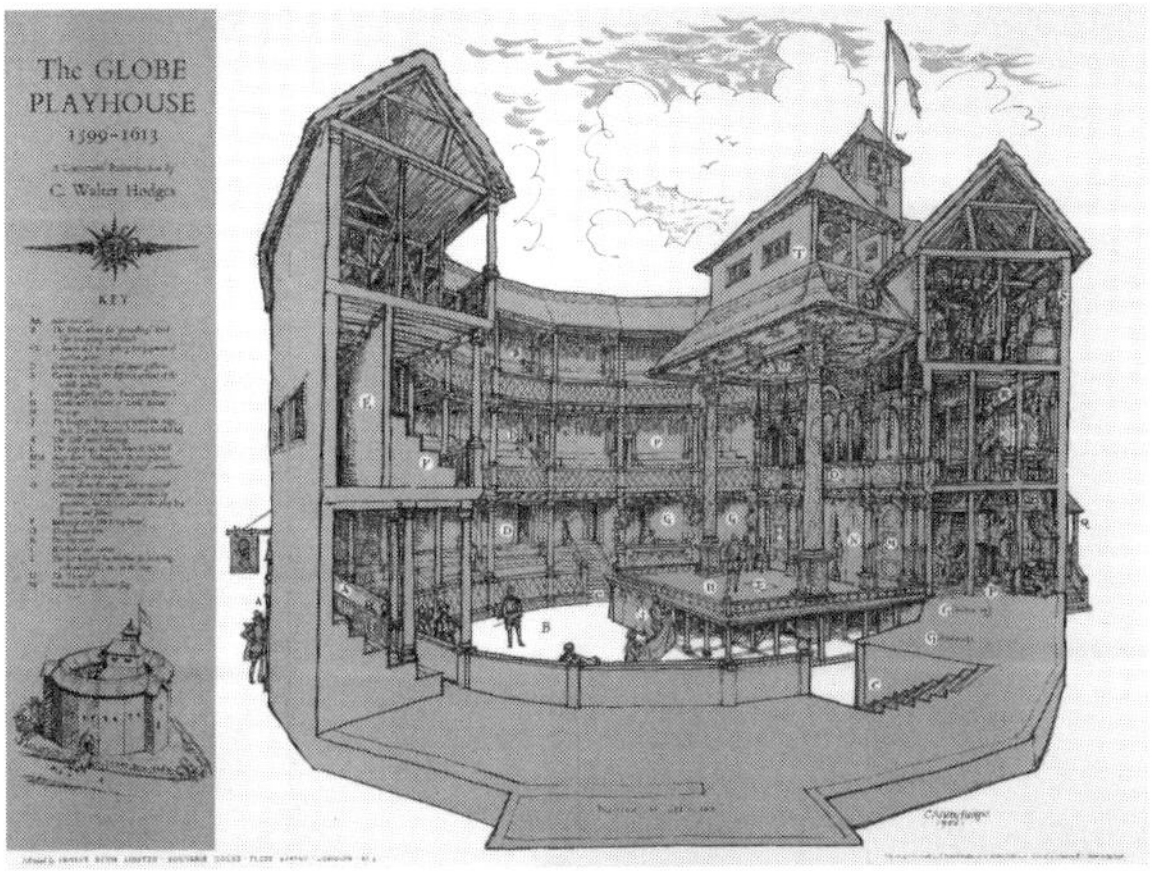

グローブ座の内部のようす。画＝C.ウォルター・ホッジズ。

です。

それで、ショックだったことがあるんですよ。シェイクスピアの長台詞って、日本では、役者さんが内面をしっかり作って、その思いを伝えるっていう感じで観てたんです。ところが、グローブ座でわかったのは、照明で絞られてない中でそれをやるので、客が飽きちゃうってことなんですよ。

——飽きるんですか？

青木　飽きちゃいますよ、内面をジックリみたいな芝居をしたら。だって、老若男女がいて、舞台の前の人たちは三時間立ちっぱなしですから。だいたいひと舞台やって、面白い芝居だって三人くらい貧血で倒れます。高校生とかもいて、上演中も平気でしゃべっているし。そいつらを飽きさせないようにするには何をしたらいいかというと、ダレた観客に向かってしゃべりかけることなんですよ。あの長台詞って本来は客に向かっていってるんです。会話でつないでいくシーンって、相手とやってるから客も油断できるんです、役者が自分のこと見てないから。だから、ダレてきたら、客に向かえって書いてあったんだろうなぁって。

——逆に客からいうと、役者をしっかり見られる時間があると。

青木　そうですね。シェイクスピアはどの作品でも場面は多いです。セットチェンジがないから、人が入ってくれば変われるし、長くやると客が飽きるから。

——とりあえず、どんどん場面が変わっていけば飽きることはない、と。でも、やる側は大変ですよね。それをどうテンポよく進めていけるかが、ひとつ腕の見せどころになるわけですね。

青木　そうですね。今は、照明もセットもあるから、それでやったときどうやったら面白いのかってことを、もう一回考え直さなきゃいけない。

【MSPを監修する】

——青木さんの監修というお立場は、具体的にはどういうものなんですか？

青木　困ったら、助けようっていう立場ですね（笑）。

——見ていて、おいおい、それはまずいぞっていうことはありますか？

青木　とにかくケガしないようにっていうのは気をつけてます。たとえば、殺陣で使ってる剣のこととかは、かなり口を酸っぱくしていいますね。芝居を長年やってて、舞台でケガする人もたくさん見てるし、瀕死の事故の話もいっぱい聞いてますから。やっぱりまだ大学生というのは親がお金出してくれて通ってる立場で、僕らは学生さんたちをお預かりしてる身なので、ケガさせて帰したら申し訳が立たないわけです。

芝居については……僕も何本も作って、年も取ってくると、ひらめきってやっぱりなくなってくるんですよ、若いころに比べればどうしたって。だけど、観てる本数だけは多いから、引き出しはたぶん増えている。だから、学生の子たちがいろいろ困っているときは、こういう手もあるんじゃないっていうサジェスチョンはします。ただし、あんまり口を出しすぎると彼らの発想をつぶしちゃうから、口を出さないで待つようにはしていますね。こっち方向に進んでいった方がいいんじゃないかなとか、そうするとお客さんが飽きちゃうんじゃないかな、みたいなことは示唆するようにしてますけど。

――どう作品をとらえていくのかについては、学生にまかせると。

青木　うん、そこは口を出さないですね。ただ、頭の中だけで考えたものだとお客さんにはわかんないから、それを見てわかるかたちにした方がいいよとはいいましたね。

――困ったときにこうしたらというだけだと、作品全体として見たときに、場面どうしの間で齟齬が起こってくるようなことはないですか？

青木　というより、僕がサジェスションして、それが上岡の思いと違っていると、悩んだ顔をしているんで、「あれ、違う？　じゃあ、やめやめ」って、上岡が納得するかたちにすることはよくありましたね。これはあくまでも上岡の演出なので。もうちょっと笑かそうとしてやったら、「そこは笑いにしないでほしい」っていわれて、「そうか、違うのね、ごめんね」って。

今回のやつだと、上岡がムッて顔をしたので演出を大幅に変えたのは、たとえば四人の恋人たちのキャラクター作りですね。女の子がふたり出てきますよね、そのうち片方をけっこううざいキャラにっていうので、僕がちょっと極端に笑いに振ったら、「もう少しかわいさがあるんです」といわれて、ああ、なるほど、じゃあ、上岡がやりたいのはこれくらいの分量ね、みたいな感じで、修正したりしています。

やりたいことがあるのは彼らの側なんで。彼ら彼女らにやりたいことがないと、僕は何もできないんですよ。だから、彼ら彼女らがやりたいことがこうだといってもらって、それを本人たちもかたちにしたいのだが、どうもうまくかたちにならないってことを補填するのが僕の仕事だと思ってます。いや、でもそれがね、面白いんですよ。自分で演出するときに、自分がやりたいことはやってるから。

前回の『薔薇戦争』より今回の方が難しかったですね、去年はシリアスな話二本だったけど、今年はけっこう笑いとかファンタジーの量が多くて。

――それに、前半と後半でまったく違うタイプのお話ですしね。

青木　そうですね。それで、今年の方がたぶん難しいだろうなと、演目が決まったときから思っていました。あと、上岡にいったのは、若い人たちにしかわからない笑いとかにしてしまうと、親の世代とかもいっぱい来るわけだから、それだと仲間しか笑わないよっていうことですね。

――照明とか音響に関しても、青木さんがサジェスチョンすることはあるんですか？

青木　今回はすごくありました。照明ではあまりなかったけれど、音響ではすごくいいましたね。今回、これまでと違ってたのは、二階に楽器隊がいたんですよね。ところが、思ってたよりすごく響いちゃって、ホールに入ってから音を出してみたら、台詞が聞こえないんですよ。本当は、

舞台全景。
2階の左側に楽器隊のスペースが置かれている。
照明にもご注目を！

そういうかたちで舞台を作るためには、ふつう遮音するためのアクリル板の壁を設けるんですよ。ミュージカルでも、むき出しにはなってませんね。生音が出ていかないようにして、それをマイクで拾って、調整をつけるのがふつうなんです。それで、もうちょっと舞台上にマイクを仕込んで、役者の声を音楽より上げてください、と音響さんにお願いしたりしました。照明も、オープニングのシーンとかで、観客に見せたいのはこれだから、もうちょっとこっちに光を当ててくれみたいなことをだいぶいった覚えがありますね。

才能がある人は努力もしている

――今回できあがったのを見て、青木さんとしてはいかがでした？

青木　よくがんばったなと思いました。難しいことをがんばって、よくちゃんとやり

ましたと。ちょっと偉そうですけどね。

――上岡演出で、ここが光ってたというところは？

青木　いっぱいあったけど、俺に絶対ないのはキュートさですよね。やっぱりキュートなところじゃないかな。

――ＭＳＰは他の学生演劇集団とずいぶん違いますが、青木さんはＭＳＰをどうとらえてらっしゃいますか？

青木　どこかで後輩っていう感じがあるんですよね、自分の出身校だし。俺、大学のころこんなに真面目じゃなかったし、今の若い人たちは偉いな、と思います。あとは、皆さん、お芝居の世界は本当に大変だから来ない方がいいですよってことを口を酸っぱくしていわなきゃなって、親御さんのために（笑）。

でも、社会に出たときに役に立つこともあって、たとえば演劇をやると、幕を開けるためにはなんとかしなきゃって一致団結せざるを得なくなりますよね。それってふつうの仕事をしてても、納期に間に合わせるためになんとかしなきゃ、っていうのはあるじゃないですか。

あと、人がダメなところをどうやったらカバーできるかということを考えるようになるんですよね。完璧そうに見える人でも、どこかしらダメなところがあるから。だから、助け合わないとできない。ひとりじゃ何にもできないってことがしみじみわかりますよ。

自分自身、若いころけっこう傲慢だったところがありますからね。長いこと芝居やってきてわかったのは、俺の力は何ほどもないってことですよね。周りが助けてくれるからなんとかやれるんだっていう、そういうことが身にしみてわかるっていうのが一番いいことだと思うんですよ。それはどんな社会に出ても、体験としていいことだと思います。

若くてうんと才能があって世に出られる人って、本当にちょっとだけだと思うんですよ。そういう人は、たぶん二三歳までには世に出てくるだろうから、ＭＳＰに来てる時点でたぶん天才ではないんですよ。もしトンデモない天才だとしたら、ＭＳＰじゃないところで華々しく出て、すでに仕事として成立しているはずです。だけど、そうじゃない人はそういう人なりに、できることはちゃんとあるんです。

自分も長くやってきて思うのは、残ってる人ってやっぱりいろんなものをしっかり見てますよね。じゃないと話が進まないですし。「〜（何かの作品名）みたいなさ」っていう話はどうしたって出てくるし、そのときに「それ知らないっす」だと、話にならない。すごく才能がある人でも、一〇本くらい作ると、それはなくなりますからね。それは映画監督でも、ミュージシャンでもたぶん同じだと思います。やっぱり才能に溢れた人も、自分が枯れたくないから、世に認められた後の努力もたぶんすごいと思いますね。むしろ才能がないやつより、もっと努力してると思います、見せないだけで。そこは若い人にわかってってほしい。

インタヴュー

舞台監督

村信保

（むらのぶ・たもつ、劇団キンダースペース）

舞台監督という仕事

—— 舞台監督とは、どういうお仕事なんですか。

村信　基本的には、舞台全体の進行の一番トップであることは間違いないですね。でも、表に出るトップは制作のトップですから、僕は管理責任の側、要するに、舞台上で起こるすべてのことの段取りから、誰が何をしているかまでの管理責任をするというポジションであるべきだと思っています。でも、特に小劇場などに多いのですが、大道具の上と位置づけがちな傾向がありますね。本来は、制作（プロデューサー）がいて、舞台監督と演出家がいる。プロの場合は、美術、音響、照明、音楽、振付、衣裳、映像など、いろんな人がいらして、それが舞台に入ったときにどう動くか、何が行われているのかを全部管理して進行する、ということですね。だから、部署間に問題が生じたときは間に入ることもあるし、時間の中で逆算して動かせる立場であり、役割だと思っています。

—— 舞台監督は、美学的にいい悪いという判断はされるんですか。

村信　僕自身は、いい悪いという判断はしないように心がけています。ただ、MSPはちょっと別で、やはり演劇経験の少ない学生さんが相手なのでアドバイスはするようにしています。こうするとわかりにくくなる、こうするとクオリティは上がるけれども、予算や作業量などの部分で大変なことになる、といったことはいうようにしています。要は、演出家の考えていることを、よりうまく表現できるようにするための努力をしたいと思います。

—— 舞台に入る前にはどんな仕事をされるんですか。

村信　まず、全体的なスケジュールの確認ですね。いつごろどういうことが行われているのか、舞台の美術のプランはいつできあがるのか、照明はどうか、稽古の日程はとか、それを全部やるのは大変なので、舞

台監督補佐・演出助手がそこに入ってくるという流れです。劇場に連絡をとって、こういう日程でこういう図面がありますと、たとえば車両の手配とか、一般の演劇だと消防署への申請が必要なものもあります。たとえば、舞台上で本番中に、火薬・裸火などを使用する場合は申請が必要なんです。そういうことは舞台監督が基本的には段取りします。

　あとは実際に、舞台美術の絵や照明も見て、プランを話し合ったときに、これはできないという判断も必要になります。予算に見合ったプランであるかどうか、内容によっては、制作と相談する。それ以前の技術的なことや、人数や日程を考えるとこれくらいかかる、といった判断はしなくちゃいけない。

――村信さんは、何月くらいからこの全体の進行に関わられているんですか?

村信　一一月の公演が終わったら、井上先生といろいろ話して、気づいたらもう始まっているという感じですね(笑)。プロデューサーや演出家が決まったところでご連絡をいただいて、五月のガイダンスにも時間があれば顔を出してお話をさせていただいています。だから、飛び飛びですけど、期間としては半年くらいですね。

【本番まで】

――今年は舞台上に大きな台が組まれていて、その二階の上に人物が何人も登場しますね。

村信　アカデミーホールは、一般的な演劇ホールではないので、発想と工夫が必要になってきます。一般的な演劇ホールだったらああいうものを作るのに、床に釘を打ったりして固定するんですけれども、あそこはそれが一切できないので、いろいろと悩みました。それから、ふつうの演劇だったら大道具の担当がいて、彼らにそういうものを発注するんですが、ＭＳＰには大道具のプロはいません。だから、舞台美術部を中心にがんばることになります。例年九月後半くらいから、猿楽町校舎の旧明治高校の格技室で舞台美術部の活動が本格的になります。

――学生の皆さんは日常的にああいう建て込みをやってるわけじゃないから、その作業にどのくらい時間がかかるかなんかも、自分たちだけじゃわからないですよね。

村信　わからないですね。しかたないので、最初の二、三日は何人かプロの方に入っていただいています。本来は学生で作るのが理想なんでしょうけど、ホールも大きいし、これだけの作業を学生だけではできません。きちんとした理想とする絵がありますから、それに沿えるものを、ということで努力しています。

――アカデミーホールに入ったところで様子を見に行ったら、舞台上で大道具や美術の建て込みが進んでいたんですが、そこで頭にハチ巻きを巻いた村信さんが率先して作業しておられたんで驚きました。こりゃ舞台監督じゃなくて現場監督では、と(笑)。

村信　いや、あれは別に舞台監督本来の仕事ではないんです。ただ、理想的なことばかりもいってられませんので、現実としては、現場監督でもあると思います。頭にタオルを巻いてるのは僕の個人的な習慣です（笑）。

あれを作るのは大変でした。ただ、いいアイディアを演出の上岡さんも出したし、舞台美術の熊谷さんもきれいな絵を描いたので、実現させたかった。最初のアイディアでは高さ三メートルと言われたので、それには「さすがに無理だ」と（笑）。できる限界であれにしたんですけど、それでも最初はあれこれ悩みました。上に立ってみると、いや怖いなと。ケガ人を出すわけにはいきませんので。ああいうのって、上ってみると、はたで見るよりはるかに怖いんですよ。怖くなると、身体も自然に動かなくなるし、そうするとケガをする危険性も格段に高まるんです。だから、その恐怖はもうずーっとありました。

でも、本当にきれいなデザインができてきたし、演出の上岡さんは一年生のときから知っていて、こういうことやりたいだろうなって思っていたら、案の定そう来たので、まあそれだったらできる範囲内のことをしてあげたいなっていうことだけですね。

――親心ですね……。

村信　それに近いですね（笑）。

――全体の進行がうまくいっているかどうかについて、判断をしなければならないことが当然あると思います。今のままだと遅れてしまうぞ、ということから、プランが変更されたりすることはありますか？

村信　それはやっぱりあります、いろんなことが。小さなことだと、舞台上に照明の機材を置くことが予定されているときに、いや、図面にはここにあるように描いてあるけど、ここを人が三人いっぺんに通るというときにここにあったら通れないよ、とか。じゃあ、どうしよう、美術を動かすか、演出が妥協するか、照明をずらすか。そういう話はしょっちゅうあります。

――本番では何をされることになりますか？

村信　本番はもうほぼ何もしないです。ただ、本番が始まる前に、制作部がお客さまの誘導やご案内をしているので、客入れから開演までの時間は、舞台袖のモニターで客席を見ながら、受付の最終責任者や場内の人たちとやりとりをしていますね。定刻で開演していいのか、今日は五分開演が押すとか、いま客席がざわついてるけど何かあったのか、とか。僕、トランシーバーを三つ使ってますよ、耳はふたつしかないのに（笑）。

本番中は、舞台袖の下手側のところに操作盤っていう舞台のバトンとか機構とかを動かす機械やモニターがあって、そこでみんなの邪魔にならないようにしながら、きっかけのキューを出したり、注意事項があったら注意したり、スタンバイの確認をしていますね。

あと、裏で鼻血出しただの、衣裳がないだのといったことがあったときに、学生が頼る人がいないといけないんですよね。外には先生方もいらっしゃるんですが、中はもう大人は僕だけなんで。「村信さん、〇〇が壊れました！」「じゃあ、代用品探そう！」とか、そういうことがよく起きています（笑）。

でも、何年か前から舞台監督補佐っていうポジションがつくようになりました。場当たりといって、本番でやるきっかけを全部試してみる稽古を三日間やるんですが、そのときに僕が客席から見られるようになったんですよ。トランシーバーで裏側を学生にやってもらえるようになってよかったなぁと思ってるんです。そうなると場当たり中に、演出家や各セクションのチーフと確認しながら進行することができますから。本当は、本番の舞台監督も学生がやってくれればいいんですけど、それはさすがに難しいかも。

学生像とMSPの未来

——学生たちを相手にするということで気をつけていることは何かありますか。

村信　明治大学の文学部には演劇学専攻もあるし、教育の一環ですよね。何年間か単位が出ていた時代もあったので、僕もある意味教師のような役割も兼ねていいのかなあと思っています。僕もプロの演劇人ですから、学生が気づかないであろうプロの経験をふまえた意見を伝えることもあります。簡単にいうと、叱るときもある。でも、ダメなことをやるなっていう叱り方よりも、いまいったようなニュアンスで接したいなとは思っています。

——MSPの学生たちの印象は、いかがですか。

村信　エネルギーがあると思いますね。初めて参加したときには芝居のクオリティが高いので、すごくびっくりしました。それが第四回のときですけど、それからもずっとその繰り返しというか、すごいなってアイディアがいっぱい出てくるし、想像もしないようなことをやってきたりするんです。だから逆に、フォローも本当にきちんとしたいと思ってます。助けてあげたいっていうレベルじゃなくて、僕もプロとしてちゃんとフォローしなくちゃダメだな、と。

あと、みんな素直ですね。できなくて悩む子はいっぱいいるけど、いやな子がいないんですよ。不思議ですね。

——村信さんは、関わった年数でいうと、井上先生より古いわけですね。

村信　そうですね。参加する学生の数も、僕が四回目で初めて関わったときには、まだ四〇人ぐらいだったと思います。だから、キャストが衣裳も兼任、みたいなことはしょっちゅうだったし、仕込みも皆でやってましたね。今は完全に分業制になりましたが、正直これで本当にいいのかなと思うこともなくはない。でも、これだけ志望者がいるわけだし、こういう方向性しかないのかもしれない、とも思います。昔はみんなで泣きながらやってましたよ。衣裳が間に合わないって泣いていると、「明日稽古がない人は手伝おうよ」とか、「舞台美術が今日終わったから行こうよ」って動員していた時代もあったんです。そのころは、ほぼ全員がお互いに面識があったと思います、小さい所帯だから。でも、今はもうわからないでしょう、たぶん。それもちょっと寂しいなと思うこともありますよね。そのへんは、うまくいかないなというか、新しくシステム化されると昔がよく見えるんでしょうかね、でも昔は今みたいなかたちを理想としてきたはずなのに、とか……。まあ、そんなジレンマを感じているのは、井上先生と僕くらいなんでしょうね（笑）。

設営したばかりの２階に上ってみると、
意外に高さがあるのがわかる。

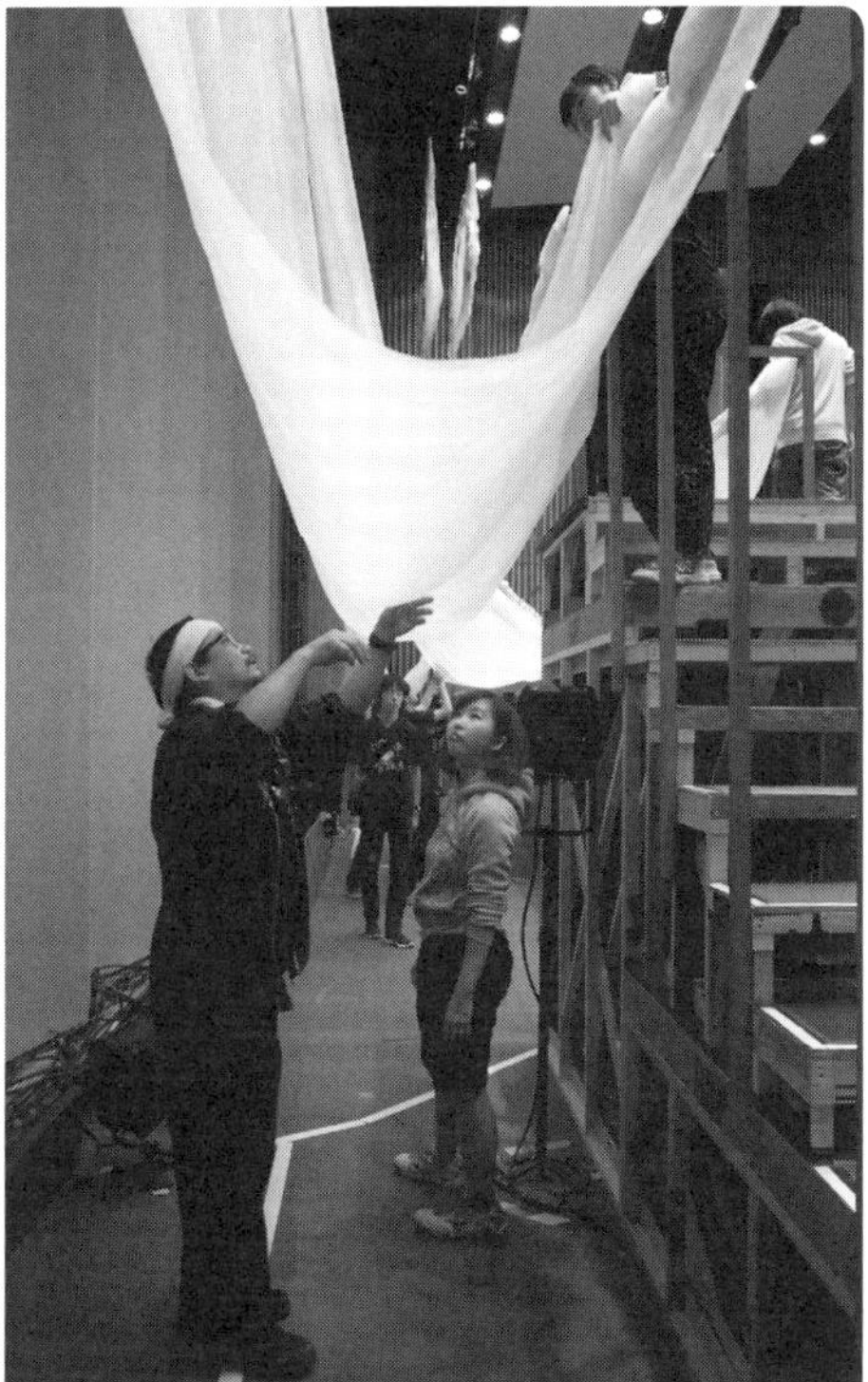

舞台後方に白い布を吊り、
すそは折り返して
台の手すりにくくりつける。
本番中は、
キャストがこの下を通って
台中央から出入りする。

インタヴュー

シェイクスピアは最高！

原田大二郎（はらだ・だいじろう、俳優、第1～7回監修）

【MSPが動き出すまで】

――「文化プロジェクト」でシェイクスピアの上演を立ち上げようと思われたきっかけは、何だったんですか。

そもそも、文学部演劇学専攻の佐藤正紀先生から、特別招聘教授として、学生に朗読教えてやってくれないか、と頼まれてね。人にものを教えた始まりです。僕ら俳優は、人にお芝居教えるの、いやがるんです。自分が、痩せちゃうような気がして。ところが、いざ、教えてみると、キラキラ輝く、若者のひとみに引っ張られて学問の素晴らしさにハマりましたね。そして、和泉キャンパスに設定されていた、「学部間共通講座」という枠組みを活用して、シェイクスピアの授業を立ち上げさせてもらいました。学生は全学部から集まりました。工学部の学生もいましたよ。

先生は第一線のシェイクスピア実践者たち。翻訳とか、音楽とかね。その授業を母体にして「文化プロジェクト」、シェイクスピア公演のチームができあがった。それで、裏方（スタッフ）はプロを使おうと考えて予算を立てていただいた。これがうまくいったと思っています。学生は演技に専念できる。学長や、教務理事、理事長、財務理事、総務理事、文学部部長、事務長、校友会、連合父母会、駿台会など、学校のトップリーダーの皆さんが総力を上げて支えてくださった。明治大学の教育体制が、実に柔軟だったんですね。

それでね、まずは、続けるということが一番大事だと考えた。「一〇年続けさせてください。一〇年経ったら、『明治のシェイクスピア、シェイクスピアの明治』といわれるようになります」といい続け、いまそれが実現しています。感慨深いね。ヴィヴァ・メイジですよ。

最初の年は、『ヴェニスの商人』をやりました。

――朗読劇は、ふつうの演劇とどういうところが違うんでしょう。

変わりません、朗読劇も、ストレート（ふつうの演劇）も。どちらも声を使って、脚本の言葉を観衆に伝えるもので、動きはあくまでも補助的な伝達手段です、特にシェイクスピアは。動きが必要ないんです、やってみるとね。

ま、朗読劇は、みんなで並んで、戯曲を朗読する、動きがあってもその場で立ったり、座ったりする程度なんで、まず、演出が楽です（笑）。暗誦劇ではないので、テキストは持ったまま。観ている人は、そのほうが想像力が膨らむんです。ラジオの世界に近いという感覚ですね。やる側は、台詞を覚えなくていいし、セットなどもうんと、簡略化です。お金、いらない、いらない（笑）。

文学部演劇学専攻の授業は、最初、詩を朗読させてたんです。詩集を作ったりして。僕が詩に近づいたのも、そのころからです。人に教えながら自分が成長していった（笑）。

そのうち、学生たちの目の色が変わったのがわかるようになった。声を出して詩人の世界を表現するのが、楽しくてしようがないんですね。

で、佐藤先生にこんな楽しそうなんだから、朗読劇をやらせましょうと。それには、シェイクスピア。学生時代に一度もシェイクスピアを読んだこともない、というのは恥ずかしいからね。

それで夏休みに合宿して、『ロミオとジュリエット』をやらせたんです。秋に朗読劇をやりました。次の年は、『夏の夜の夢』。そのころ明治にあった舞台は、ろくなもんじゃなかったんで劇場作りからやりました。照明や、舞台装置、学生が楽しそうに体を張ってやりました。で、観客は六〇人（笑）。それでも学生演劇の平均観客動員数は、超えていましたね、なにしろ合宿付きだから。学生たちも、僕も、燃えました。

三年目は、僕の特別招聘教授を納谷（廣美）先生（当時学長）が法学部で引き受けてくだすった。で、学生に『ヴェニスの商人』を、朗読劇でやらせようとしたんです。そのとき、法学部の実習のひとつとして「模擬法廷」という構想も浮かんでいたこともあって、「来年はアカデミーコモンで……」という話がもち上がった。そして、二〇〇四年度のこけら落とし開演の運びになったんです。

授業を立ち上げて、五月に配役決めて一一月上演。一六人ほど役者が集まり、裏方はプロ。学生の制作スタッフがやはり一〇人程度。制作を引き受けてくれた山本康之くん（文学部二年）に「おい、明治の集客能力は六〇だぞ！」と、発破をかけました。ネットを使ったのかなぁ？　公演当日、ホール（一〇〇〇人収容）に客が引きも切らない。僕、座席で震えていました。

――よかったですね……！　それは学生の皆さんもモチベーションが上がりますね。

翌年は『マクベス』を、今、演出家として引っぱりだこの谷賢一君が演出して、そ

の次の年には、今、女優をやっている須崎千泰さんが『ウィンザーの陽気な女房たち』をやってくれました。この『ウィンザー』で松本維志君が演じたフォルスタッフを見て、「あ、シェイクスピア、この先も大丈夫だな」と思いましたね。大きな着ぐるみを着て、大変だったと思いますけど。「文化プロジェクト」の土台は、この三年間でできあがったと思っています。

演技と翻訳

学生時代に英語劇をやりまして、お芝居の何もわからないのが集まって、六カ月、毎日へどを吐くような稽古を重ねて、ギリシア悲劇の『メディア』を、作り上げました。その経験が、今も原田大二郎という俳優を作り続けています。

だから、今日のMSPも、六カ月間練習を重ねるというのが、いちばん重要なファクターです。六カ月同じ稽古を重ねるうちに、学生たち自身の体内に、何かが生まれてくる。僕の口癖は、「嘘をつくな。自分の声を聞け。人の話に耳を傾けろ」

台詞というのは、しゃべっているうちに自分勝手な色（調子）をもってくる。

いましゃべっていることを、自分自身で信じることができるか。本当の音色をもっているかどうか、しゃべりながら、常にチェックしていなきゃならない。

僕が舞台上で、自分の声を聞けるようになったのは、おそらく三〇歳を過ぎてからです。ことほどさように、聞くという作業はむずかしい。

今の子は、怒られベタでね。作品を作っているときは集中しちゃってるから、とんでもない勢いで怒鳴るんです。

昔は、いっぺんに空気が凍りついてたけど、今の子たちは、キョトンとしてる。

「あれ？　お前、これまで、ひとに怒鳴られたことないの？」

「えぇ、お父さんにも、お母さんにも怒られたことありません」

僕らの世代と違って、最近の明治大学の学生なんてものは子供のときから優秀なんだよね（笑）。

それでも、六カ月稽古を続けていくとね、いつの間にか、何か、摑んで、

「えー？　そんな芝居できるんだ？」

ってな、表現をしてきます。そうなると僕らの青春時代と何も、変わらない。

彼らに必要なのは、小さな風穴です。風穴が開けば、いつか、大爆発します。そのとき、すこし、爆発の方向をつけてあげれば、あとは僕らの思いもつかない素晴らしい芝居をやってのけます。伝統のすごさというものも感じます。

公演の二年目には、もう、「前年『ヴェニス』観ました、それで、明治に決めたんです」という学生がやってくる。

そのうち、幼稚園のときから毎年見ています、って子が入学してくるでしょう。そうやって、伝統は作られる。

伊藤はくぶんさんという以前NHKのDR（ディレクター）やってらっしゃった方が、翻訳ソフトを持ち込んでくれて第六回『ハムレット』から、学生たちが、翻訳をやってくれています。「コラプターズ

（ぶっ壊し屋）」という集団です。河合祥一郎さんたちの翻訳を参考にしながら、学生三〇人ほどが、それぞれに翻訳して、中山亜以くんという学生が監修してくれて、ちゃんと一本の芝居になりました。

アンケートでも「わかりやすい、こんな楽しい『ハムレット』観たことない」と、大絶賛。それ以来、いまだに学生たちの翻訳は続いているみたい。素晴らしいね。

原文に忠実に、でも……

——原田さんご自身は、上演する際にも内容には手を加えず、そのままやるべきだ、というお考えですよね。

学生たちの潜在能力、あなどれません。『ハムレット』を、学生に翻訳させるとき、本当にできるとは思えなかった。でも、むつかしい部分は、すっ飛ばしても、かえって『ハムレット』は、わかりやすくなりながら残っていく。三〇〇〇通にものぼるアンケートでは、お客さまの絶賛の嵐です。

実は、翻訳するだけで、作品は改竄されています。原文で読む、あのシェイクスピアの乱暴な猥雑さは、一七世紀の新大陸経営に乗り出すイギリス人そのままです。そのニュアンスが、なかなか翻訳されない。

だからね、最終的には自分を表現する道具としてのシェイクスピアで充分なんですよ。自然に入っていくにも、シェイクスピアは最高。ただ、とっくんでいるうちに彼のすごさがわかる。人間をどんなに見つめたか。人生を、どれほど真剣に生きたか。そのためにまず戯曲を知らなきゃと思うわけです。勝手にバラバラにする前にね。

——「ここはいくらなんでも長すぎるから、カットしようか」みたいなことは……。

絶対許しませんね、それは。

明治大学のシェイクスピアは、無料公演です。無料で、そこらへんのプロの公演よりいいものを作る。あくまでも、観客のためじゃなく、学生のためのプロジェクトです。できるだけ原文に近い本当のシェイクスピア作品がどういうものなのかを、学生のときに知っておいてほしい。ただ、それは僕の信念と姿勢。学生には彼らのいい分がある。で、MSPは最終的には彼らのものです。翻訳をやってる間に、これとこれをぶった切ってつなげたら、もっと面白いものになる。そういう作品を見つけたら、たとえば『ヘンリー四世』二部と『ヘンリー五世』、『ヘンリー六世』三部のエッセンスだけつなげたらイギリス王室史がよくわかる。そう考えるやつが出てきてもいい……。

僕がやるときは、あくまでも一作ずつです。名作『ヘンリー五世』を、構成から変えるなんて考えられない。

僕は第七回以降、選挙に出たことなどもあってMSPから身を引きました。もう今回で、一三回目？　素晴らしいね。我が母校。

このプロジェクト出身の翻訳家とお話のできる日、それが、僕の最終的な見果てぬ夢。さらなる希望ですね。

インタヴュー

演じる人の気持ちを動かす台詞

横内謙介（よこうち・けんすけ、演出家・劇作家、第8〜11回監修）
聞き手＝井上優

シェイクスピアプロジェクトを指導することになって

僕自身、シェイクスピアをわかっていたわけでもありませんでしたし、ふつうに演劇を指導しようと思っただけなので、特にシェイクスピアは意識していませんでした。ただ、参加する学生たちも必ずしも演劇を志す人たちではないでしょうから、その学生たちが演劇を嫌いにならないようになってもらいたい、参加したことから何か別のことにもヒントになることが体験できたらいいいな、それぞれの興味があることや勉強していることに何かつながればいいなと思って。将来の観客になってほしいということも含めて考えていました。

実際、学生さんたちのポテンシャルは非常に高かった。理解は早かったし、学生たちの自主的な力をいろんなところで感じた、レベルがかなり高い人たちだなと思いました。

僕たちの学生時代には、演劇は、学校とはほぼ無関係にやってたし、むしろ学校では推奨されていないような状態でした。明治大学では、いろんな準備がされていて、サポートもあり、立派な場所が使えて、明るく健全にやってる。それ自体はとてもいいことだと思います。僕らは前の世代に比べれば、社会の枠の中に留まりつつ演劇をやっていた方ですが、それでも寝食を忘れてやっていた気はします。学校も行かずにね。このへんは、時代が違うなと思います。けっこう重要な役の学生が本番直前の稽古に欠席してて、「何でいないんだ?」って聞いたら、「明日ゼミの発表があるから、お休みして勉強しています」とかね（笑）。こちらも時間がないときにやりくりして来ているわけだけど、だからって授業さぼって来いともいえないしね（笑）。

だけど、それぞれが補いつつ、へたっていったメンバーにもちゃんと優しく接しながらサポートして穴を埋めていこうとか、そういうところは、「いい集まりなんだよな」と思います。僕らのころだったらもっとケンカになっていただろうし、いじけていくやつのことを徹底的にいじめていただろうし、だけどここではそこは優しくちゃんとケアされ合っていて、「大人だな」と。

僕らでも、上の世代から比べると全然やわになっている。でも、それは、選んだというよりは、上の世代の人たちのいいところを見なかったからでね。彼らは「破壊」がテーマだったから、いろんなことを破壊した。僕らのときには、時代も疲れていたし、時代の変わり始めだった。

　だから、僕はむしろ今の若者に共感します。別に演劇なんて苦しがってやるものじゃない。面白いことなんだから。自分たちも楽しんでいないとお客さんには楽しさは伝わらないぞ、と思っています。この明治大学での公演自体は、表現としても演劇としても入口だけど、入口というのはそういうものであって、一〇〇人集まって最終的にやりきったのが二〇人とか、そんなの全然いいことじゃないんです。

シェイクスピアという作家について

　この企画に関わらせてもらって、シェイクスピアのことをずいぶん勉強しました。それまではぼんやりと客席から観ることはあったけど、有名でもない作品を何度も読み直すことはなかった。それについては、とてもいい機会を与えてもらいました。一般に思われているのとちょっと違うシェイクスピア像を感じられたことは、僕にとっても勉強になりました。つまらないと思っていた作品が意外に面白いんだということを、『ヘンリー四世』とか『五世』を一緒に作っていく中で感じられたりね。『冬物語』についても、非常に趣深いものだなと、作品に実際に触れて思いました。
　つくづく、シェイクスピアはすごいなと思います。素人でもちゃんと台詞をいえば心に響くように作っている。面白い・つまらないということではなく、その言葉をきっちりしゃべって届かせれば、それなりにいう側の人の気持ちも動かせる。それって大事なんです。演出家が「いえ」と一生懸命押しつけたって、プロならいえても、素人はその筋道がない限りその気持ちになれない。シェイクスピアは、ちゃんと演じる人の気持ちを動かすように台詞を書いた。だから、素人でもその言葉が身体に入ってきたとたん、技術はなくてもその言葉に引っ張られて何か情感が湧いてくる。そういうことは、ここで多々見ました。それはやはりシェイクスピアの力だよなと、そういう台詞を書かなきゃいけないなと、僕自身も思いましたね。やっぱり台本（ホン）の力が強いんですね。

学生について

一方で、学生については、演出家としても、もっと極端なやつがいてもいいよなとも思いました。もっとハチャメチャなのが。最終的にはこの大きな場所でやるわけだし、大人数が出演するので、突飛なことだけでまとめきれるはずもない、おさまりどころはあって、当たり前のようなところにおさまるはずだけど。でも立ち上げその他のところで、もっと極端なことがあってもいいのにな、とは思う。

演出家として、百何十人を統率するという体験は、そうできることじゃない。責任があって、何千人もの人を集めて何かをやるということ自体は、すごい力になりえます。僕が関わったときに演出していた川名幸宏を、その後演出助手としてしばらく使ってたけど、川名に対しての期待として一番大きかったのはそこです。ちょっと舞台に出て台詞を言ってみたりでもいい。それは演劇に限らずいろんなところで発揮されるべき能力です。だから、この体験自体は、人格形成としても、学生のときに身につけたスキルとして、非常に大きなものになるんじゃないかな。先生になろうが公務員になろうが、そういうことは決してムダにならないし、体験した人間はその分だけ面白くなっているんじゃないかと僕は信じます。

そもそも大学は、新たなものに出会う場所でもなければいけない。いま、いろいろな場所が通過点としか機能していない。人間もそう。でも、それは決していいことじゃない。人と出会うことは人生を変えること、みたいな重大性があるべきだし、大学も、そこが人生のターニングポイントになった、という場所じゃなければいけないんじゃないかと思います。それこそ昔は宴会や飲み会とかで、大学の周りにある怪しい飲み屋とか、喫茶店とか、雀荘なんかで、学生たちが勝手に議論もし、出会い、授業以外のコミュニケーションが生まれて文化を作っていた。そこに教授もいたりして、その飲み屋だか喫茶店だかで、何かの交流が生まれていた。でも、それがなくなった。会社もそうですよ、みんなで温泉場に社員旅行で行ったりしなくなった。今はもうコンピュータの時代だから、会わなくても相談がまとまっていく。そうすると、コミュニケーションの場とか、人が出会う場所とか、ふだん使っているのと別の人格を見せる場所とか、そういう場所がなくなってしまった。

でも、ひとつの社会的人格だけで組織を構成すれば、その組織はおそろしく行き詰まったものになるでしょう。新しい発想も絶対生まれない。だから、演劇みたいなものが欲しくなるんじゃないのかな。

このシェイクスピアプロジェクトは、そういう意味で、昔大学の外側にあった、授業では見せられない人格とか姿とか感情とか、ふだんなら湧くはずのない想念みたいなものをお互いに確かめ合える場所になっているんじゃないのかな。単純に「シェイクスピアをやっているぞ」以上の、何らかの効果が生まれている気もします。

こういう試みはぜひ続けてもらうべきですよ。学校ももっとサポートすべきだし。これだけの人を集めるイベントなんてそんなにないんだから。

今の演劇の在り方とシェイクスピアプロジェクト

実は今、演劇を遠いものだと感じている人が、われわれが思っている以上に多い。

これは発表されている統計だけど、文化庁の支援を受けている、演芸やダンス、ダンスもクラシック、モダン、音楽といった、いろんな表現ジャンルがあって、そのほぼすべてが、文化庁の支援が始まってから観客が増えています。でも、演劇だけは減っている、支援を受けている団体の動員数が。

演劇自体の観客は、おそらくそんなに減ってはいない。2・5次元シアターだとか、それこそジャニーズの舞台まで含めれば、すごい数の実演が行われているでしょう。だけど、優れているとされて支援を受けている団体は、どんどん客を減らしている。

それはどういうことかというと、やはり自閉していった結果だと思います。同じ人しか観ていない。幅広い観客を集めることをやめちゃったんですね。ふつうに考えたって、五〇人の劇場で二〇日やったって、人が生きていけるはずがない。ところが、そこに文化庁の支援がつくことになって、成立するようになってしまった。観客を集めなくてもいいから、評論家や文化庁の審査員に認められればその予算がつくということで、ふつうのお客さんじゃなくて、コアなマニアに対して発信すればよくなってしまった。ふつうのお客さんが劇場で観て、「わかんない」といったとたんに、「バカじゃないの」みたいな扱いをされて、「もう私、演劇はムリ」となる。それはどうなんだということですね。

客を集めないのはすごく楽なことで、自分たちの好きなことだけやって客を集められればそれは最高なんだけど、そうはいかない。そこで闘ってきたのが演劇の歴史じゃないですか。あるときは王様の庇護を受けて、あるときは反権力として観客の熱狂を煽ってみたりして、ずっとそうやって生きのびてきたわけ。でも、演劇の歴史の中で初めて客を集めなくていいとなってしまった。

この傷は深いと思います。そうやってみんなが、助成金をもらえばいいという理屈でやってきたけど、結局それはみんなに配られるわけではないし、それじゃやっていけないということがようやくわかってきた。「やっぱりお客さんを集めなきゃダメだよ。そうじゃないと、オレたち生きていけないぞ」というある意味健全な思想に、いまみんなが戻りはじめたという気がします。

明治大学のシェイクスピアプロジェクトは、客を集めていることにすごく値打ちがあると僕は思ってます。そこはもっとアピールして、がんばっていってほしいです。

ワンシーンを、全力疾走するように

谷 賢一

（たに・けんいち、劇作家・演出家、第2回演出）

聞き手＝井上 優

この秋の『リチャード三世』について

今、実は非常に多忙で、じっくりシェイクスピアを読み返す機会も少なくなりました。ただ『リチャード三世』はちょこちょこ読んでます。今年（二〇一七年）の一〇月に、ルーマニアのシルヴィウ・プルカレーテが演出する『リチャード三世』に演出補としてつくんで、その準備で。主演は佐々木蔵之介さんです。一昨年に蔵さんのほぼ一人芝居で上演した『マクベス』でも演出補についたので、引き続きお声掛けいただきました。去年の一一月くらいにプルカレーテ氏が来日して、四日くらい集中的に行ったオーディションとワークショップにも参加したんですが、彼とはものすごく仲よくなれそうな予感がします。とても言葉にこだわってましたね。ダイナミックで乱暴な、肉体的な演出をする人なのに、実は言葉をどう肉体化するかという視点で俳優を見てる。そこはものすごく共鳴するので、稽古場が楽しみです。

イギリス留学体験

僕は高校からお芝居を始めたんですが、最初は役者志望でした。高校は県内でも有数の進学校だったんですが、「俳優に学歴はいらねえ」とか啖呵を切って、一校も受験しないで卒業した後にフリーターを一年やりました。ガテン系のバイトとかやりつつオーディションを受けたりしてたんですが、世間の風の冷たさに絶望しまして、親父に頭を下げて「すみません、大学行かせてください」って頼みこみました。

大学在学中に週七日バイトして、お金貯めて、休学してイギリスに留学してきました。理由は、ひとつは受験勉強に対する恨み。演劇は勉強したかったけど、英語なんかちっとも勉強したくない。でも、そうやって勉強した英語が何も役に立たないのはイヤだなって思ったんです。当時、演劇人はみんなイギリスに行ってた時代ですよね。蜷川（幸雄）さんとか野田（秀樹）さんとか、最先端な演出家はみんなイギリスに行く、みたいな風潮だったので、自分もイギリスで最先端を学んでみたかった。

留学先はカンタベリーにあるケント大学の演劇学科でした。脚本・演出の単位を主に選びましたが、演出志望の人も創作の授業に参加して一緒にやるし、俳優志望の人も戯曲論を勉強するし、劇場の経営の話も聴くし、みたいに総合的に演劇のプロセスを学んでいました。

収穫は大量にありました。イギリスだと読める文献の量が段違いだし、教科書のレベルから日本にはない初学者向けのものが充実しているんです。たとえば二〇世紀の演出家たちの歴史と仕事を簡潔にまとめた本があって、それに付随するリーディングテキストが膨大にあって、おまけに図書館に行くと、映像が全部残ってたりする。それでスタニスラフスキー以降の二〇世紀の演出家、ブレヒトにしてもアルトーにしてもグロトフスキーにしても体系的に理解できたのは今でも演劇を考える際の財産になっています。あとは、週末ごとにロンドンに出て、三〜四本芝居を観てましたが、

イギリスの国民と劇場文化の距離の近さや接点の深さには驚かされました。生活の中に演劇が密接に関係している。今も演劇と社会の関係を考える上でひとつの理想に思っています。

そのときに見た衝撃的な舞台は、シェイクスピア作、サイモン・マクバーニー演出の『尺には尺を』です。見事な作品でした。当時イラク戦争があってキナ臭い時期でしたよね。『尺には尺を』には兄が収監されてるシーンがあるんですが、それをイラクの有名なアブグレイブ刑務所に重ねていた。アメリカの兵士たちがイラク人の捕虜を性的に虐待して、国際的な大問題になっていた刑務所です。シェイクスピア作品としての骨格は壊さずに、当時のイギリスが直面している社会問題と鮮やかにリンクさせた演出には驚愕しました。最後のシーンも、大公が「皆を許す」と口ではいいながら反逆者をひとりずつ射殺していくという演出で、当時の権力と正義、暴力の関係について痛切に風刺した、見事な演出でしたね。

第二回文化プロジェクト『マクベス』を演出

その後イギリスから帰国して、すぐ前の年に始まったばかりの文化プロジェクト第二回『マクベス』の演出を担当しました。その話は実は、イギリスに行ってる間に半ば決まってたんです。当時コーディネー

ターだった佐藤（正紀）先生から、一年目もやってくれないかと打診されていて、「いや、イギリス行きますんで」「じゃあ、帰ってきたらやったら」という話になって、イギリスに行ってる間も手紙のやりとりをしてたんです。だから、向こうで二〇世紀の演出を研究してるときにも、『マクベス』の演出例は日本での上演も視野に入れて入念にリサーチしてましたね。帰国後いつでも稽古に入れる準備と心構えはイギリスで済ませていました。あのときだけ公演が九月であわただしかったですが、学生なんでいくらでも時間はありました。シェイクスピア演出も初ですし、演出のみの経験も少なかったから、当時は一生懸命悩んで、稽古もすごく真剣にやって、夜中まで俳優としゃべって、みたいなことをやって。でも、すごくシンプルにやれてたなあとも思います。

　シンプルというのは……僕が演出家になってから一五年とか経つんですけど、そうすると当然、失敗の経験も蓄積されていきます。こんなふうに進めるとこう失敗するんだとか、稽古場でこういう空気が流れてるときには最終的にこういう穴が本番直前に見つかるとか、なんとなくわかってくる。そうすると稽古の進め方が戦略的に、いわば老獪になっていくんです。でも、当時はそんなこと何にもわからないので、ワンシーンをそれこそ全力疾走するようにワーッと演出稽古して、つなげて、通してやってみて、ダメだったらもう一回ワーッと走って、みたいなことでやれてた。その意味で、シンプルだったかなと思います。ある意味、本当に熱血漢的に、青春っぽい感じでやれましたね。

今もし学生だったとしたら どんなシェイクスピアを やるか

学生で時間があって、腰を据えてやれるんだったら、なるべく難しそうなやつとか、つまんなさそうなやつとか演出してみたいな。これはシェイクスピアびいきからかもしれないんですけど、彼の全作品の中で本当の意味での駄作っていうのはあるのかなって思います。上演が難しいやつとか、比較的つまんないやつとかあると思うんですけど、なんかそういう誰も面白さがわかってないようなやつを時間かけて読み解くみたいなことは、学生じゃないとできないので、やってみたいですね。

　ただ、シェイクスピアやりませんかっていわれたとしたら、たぶん正直な答えとしては、「今はやりたくない」（笑）。たとえば、四大悲劇とか『ロミオとジュリエット』みたいな有名な作品を大規模に上演するときに演劇界のプロデューサーたちが張りめぐらせている政治みたいなのがあるんですが、あれに果てしなく巻き込まれていくのが本当に嫌なんです。たとえば、『マクベス』をやるぞっていったら、どんなスター俳優を起用しようかってところから始まるし、その人を中心にして企画を立てなきゃいけなくなる。

　かといって、小劇場で自由なカンパニーで、シェイクスピアを自分の好き放題にやりたいかっていうと、そうでもないんですよ。俳優にかなりの実力とか大きさ、オーラがないと、シェイクスピアの台詞は語れない。むしろ台詞に食われてしまう。ヘタクソがやるシェイクスピアを観るのは地獄です。自分の美意識が許せない。五年後とか一〇年後、僕がもっと顔が利くように、幅利かせられるようになってたらやるかもしれませんけど。だから、現段階だと、誠実に答えると、やりたくない。

実際、シェイクスピアをやるとなると、いろんなことに巻き込まれちゃうんですよ。本当に好きにシェイクスピアをやりまくってたのは蜷川さんくらいで、あれくらいの腕力になっちゃえば、好きにできるんでしょうけど、そうもいかないもので……。

三島由紀夫の『白蟻の巣』に取り組む

今は三島の『白蟻の巣』をやってます（二〇一七年三月、新国立劇場）。三島も言葉の人で、その点は大変ですね。言葉に引っ張り上げてもらうところももちろんあるけれど、言葉が濃厚なときって、その言葉以上に濃厚なイメージを俳優がもってないといけない。そして身体の状態も大いに問われる。この言葉をいうときに、どういう身体の状態をもっているか、どういう姿勢、どれくらい力がこもっているかとか。まさしくシェイクスピアの言葉を解きほぐすやり方に近いんです。だから、シェイクスピアをやっといてよかったなと思いますよ、その意味では。

新国立では一カ月半稽古やらせてもらってますし、そのさらに一カ月半くらい前から美術打ち合わせも始めているので、ふだんと比べたらもう天国のような創作環境ですね。それこそ駆け足で作るような現場でさんざん辛酸を舐めてきたので、じっくりやらせてもらえるのはありがたい。

このタイミングで新国立のラインアップに入らせてもらったのは、本当に運がよかったと思います。僕、わりと小劇場でワーワーやってる人なので、あんまり真面目なところから声かからなくて、歯痒かったりするんです。たまたま今回のプロデューサーが、元小劇場出身だけど今新国立劇場の制作やってる人だったり、芸術監督の宮田（慶子）さんが僕の仕事をよく見てくれていたりとか、いろんなラッキーが重なって声がかかった。いよいよ来たなってうれしかったです。今度の三島は、今の自分の名刺がわりみたいにできる作品になったらいいなと思いますね。

これから稽古ですが、僕は一時間前には稽古場に入って、ひとりで稽古の予習したり、ただ台本を眺めたり声に出してみたり、そういう時間を必ず取るようにしてます。必ずです。べらぼうに忙しいから、ルールにでもしないと時間が取れない。でも、学生には時間がある。時間が無限にありやがる。だのに、くだらねえスマホゲームばっかりやりやがって！（笑）僕もゲームは好きですけど、でも自分の本懐のためには、その準備の時間を取らないといけないなって本当に思います。

コメント集

センパイたちの語るMSP

第一三回を迎えた明治大学シェイクスピアプロジェクト。これまでの舞台を作り上げてきたセンパイたちは、卒業後、MSPのことをどんなふうに捉えてらっしゃるのでしょうか。今の立場から振り返っていただきました。

西村俊彦

にしむら・としひこ
俳優・ナレーター
第2回マクベス役

1　自己紹介

大学3年の時に『マクベス』でマクベスをやりました、西村俊彦です。現在は舞台やったりナレーターやったりしてます。あと、明治大学リバティアカデミーというとこで、朗読の講師をしてます。

2　MSPの思い出

当時は「明治大学文化プロジェクト」という名称で、翻訳も松岡和子さんの訳を使って上演してました。今の学生翻訳によるMSPとはだいぶ雰囲気も違ってたかと。作品も作品だけに、文化祭的キラキラ感が微塵もなく、日々殺伐とした戦場でした（笑）。稽古開始時に別の芝居の本番があって稽古合流が遅れたんだけど、遅れる条件として、演出の谷くんに、「稽古合流までに腕立て＆腹筋を指定回数できるようにしとけ」って言われたことはよく覚えてる。稽古合流初日に、「西村、あと○回だ！」「うぉぉ…」的なことをまずやりましたね。

3　今の自分にMSPの経験がどう生きているか

しんどさの壁を大きく更新した作品だったので、それは大きな経験でした。シェイクスピアという大きな壁に登る経験は、並のしんどさでへこたれない気概を育んでくれるのでは？　戯曲がしっかりしてるから、いろんなことを試す実験場になる。考えて考えていろいろ試して、という作業の基本が養われたように思います。

4　後輩たちへのメッセージ

限界を自分で設定せず、ほんとに疲れるまで好きに遊べばいいんじゃないかな？　出し惜しんでる暇はないとおじさんは思います。それと、MSPで成し遂げたことを大切にし過ぎないこと。どの分野に進んでも、上には上が必ずいます。現時点の栄光に浸らずに、常に挑戦をし続けること。プライドは持ちつつ、そのプライドを簡単に捨てる勇気もあわせもつこと。MSPで得た技や知識は、物事のある側面でしかないから、そこに凝り固まらずに新しい物を吸収し続ける謙虚さとか好奇心とか、そういったものが大事だと思います。いくつになっても、出し惜しみせず、物事を楽しんでいけば、どこかに何かしらの道は拓ける。なんか、おっさん臭いこと言ってるなぁ。やだやだ。

堀口茉純

ほりぐち・ますみ
女優
第2回マクベス夫人役

　はじめまして。MSPの第二回公演『マクベス』にマクベス夫人役として関わった堀口茉純です。いまこの原稿を書いていて、マクベス夫人を演じたのが一〇年以上前だということに気がつき、正直若干引いています（笑）。時がたつのは本当にあっという間ですね。同時に、当時指導をしてくださった原田大二郎先生が「一〇年たてば、明治大学でシェイクスピアを上演することが文化になる」とおっしゃっていたことを思いだし、とても感慨深い気持ちになっています。大二郎先生の予言通り、文化になりましたね。

　私は大学と並行して養成所にも通っていたので、MSPの稽古に参加できたのは全体の稽古期間から考えればとても短い期間でした。四学年の生徒が参加する大所帯にまったくなじめなかったですね。それでも大好きなシェイクスピアの、愛すべきマクベス夫人には全身全霊で真剣に向き合いました。その気持ちを尊重してくれた演出の谷賢一君、マクベス役の西村俊彦君など仲間たちの理解に恵まれ、大二郎先生はじめたくさんのスタッフさんに見守られながらこの上なく贅沢な環境で芝居に取り組めたこと、ほんとうにありがたかったです。

　社会に出るとさまざまな年齢やキャリアを持つ大勢の人たちと仕事をするようになるわけですが、どんな現場でも常に相手に対する感謝やリスペクトを忘れないようにしようと思っていて、そういう姿勢はMSPの経験から養われた部分が大きいです。また本番の舞台でたくさんのお客さまを前にして湧き上がってきた「伝えたいんだ！」という強烈な欲望は、いまでも私の活動の原動力になっています。私はこれからも、さまざまな形で自分の言葉を伝えることをやめないでしょう。

　MSPに参加している後輩の皆さん。皆さんは今、かけがえのない時間の中にいます。これ以上ないくらい一生懸命になって、全力で楽しんで、何かを掴み取ってください。その経験はいつかきっと宝物になります。

　大丈夫、シェイクスピアは裏切りません。

杉田亜樹

すぎた・あき
会社員
第5・6回プロデューサー

　第5回『十二夜』、第6回『HAMLET』でプロデューサーを務めました、杉田亜樹と申します。現在は、「る・ひまわり」という会社で、演劇の宣伝の仕事をしています。

　当時はMSPではなく、「明治大学文化プロジェクト」通称「文プロ」という名前でした。『十二夜』の時は、初めての参加にも関わらず、こんな重要なポジションを担うことになり、とにかく大変でした。無我夢中だったため、正直あまり記憶がなく……（苦笑）。

２回目の参加となった『HAMLET』では、『十二夜』での反省を踏まえ、さまざまな新しい試みをしてやろうと、当時のメンバーといろんなことに挑戦しました。大学生なのだから、学生言葉でシェイクスピアを上演したっていいいじゃないかと、監修の原田大二郎さん、またコラプターズを監修してくださった伊藤はくぶんさん、演出を担当した伊藤香津代さんたちと、学生で翻訳する「コラプターズ」を立ち上げたのもこのときが最初です。また、オープンキャンパスで、衣装デザイナーの朝月真次郎さんの衣装を学生モデルが着てファッションショーもやらせていただきました。

また、芝居ではハムレット役やオフィーリア役をはじめ、主要キャストの大半をダブルキャスト、しかも男女のキャストに演じてもらいました。しかも日によって、組み合わせを変えて、ハムレット男×オフィーリア女の日もあれば、ハムレット女×オフィーリア男という日もあり、さらには男×男、女×女の日もあり……。商業演劇の世界でやっている、このダブルキャスト手法を大いに取り入れ（笑）、集客を狙い、結果は大成功だったと思います。

大学の皆様にたくさん怒られもしましたが（笑）、こんなにいろいろなことに挑戦させていただき、本当に感謝しています。

今の演劇の宣伝の仕事は、特にコミュニケーション能力が必要となる職業だと思っています。この文プロに参加したことで、プロスタッフの皆様、大学の皆様、学生のメンバーのみんな、たくさんの人とやり取りをすることが本当に多かったので、ずいぶん鍛えられ、今の自分にも大いに役立っていると思います。そもそも文プロ参加がなければ、商業演劇の世界に飛び込んでみたいとは思わず、この仕事には就いていなかったと思うのです。また、よくハードな仕事だと言われますが、自分がなんとかやっていけているのは、文プロで、大いに精神的に鍛えられ、タフさを身につけたからかなと（笑）。

卒業してあらためて感じますが、こんな大規模で、プロのスタッフの尽力もありつつ、学生でシェイクスピアを上演する、しかも大学主催のプロジェクトがあるなんて、本当に類を見ない素晴らしいことだと思います。

参加する学生の皆さんには、学生ならではの自由な発想で、たくさんのことに挑戦し、よりMSPを盛り上げていっていただければと思います。

市川新八（野上高弘）

いちかわ・しんぱち（のがみ・たかひろ）
歌舞伎俳優
第5回フェステ役
第6回ハムレット役

演劇学専攻62期生、野上高弘です。現在、市川海老蔵一門の歌舞伎俳優として、市川新八を名乗らせていただいております。大学卒業後、国立劇場歌舞伎俳優研修所に二年間通い、今の師匠に入門しました。

僕がこの企画に参加したのは文プロ時代、第五回『十二夜』で道化師フェステ役、第六回『HAMLET』でハムレット役をさせていただきました。明大に入学してすぐ、演劇のえの字も知らないまま、明大演劇でもっともアツそうなこの企画に飛び込みました。今思うと、なんて無謀で贅沢なプロジェクトなんだって思います（笑）。あんなに大きな舞台で、多くの大人の方のご指導ご協力をいただいて。特に『HAMLET』からは、翻訳まで自分たちでやり始めて。

僕はありあまる自由な時間とエネルギーを文プロに注ぐだけでした。役が決まるまでのあの緊張感も今までに味わったことのない感情でしたし、シェイクスピアの膨大で意味不明なセリフを短期間でとにかく覚えようとしてたあのやる気は、今の自分も見習わねばと思うくらいです。初めて知る、舞台に立つことの面白さ、難しさ。舞台作品を作る喜び。プロの凄さ。そして学内だけにとどまらないたくさんの人との出会いからは多くのことが学べました。一生モノの仲間ともきっと出逢えると思います。

僕の場合、役者を志すきっかけをもらいました。参加してよかったです。学生のやる演劇だからと舐めてかかるともったいないです、また舐められぬよう頑張ってほしいです。学生だからこそ出せる魅力もあると思いますし、情熱を注いだ分の財産がきっと得られるはずです。

でも、それはこのプロジェクトに限った話ではなく、勉学でもサークルでも部活でも学外活動でも何かに熱中できた人は強い気がします。文プロに出逢えた僕はラッキーな大学生でした。

最後にこの場をお借りして、当時お世話になった皆様、本当にありがとうございました。今後ともよろしくお願いいたします。

川名幸宏

かわな・ゆきひろ
演出家
第8回演出

二年生の時、第6回『HAMLET』に役者として参加したのがMSPとの出会いでした。その頃のMSPは、現在のようなしっかりと頼もしい学生の集まりというよりも、同世代のほとんどが興味をもたない演劇、しかもお堅いシェイクスピアなんてものに没頭する、ただただ悪趣味な不良たちの集まりだったように思います。まだ完成してない衣裳を持ち出し嬉々として半分下着を晒して舞台稽古に立ってみたり。やたらと派閥を作ってギクシャクしたり。楽屋ではしゃいで壁にメイクの色をつけて怒られ。役に入るためと大真面目に酒を飲んで本番に立つ先輩。お疲れさま会でスタッフ到着前にお菓子を食い散らかし、大目玉を食らう役者陣。誰と誰がくっついた別れたでいちいち大騒ぎ。日々にドラマがありました。

四年生で演出をしたときも変わりません。後輩の家に押しかけて好きな人を聞き出し、夜通し告白のエチュードをしてあげたり。アップのリレー競走で勢い余って窓ガラスに突っ込む役者。稽古中、演出助手同士が大喧嘩、演出の僕が必死で仲裁。四年生同士の言い合いで後輩たちは苦しみ。いい芝居ができるとみんなで喜び合い、怒り、泣き、笑い、悲しみ、感動し、あっという間に千秋楽が終わりました。

卒業後に観た第9回『お気に召すまま』。僕達に辛酸を舐めさせられた後輩のセリフ「この世は舞台、人はみな役者」（言い回しは忘れましたが）が突き刺さりました。ああ、これってMSPだな、と。

MSPで何を学び、それが今の僕にどう生きているのか正直さっぱりわからないですが、言ってしまえばすべてを学んだようにも思えます。だって全青春かけてるんだから。しっかりと頼もしい学生達だってきっと同じ。桁違いに長生きなシェイクスピアの戯曲はいくらでも受け止めてくれますし、猛り立つ若者が胸を借りて力いっぱいダイブできるような、そんなMSPに参加できたことを誇らしく思い、また、これからもダイブし続けろ、という気持ちです。

佐々木英恵

ささき・はなえ
会社員
第7回蛾の粉役
第9回オードリー役
第10回演出補佐

佐々木英恵と申します。学生時代は文学部文学科演劇学専攻に所属し、大学卒業後は文学研究科演劇学専攻博士前期課程に進学しました。修士号取得後、証券会社に就職し、現在は博多で勤務しております。

MSPには第7回『夏の夜の夢』、第9回『お気に召すまま』のキャスト、第10回『ヘンリー四世』の演出補佐として参加しました。

毎年それぞれ思い出はありますが、印象深いのは大学4年次の『ヘンリー四世』上演です。演出補佐として参加し、キャストの自主練習の補助・稽古進行の補助などを行いました。

稽古期間にはキャストの自主練習に付き合い、台詞回しや戯曲解釈などを相談する機会がありました。キャストと共に役柄の状況や感情を想定しながら、試行錯誤したこと、そして、その時間を通して戯曲や演技について語り合ったことの一つ一つは今でも覚えております。

社会人になってからは演劇からはずいぶんと離れた仕事をしていると思います。金融の仕事ですので、各種資格の勉強など学生の頃にしておけばスマートに生きれたんじゃないかと思うことも多々あります。ただ上司に一言、「演劇は役柄の感情や状況を想定して、かつそれを形にしていくものではないか。想像力も創造力も仕事には必要なものだ。それを惜しまないのが君の個性なんじゃないのか」と励まされたことがあります。

日々どうしても目の前の作業の処理に夢中になりがちですが、ふと立ち止まりお客様だったらどうとらえるのか、同僚はどのように感じるのか考えることにしています。そうする課題解決の糸口が見つかったりします。失敗もしますが（笑）。

今後もMSPにさまざまな方が挑戦してくだされればと思います。私も毎年観劇することを非常に楽しみにしています。また、演劇は、少なくともシェイクスピア劇は一人では作り上げられないものだと思います。座組み全員揃ってこそ形になることを忘れずに、毎日の稽古に励んでください。応援しています。

田所早紀

たどころ・さき
会社員
第9回演出助手
第10回プロデューサー
第11回演出
第12回演出助手

第9回から第12回までの四年間、それぞれ演出助手、プロデューサー、演出チームで参加しておりました。

毎年異なるポジションからMSPに関わっていましたが、MSPの記憶として最初に思い出されるのは、第10回プロデューサーとして千秋楽のカーテンコールで舞台に上がったときの景色です。客席後方のお客様の顔まで見えたことを覚えています。そして、大変おこがましいリクエストであったと今になって恥ずかしくなりますが、舞台に立っている役者だけでなく、会場のあちこちにいる八〇人以上のスタッフに、どうかもう一度拍手を、という自分のお願いに会場から拍手をいただけたこと。その拍手の温かさとそれに伴う笑顔もはっきりと目に焼きついています。普通の学生が自分のこだわりを舞台に乗せ、（あるいはそうとは目に見えないものであっても）誰かの記憶に残し、拍手をもらえるという非日常感はMSPならではのものと感じました。

卒業してからまだ二年目ですが、MSPの経験は今の自分の御守りとして生き続けています。MSP時代に身についた「腹のくくりかた」もそうですが、現在、電波に乗るコンテンツを創るスタッフとして仕事をしている自分を守っているのは、「苦労の先には誰かの笑顔」というMSPで得た実感です。これまで関わってきたすべての公演のお客様の笑顔と拍手と、その拍手を共に浴びる戦友たちの笑顔。四年間みんなといっしょに、酸いも甘いも身をもって味わったからこそ、それらは絶対に私の身から離れることはないでしょう。

学生でいられる時間は有限ですが、その間に何をするかには無限の選択肢があります。その無限の選択肢の中で、もしもMSPという場所を選ぶことができたなら、想像以上の刺激と出会いがあなたの一生の御守りになるはずです！

第11回公演
『組曲 道化と王冠』
（2014）。

第9回公演
『お気に召すまま』
（2012）。

第8回公演
『冬物語』
（2011）。

シェイクスピアリアン

「シェイクスピアリアン」とは「シェイクスピア研究者」「シェイクスピア読み」のこと。日本でもシェイクスピアは、原典に忠実なものから自由な翻案に近いものまで、いろいろなかたちで上演されてきました。そうした中でMSPのシェイクスピアは、常にシェイクスピアを読み、演じるプロの立場からはどんなふうに見えるのでしょうか？

MSP

〝プレゼン〟なんかぶっとばせ!!

シェイクスピア観劇のプロが見るMSP

狩野良規（かのう・よしき、青山学院大学国際政治経済学部教授）
井上優（いのうえ・まさる、明治大学文学部准教授・MSPコーディネーター）

MSPは基礎ができている

井上　僕は狩野さんとは長いつきあいですが、このプロジェクトは初めのうち、観に来てくださいとはいわなかった。

狩野　たぶん、辛辣に批評されると思って怖かったんじゃないの（笑）。

井上　それは間違いないです（笑）。怖かったというか、観に来てもらってもあまり楽しくないんじゃないかな、と。でも、狩野さんの方がネットで公演の記事を見つけて、「これ、井上さんのだよね?」って。

狩野　学生に観せるために、〝無料の芝居〟を探していたんだ。

井上　「実は僕がやっているんですよ、よろしかったらぜひお越しください」と返信したら、それからずっとゼミの学生さんたちを連れてきてくださった。二〇一二年の『お気に召すまま』からでしたね。いかがでしたか、最初に観たときの印象は?

狩野　第一印象が実によかった。理由はふたつ。学生ががんばっているのはもちろんだけど、一〇〇〇人入る劇場ということもあり、学生だけではとてもできない舞台だ。いったい誰が、どういうプロのスタッフが、どうやって学生を支えているのか。芝居よりそっちの方に心を動かされました（笑）。

もうひとつは、〝若者芝居〟である前に、ちゃんと〝シェイクスピアの芝居〟になっていること。学生サークルにやらせると、好きなように崩してしまうものなんだけど。MSPはきちんと基礎を押さえている。

最初にすごいなと思ったのは、その二点ですね。

井上　ありがとうございます。

――基礎というのは、具体的にはどういうことでしょう?

狩野　学生たちだけでやっているか、それともプロの指導が入っているかが一目でわかるのは、役者の動きです。学生だけでやると、手が遊んでしまう。不必要なところで、手を動かしてしまう。それがMSPだ

狩野良規（右）、井上優。

と、台詞のないところで役者の手が動いていない。ただ姿勢よくスッと立っているだけというのは、人間の生理として、案外難しいんだ。

もうひとつのポイントは、滑舌です。これはプロの舞台でもいえることだけど、シェイクスピアは饒舌で、しかも英語と日本語の構造的な違いもあるから難しいんです。英語の場合、アクセントがある音節だけを強く発音すれば聞き取れるけど、日本語の場合は各音節を全部しっかり発音しないと、客席に届かない。だから、日本語で英語と同じスピードの舞台を作ろうとすると、早口言葉の世界になってしまう。

だけど、MSPはほとんど聞き取れる。あの大きな多目的ホールで、きちんと台詞が聞き取れる芝居をやっているのは大したものですよ。もちろん、聞き取れないところもあるんだけど（笑）。でも、学生にあれだけ滑舌のいい台詞まわしをさせるには、そうとう訓練しないとね。

無駄な動きをしないという意味での動きと、それから滑舌、すぐわかる基礎というのはそのふたつですね。

プロの仕事、学生のがんばり

狩野　今日楽しみにしてきたのは、僕が話をするより、制作総指揮の井上さんにこちらからいろいろ聞きたいことがあったからです。先ほどからいっている、舞台裏がどうなっているかってこと（笑）。それでこの対談、ふたつ返事で引き受けたんです。

井上　裏はねぇ……裏はいろいろありますよ（一同爆笑）。

狩野　大変だと思いますよ。あのエネルギーがよく毎年続くよね。準備に丸々一年かけているでしょ？　役者は四〇人くらい？　スタッフを入れると一〇〇人以上でしょう？

井上　例年、一二〇～一四〇人の間ですね。

狩野　それを束ねるのは容易なことではな

い。観ていて感心するのはいつもそこだもん、しかもそれを毎年でしょう？　クレイジーですよ（笑）。

——しかも、カンパニーの学生は毎年入れ替わっているわけですからね。

井上　そうですね、毎年変わる。それがいいところでもあり、辛いところでもありますね。

狩野　体育会系のクラブだと四年で育てればいい、なのにMSPは毎年変わる！　それから、強い体育会系クラブは、補欠を腐らせないようにするのが、監督の腕の見せどころなわけですけど……。

井上　そうですね。次の年に座組に残らない子もいますけれど、残った子たちには仕事をしてもらいたい。面白いことに、前回と今回（第一二、一三回）は違うけれど、何年か、オーディションで落ちた子たちが翌年に演出やプロデューサーになったりしているんです。役者として残れなかった学生が座組の中心を担っていくということもある。

狩野　スタッフにはプロがついているんで

すよね。明治大学の卒業生が多いんですか？

井上　いや、そういうわけではない。いろんな劇団の方たちに関わってもらってます。

狩野　そういう人たちから学べるっていうのは大きいよね。

井上　だからこそ、学生スタッフの間に独特の誇りが育っています。もちろん、キャストが舞台に出て、喝采を浴びるわけですけど、裏方に回った学生も、たとえ内心では表に出たいと思っていても、自分の仕事に対して誇りをしっかりもてるようになってきた。

たとえば終演後、役者が劇場の入り口に立って観客を見送るとき、観客が近い距離で衣裳を見てくれる。そこで「衣裳ってこんなに細かいところまで作り込まれているんだ」と知ってもらえる、そういうことが衣裳部の学生たちにとっては、とてもうれしいらしいんですね。照明や音響や舞台美術は、舞台を観れば観客にもすごいなということがすぐにわかるけれど。

狩野　照明を浴びて映える舞台衣裳と、ふ

だん着ている衣裳って違うんだよね。

井上　衣裳部だけは、僕がコーディネーターに就任してから、プロの手が入っていないんです。全部学生たちがデザインして作製しています。僕がいちばん指導も口出しもできない領域が、ちゃんと機能しているのは、なんか誇らしい気持ちになりますね。

狩野　あと、アカデミーホールって、何の変哲もない多目的ホールじゃないですか。そこに毎年シャレた装置を作っている。シェイクスピアの舞台って場面転換が多いんで、舞台への出入口をいっぱい作らなちゃいけないんですが、その作り方に毎年趣向が凝らされている。

ハラハラしたのは第一〇回公演『ヘンリー四世』の大きな階段舞台。本番中に学生が転げ落ちたら大変だって、客席から観ていてひやひやしました。

井上　それはわれわれも同じです（笑）。作ったプロスタッフもひやひやしてました。

狩野　でもすごいな、若いなって思ったのは、ああいう階段舞台でも学生が下を見ずに、真っすぐ観客席に顔を向けて階段を下りていたところ。ふつう足元を見ちゃうんだよね、怖いから。

井上　もちろん、見ているこちらも怖いし、本人たちも怖がっているから、慎重にやってます。そういうところはプロの指導がないとね。

狩野　そんな目に見えないところでも、プロのスタッフが裏で支えているかいないかの違いは大きい。あと、毎年楽しませてもらっているのは、生音。今回の公演のヴァイオリンもよかった。

井上　最初のころは生演奏じゃなかったんです。二〇一一年に扉座の人に指導してもらうようになってからですね。扉座がそもそも生演奏もする劇団で、楽器を持っていたので、お願いして貸していただいたんです。

狩野　舞台の効果音は、録音か生音かで全然違いますからね。

井上　そうですよね。加えて、生音だと最後まで調整がきく。学生の演技って本番近くなってもなかなか決まらなくて、ちょっと段取りが変更になるだけでその場面の長さが変わっちゃったりするから。

狩野　僕が感心したのは、『ヘンリー四世』のラストシーンで、新しい王様のヘンリー五世が戴冠するときに、トランペット二本とドラムだけでパッと華やかな雰囲気を作っていたことです。これはいい演出をしたな、と。音楽にはプロの方はついてるんですか。

第10回公演『ヘンリー四世』

井上　いや、音楽にはいないんですよ。演奏する曲も、著作権の使用料が払えないので、基本的にオリジナルの音楽か著作権フリーの楽曲を見つけてきています。今回の公演は、学生の作曲です。それにも感心しますね。

狩野　振付とか殺陣はどうなんですか？

井上　振付は、バレエをやっていたり、ダンスサークルに入っている学生がいるので、そういう子たちが考えてくれます。

狩野　そういった学生は呼んでくるの？　それとも自分から来るの？

井上　向こうから来る場合もあります。あとはオーディションをやるときに、可能なかぎり演劇以外の経験や、どんな楽器が演奏できるかを書き出させるようにしています。それを参考に、楽器ができる子や、振付ができる、あるいはダンスシーンをリードできそうな子を選びます。それも選出基準のひとつにしています。

殺陣の方は、扉座に殺陣をやっている人がいるので、ワークショップはやってもらっています。決めのポーズは学生がやっていたりしますけど。学生がふだん知っている身体的な動きとは違うので、基本的なことは指導をしてもらわないといけない。

衣裳や音楽、振付はほぼ学生たちのみでやっている領域なので、こちらは口出しのしようもない。ダンスの稽古に関しては、この子を集中して見てあげたほうがいいんじゃない？　ってことくらいはいいますけど。

狩野　全体を見ながら、個別指導もして、全員に見せ場を作ってやらないとね。

井上　当人たちもわかってはいるんだけど、現場にいるとそのまま後回しにしちゃうことがあるんで。

狩野　三カ月で作るんだもんね。そういうこともさっと見極めないと。

井上　最近目指しているのは、稽古開始から一カ月ちょっとで一度通し稽古ができるようにもっていくってことです。そこで、流れがどこで澱んでいるか、どこを集中的に稽古しなくちゃいけないかの課題を見つけ出しています。何年か前までは公演ひと月前くらいに初めて通していたんだけど、最近は八月に稽古を始めて、九月の半ばには一度通すことにしています。

狩野　通し稽古をするときには、学生たち、完全に台詞は頭に入っているの？

井上　そう……でもない（笑）。台詞が入っているいないより、通して流れを見ることの方が大事ですね。学生たちもそうすることで安心できるみたいです。

アマチュアでも面白いものは作れる

狩野　他大学でもシェイクスピアを英語劇として上演しているところはあるけれど、日本語での公演は珍しいですよね。母語による上演にはどういう意義を感じているの？　ＭＳＰはもともと明大ＯＢで俳優の原田大二郎さんが始めたんですよね？

井上　原田さんは学生時代、英語サークルで英語劇をやっていたんですよ。英語もできる方だからシェイクスピアももちろんお好きだったんでしょうけど、日本人俳優として日本語で上演することに意義を見出していたんだと思います。

狩野　プロの翻訳家だと、シェイクスピアの台詞が韻文か散文かが気になるわけだけど、学生たちが自ら訳して上演するとなれば、まず自分たちが話しやすい言葉にしようって考えるんじゃないですか。

井上　そうですね。日本の翻訳劇上演のマズい点のひとつに、逐語訳を上演台本にしようとすることがあると思うんです。神話的歴史的背景を担っている言葉をそのまま台詞に乗せても、日本の観客には届かない。だから、学生翻訳チームにはその背景を補ったり、日本の文脈に置き換えたりさせています。

狩野　学生芝居だから超訳で許されるって特典はあるだろうね（笑）。台詞を自分たちの言葉に落としていって自分たちの実感を込めて話せる台本を作る――これは演劇教育の重要なテーマです。いかに上手にしゃべるかではなくて、「こいつ、本音でいっているんだな」とわかるように話すのが、舞台でも日常でも大切なんだ。近ごろ流行の〝プレゼン〟の落とし穴がそこにある。上手に、流暢に話すだけでは、人間のコミュニケーションは成り立たない。そのことを教えるために、日本語で、しかも自分たちで翻訳した台本で上演するっていうのは、非常にいい経験になるはずです。

井上 それが目的ではないんですけど(笑)、でも、たしかにその通りですね。

狩野 逆に、実感を込めて、役柄の感情を理解しながらしゃべろうとしすぎると、今度はスピードが落ちるんですよね。でも、たぶん大劇場の若者芝居でスピードを落とすと、観客はぐったり疲れてしまう。稽古のときはどうなんだろう、あのスピードで練習しているの?

井上 おっしゃる通りで、考えて台詞をしゃべるとテンポが落ち、テンポが落ちると芝居が死ぬっていう状況が毎年起こります。リアリズム的な考えで、台詞を発する前に間を取ろうとする学生が毎年必ずいるんです。なんとかその間を詰めてみようよって演出が指摘したりしていますね。だけど、本人は全然納得していないんですよ。そのへんのことは腑に落ちないんでしょうね、最近の子たちにはリアリズムの影響が強いので、シェイクスピアのような非リアリズムの発想にはなかなか移れないでしょうから。

殺陣には入念な指導が必要。

狩野 稽古場で考えながら台詞をしゃべり、役柄の感情を摑めたら、本番ではその気持ちを込めたうえでスピードアップしてしゃべる。そんなところかな。今のMSPのスピード感は、維持した方がいいと思いますよ。

でも、足りないところはいろいろあるとしても、学生だからできる、お金取らないからできるということが、たくさんある。

井上 不思議なもので、つまらないプロの舞台があるのと同じく、面白いアマチュアの公演があるのが、芸術の世界ですよね。MSPは、その、アマチュアでも面白い芝居ができるっていう可能性は広げてるかなって気はしていますね。

狩野 MSPで味を占めて、さらにプロの道をめざすと、それはそれで茨の道だけどね(笑)。

インタヴュー

東京でシェイクスピアを上演する意義とは？

江戸 馨（えど・かおる、東京シェイクスピア・カンパニー主宰）
聞き手＝井上 優

現在日本は戦後何度かのシェイクスピアブームの最中にある。その中で、三〇年近くにわたって、東京でシェイクスピア上演に関わってきた劇団がある。東京シェイクスピア・カンパニー（TSC）である。MSPにしてみれば、いわばシェイクスピア上演の先輩でもあり、同志ともいえるだろう。今回、あらためて東京でシェイクスピアを上演し続けてきた背景とその意義について、主宰の江戸馨さんに伺ってみた。

シェイクスピアとの出会い ～東京シェイクスピアカンパニー

井上　もともと江戸さんは、お父さんのお仕事の都合でインドにいらしたんですよね？　それがシェイクスピアとの出会いということですね？

江戸　はい。南インドのアングロ・インディアン・ハイスクールに通ってました。そこでは、英語の授業は――まあ、日本でいう国語の時間ですね――、当然、イギリスの詩人とかシェイクスピアということになるんです。特に南の方では、ヒンディーを推す北に比べて、知識層の人たちの教育は、英語で行われていました。

二年経って、親が転勤で日本に帰ることになったのですが、私は一人でもう一年残ってから、日本に戻ってICU（国際基督教大学）に入学しました。ICUは、学生数が少ないわりには劇団活動が盛んで、ティアフ（TIAF）という、東大とICUと青山と東京外語大とで、一年に一度行われる英語劇のコンテストもありました。四年の春に『十二夜』を自分で演出することにしたんです。ICUは男優陣で英語をしゃべれる人がいなかったので、東大から今ご活躍の河合祥一郎さんや現明大教授の野田学さんにも応援をお願いしたりしましたね。ふたりとも、すごくよかったですよ。河合さんはマルヴォーリオでしたけど、ブリティッシュの鼻に抜けるような英語の感じがぴったりでした。

井上　シェイクスピア・シアター[1]に入

られたのは、どういう経緯で?

江戸　一度仕事はしたんです。芝居を続けるか迷っていましたが、自分が育ってきた環境の影響から途上国の援助のようなこともしてみたいとも考えていて、結局その仕事に就いたんです。でも、やっぱりお芝居がしたいなという気持ちの方が強くなってしまって、しばらく研究生を続けた後、試験を受けて座員になりました。

井上　当時はシェイクスピアをやりたいという人たちにとっては、シェイクスピア・シアターしかなかったわけですよね?

江戸　そうですね。憧れでしたから。渋谷のジァン・ジァン[2]でずっと連続公演をやっていて、その最後の方を観ていたので、試験のときにもそのことを強く訴えました。でも、私があこがれていた人たちは私が入る前に分裂して辞めてしまったんですが。主宰の出口典雄さんに「おまえのあこがれている田代隆秀[3]も中島晴美[4]ももういない」っていわれました（笑）。

井上　ちょうどシェイクスピア・シアターのシェイクスピア全作上演が終わった後ですね。シェイクスピア・シアターに入って、いかがでした?

江戸　研究所のときも、劇団に入ってからも、どうしても女の子が多いんですね。でも、シェイクスピアですから女の子の出番ってないんですよ（笑）。それで自主的に制作をやっていたんですが、それだとますます役者が遠のいちゃうと思って、一年くらい経って退団しました。

それで、学生時代の仲間の劇団「槍騎兵」に出戻って、そこでしばらくやってたんですけど、座付作家が書けなくなっちゃったので、自分でシェイクスピアをやることにしました。最初は「芝居屋江戸屋敷」という劇団名で、彼が昔書いた作品とシェイクスピアを交互にやろうとしてたんですけど、結局はシェイクスピアばかりやるようになりました。芝居屋江戸屋敷を立ち上げたのが一九九〇年で、それが現在のＴＳＣの前身となっています。翌年に公演を渋谷ジァン・ジァンで行って、一九九五年に現在の名前に改名しました。

自前の翻訳でのシェイクスピア上演

井上　初期のシェイクスピア上演は坪内逍遥訳でしたね。

江戸　坪内訳はそれはそれで面白くて、今でもときどきリーディングで使うんですけど、日本語としてすごく美しい。やはり日本語力が違いますよね。

井上　坪内さんは当然バックグラウンドとして歌舞伎がありますし。

江戸　ちょっと聞いて、今の言葉の感覚ではわからなくても、漢字が浮かぶとわかるんです。よくたとえに出すんですけど、ジュリエットの「行ってしまうの?」Wilt thou be gone? が、「去《い》うとや?」ってなって（笑）、今はそんなこといわないけど、そのリズムとか、美しさがすごくいいなって。出版関係の人とかが観に来てくれると、「坪内訳、美しいですね」って、皆さんおっしゃいますね。

井上　坪内訳でしばらくやられていて、途中からご自分の訳に変わりましたね。

江戸　言葉は新しいものでなくては、という気持ちはありますから。既訳だと、ちょっと変えたいなと思っても、そのたびに許可を取らなくてはいけないので、自分で翻訳しなければ駄目だなと思ったんです。翻訳には演出の色が出るし、既訳だと疑問を感じるところもあって。

井上　ご自分で翻訳を始めるようになって、何が一番変わりましたか。

江戸　作品によって、言葉の硬さとか柔らかさとかを変えられるし、日本語はキャラクターによってしゃべり方が変わりますよね。

既成の訳で一番いやだったのは『十二夜』で、マライアという女中がおばさんの言葉になってることが多くて。でも、私はマライアは小悪魔的な感じがいいと思っていて、ギャップがありました。そこを埋めたりというふうに、すでに演出が入っている翻訳ができるんです。『尺には尺を』をやったときは[5]、ものすごく現代語っぽく、言葉ももっと汚くやりました。歴史ものはもうちょっと格調高くしたり、『ペリクリーズ』はものすごく昔の物語なので、平易な言葉にしたりとか、そういうふうに作品によって、訳し方を変えられるのは大きな違いですね。

若者のシェイクスピアに期待すること

井上　若い人たちのシェイクスピアはどう思ってますか。

江戸　若い人には、シェイクスピアは面白いんだって姿勢でやってほしいとは思ってます。いろいろやるのはいいんです。

今回のMSPの『夏の夜の夢』の方は、ちょっと台詞が現代劇みたいになってて、シェイクスピアのよさがちょっと霞んじゃったかな。その点では前の二〇一〇年版の『夏の夜の夢』の方がよかった。あれ、すごく感動したんですよ。若い人たちだからこそ、恋するパワーが台詞のパワーにのって、全開になっててよかった。『二人の貴公子』は面白かったです。

私はシェイクスピアの面白さはせりふだと思ってるんです。筋じゃないんですよ、シェイクスピアの魅力は。今、若い人たちだと、カクシンハンとか、柿喰う客とかが、いろいろやっていて、それ自体はいいと思うんですけど、大きな魅力の台詞を後回しにしている気がします。それと、ダイジェストとか、お笑い系にもっていきすぎじゃないかな。筋だけならほかにも面白いものはあるので、人物像が浮かび上がるようにせりふを扱ってほしいですし、シェイクスピアのせりふの中には、どんどん変わっていく心情の描写や、あるいはリズムとか、さまざまな醍醐味があるので、そこは逃げずにキチンと表現してほしい。

　若い人には、その部分が理解されにくいのかもしれませんね。今回、『尺には尺を』を演出したときも、初めての人たちとか、「何でここはこういうふうにいうんですか、ふつうはこんなふうにはいいませんよ」っていうんです。そこは「それを聞きに来ている人たちもいるんだから」っていうふうに説得しましたけど、そういうことは、なかなか理解してもらえないみたいですね。

井上　流れとしては、もう一回、シェイクスピア・シアターみたいな、しゃにむに、ひたすらシェイクスピアのエネルギーを、そのまま一気にやりとおすみたいな、原点回帰は必要なのかもしれないですね。

江戸　そうですね、初期のシェイクスピア・シアターは、何いってるのか全然わからないことも多かったけど、それでもみんなエネルギッシュで、好き勝手やってるエネルギーが感じられて、それがよかったわけですよね。

井上　そういうエネルギッシュなシェイクスピア作りは、やはり今後復活していってほしいですし、江戸さんにはそのための鼓舞をぜひしていってほしいですね。また、今回の東京シェイクスピア・カンパニーにはうちの卒業生の丸山港都［6］がお世話になって、何年か前は演出助手で田所早紀［7］がやはりお世話になりました。そういう交流を図りながら、今後ともお互いがんばっていきたいですね。

江戸　そうですね。毎年、そちらのプロジェクトが始まるころに、リーディングで伺いますよね［8］。そうすると、すごいエネルギーで吸収されるので、こっちはかなり出さないといけない。白熱灯の下だし、すぐ目の前に一〇〇人ちょっとの目がギラギラしてるので、実は怖い体験なんです。でも、芝居の原点だなって感じますね。演者と観客のパワーが一方通行でなくて。毎年学生さんは違うから、それもまた楽しみです。「あ、今年はかなりきてる！」とか。とにかくシェイクスピアをやるには、過剰なエネルギーが必要ですから。

註

［1］一九七五年結成。文学座出身の出口典雄主宰のシェイクスピア専門劇団。東大教授の英文学者小田島雄志とタッグを組み、日本で初めてシェイクスピア全作品上演を達成したことで知られる。特に渋谷の小劇場ジァン・ジァンで公演を行っていたときは、舞台装置をほとんど置かず、衣装もTシャツにジーンズをベースにした簡素な公演であったことも画期的だった。かつて吉田鋼太郎、佐野史郎らも在籍。

［2］渋谷の公園通りに一九六九年から二〇〇〇年まで存在していた地下小劇場。演劇のほかにも、ライブやトークなどで、美輪明宏や永六輔ら、多くの著名人がここで公演を行った。シェイクスピア・シアターはこの劇場でシェイクスピア全作品上演の偉業を達成する。

［3］シェイクスピア・シアターの創設メンバー。退団後は劇団四季などでも活躍。

［4］同じくシェイクスピア・シアターの創設メンバー。後に劇工房ライミングを主宰。現在穂の国とよはし芸術劇場プロデューサー。

［5］初演は一九九七年『魚心に水心』という題で渋谷ジァン・ジァンにおいて上演。二〇一六年末に『メヂャメヂャ』のタイトルで再演。

［6］二〇〇九年『ハムレット』に出演。

［7］二〇一三年『ヘンリー四世』プロデューサー、二〇一四年『組曲　道化と王冠』演出。

［8］MSPの母体であるリレー講義「シェイクスピアの現代的魅力」（春学期）では毎年、東京シェイクスピア・カンパニーがその年の演目の台本の抜粋を朗読している。

シェイクスピアを広げるために

松岡和子
（まつおか・かずこ、翻訳家）

明治大学の学部間共通総合講座「シェイクスピアの現代的魅力」でひとコマ持たないかと声をかけていただき、私が初めて出講したのは二〇〇五年、第二回目だったでしょうか。それから今日まで、ありがたいことに毎年シェイクスピアについて翻訳の観点から話をさせていただいています。

このプロジェクトのことを聞いて何より素晴らしいと思ったのは、「学部間共通」ということです。シェイクスピアを文学や演劇を志す人だけのものにしておくのはもったいない！　この横断的な大きな器の発想に感服しました。

そのうえ、一年かけてさまざまな視点からさまざまな講師がシェイクスピアを語るということ。可能なら私も他のレクチャーを聞きたい。そう思わせる布陣です。また、その年その年に取り上げた作品を学生さんたちが有志総掛かりで上演するというのもすごい。

二〇〇五年は『マクベス』で、このとき演出に当たったのが谷賢一さん。当時三年生だった彼は、いまをときめく演出家になっています。その上演には拙訳を使っていただきましたが、その後、学生のなかのこれまた有志が翻訳を手がけるようになったのも果敢な快挙と言えるでしょう。

「コラプターズ」というその翻訳集団の名前が秀逸です。シェイクスピアの喜劇『十二夜』の道化フェステがみずからをcorruptor of wordsと言っていますが、それを採ったわけですね。「言葉のコラプター」つまり「言葉をダメにする者」。ちょっと自虐的でありながら自負心も感じ取れる。こう名づけたセンスの良さはさすがです。

この稀有な講座のもと、文字通り「総合」的なシェイクスピアへのアプローチがこれからも続くことを願っています。

空想の劇場

大橋洋一
（おおはし・よういち、英文学）

かつてフランスの作家アンドレ・マルローが文化相時代に「空想の美術館」構想を発表したことがあった。ジャンルや国境や時間の壁を越えて集めた多くの美術写真から想像上の美術館を構築する。観る者の脳内に美術作品の華麗な饗宴が実現し作品間に美の化学変化が生まれる。芸術や文化の可能性が、進化過程が、隠れた秩序が、垣間見られる……。まあネット時代の現在、この空想の美術館を実現するのは容易だ。だが演劇の場合は？ たとえばシェイクスピアの『夏の夜の夢』とシェイクスピアとフレッチャー共作の『二人の貴公子』（邦訳名）の冒頭は、同じ人物たちと同じ婚礼行事を共有している。かたや代表的喜劇、かたや晩年の悲劇。この同じ設定の対照的な二作の対置によって見えてくるものはないか。シェイクスピア劇の愛好者なら一度は夢見るこの対置だが、その実現は個人の脳内劇場での演出から、研究会、読書会、授業などに委ねられても、最も重要な舞台での二作品同時あるいは平行上演は不可能の烙印を押される。これだけは空想の劇場での上演に甘んずるほかはない。ところが指摘するまでもなくＭＳＰの『Midsummer Nightmare』は、これを現実の劇場としてしまった。しかも全体を一つの作品としても完成させた。この野心的かつ驚異的なプロジェクトこそ、学生諸君の共同作業による翻訳・翻案から上演にいたる全過程に大きな意義を付帯させる要因でもあろう。長い準備過程に最後の完成をもたらすのは上演終了後の観客の拍手なのだが、ＭＳＰの場合、それだけではなく、企画の刺激性と冒険性も全過程の価値を高めるのに貢献してきたと言っていい。空想の劇場が、現実の劇場に変貌を遂げた時の衝撃と喜びは、どれほど強調しても強調し足りない。組合わせ上演も含め、プロの劇団では実現できない刺激的な企画によって、ＭＳＰがシェイクスピア上演の先端かつ頂点に居続けることを、これからも感謝の念とともに期待してやまない。

MSP公演とめぐりあって

高木 登
（たかき・のぼる、文芸観照家）

私がMSPと初めて出会ったのは二〇一〇年の『夏の夜の夢』の公演からで、その時の感想の第一声は「一言で言えば、『驚嘆』という形容に尽きます」と観劇日記に記している。

それからは、毎年MSPの公演を楽しみにして、シェイクスピア劇観劇の年間行事に欠かせない一つとなっている。

その素晴らしさの第一は、翻訳が学生たちによるオリジナルで、学生たちに分かるように今どきの言葉遣いに心がけているだけでなく、翻訳の質も非常に優れていることである。

第8回公演の『冬物語』、第9回の『お気に召すまま』までは単独作品での上演であったが、出演希望者も多いこともあってか、第10回の『ヘンリー四世』では二部作を一挙上演し、第11回は「ウィンザーの陽気な女房たち」と「ヘンリー五世」を合わせた『道化と王冠』、第12回は、薔薇戦争四部作の「ヘンリー六世」三部作と「リチャード三世」を合わせて『薔薇戦争』として一挙上演、そして昨年（二〇一六年）の第13回公演は『夏の夜の夢』と『二人の貴公子』を、シーシアスとヒポリタを軸にして結び合わせて上演し、そのように、それぞれそのユニークな発想の構成を楽しませてもらってきた。

私のもう一つの楽しみは、出演者である。毎年出演している人も少なからずいて、演技や台詞力のレベルも非常に高く、四年生だと次の年には見ることが出来ないと思うと淋しくさえ感じる。

もちろん、舞台は出演する俳優だけで出来上がるものではなく、周りを支える制作スタッフの皆さんたちとの一体で成り立つもので、その一体感を強く感じさせ、観終わった後には自分も一体となったような昂揚感があり、感動を共有できたという喜びで、毎回、幸福感に包まれて帰路についている。感謝！ 感謝!!

上演台本

Midsummer Nightmare

第一部 夏の夜の夢

作＝ウィリアム・シェイクスピア

第二部 二人の貴公子

作＝ウィリアム・シェイクスピア、ジョン・フレッチャー

訳＝コラプターズ
（明治大学シェイクスピアプロジェクト）

シーシアス……アテネの公爵
ヒポリタ……アマゾンの女王、シーシアスの婚約者
イジーアス……ハーミアの父
ハーミア……イジーアスの娘、ライサンダーが好き
ヘレナ……ネダの娘、ディミートリアスが好き
ライサンダー……ハーミアに恋する若者
ディミートリアス……ハーミアに恋する若者
クインス……大工、ナレーター役
ボトム……機織り、ピラマス役
フルート……ふいご直し、シスビー役
スナッグ……指物師、ライオン役
スナウト……鋳掛屋、塀役
スターヴリング……仕立て屋、月役
オベロン……妖精の王
ティターニア……妖精の女王
パック(医師)……悪戯好きの妖精
豆の花
蜘蛛の糸
蛾の羽根
からしの種
妖精たち

パラモン……従兄弟同士の貴公子
アーサイト……テーバイの王クレオンの甥
エミーリア……ヒポリタの妹
パイリトゥス……シーシアスに仕える貴族
牢番……パラモンとアーサイトが投獄される牢獄の牢番
牢番の娘……その娘、パラモンに恋する
求婚者……牢番の娘に恋する若者
ヴァレーリアス……クレオンの従者
第一の王妃
第二の王妃
第三の王妃
紋章官
紳士
エミーリアの侍女
村人たち
牢番の兄
牢番の友人たち

第一幕「夏の夜の夢」

第一場

シーシアス、ヒポリタたち登場

シーシアス さあ、美しいヒポリタ、結婚式ももうすぐだ。

あと四日楽しく過ごせば新月の夜が来る。

だが、ああ、とても待ちきれないな、この古い月が欠けていくのが。

ヒポリタ 四日の昼はすぐに闇へと溶け込んで、四日の夜もすぐに夢となりましょう。

シーシアス ヒポリタ、わたしは剣を振るってあなたを口説き、
力づくであなたの愛を手に入れた。

だが婚礼は趣向を変えて行いたい、
明るく、楽しく、お祭り騒ぎといこうじゃないか。


イジーアス、ハーミア、ライサンダー、ディミートリアス登場

イジーアス シーシアス様、ご機嫌麗しゅう。

シーシアス おお、イジーアス。何かあったのか?
イジーアス ほとほと困り果てて参りました、
というのも我が娘ハーミアを訴えねばならぬのです。
こちらがディミートリアス。わたしが娘の婿にと決めた男です。
そしてこちらがライサンダー。娘の心を盗んだ男です。
お前は、お前というやつは、ライサンダー、
娘に詩《うた》を贈ったり、娘と物を贈り合ったり。
月夜には娘の部屋の窓の外、甘い声、甘い言葉で恋の唄を歌ったり。
あの手この手で娘の心を盗み取り、
素直な娘をとんだわがまま娘に変えてしまった。
そこで、シーシアス様、
娘がどうしてもディミートリアスとは結婚しないというのなら、
アテネに伝わる古いしきたりに従って、この紳士と結婚するか、
あるいは死か、法律に従いどちらかを選ばせていただきたいのです。
シーシアス どうだ、ハーミア? 考えてみるがいい。
お前にとって、父親は神のような存在だ。
お前の美しさの創造主だ。
ディミートリアスは立派な紳士だろう。
ハーミア ライサンダーだってそうです。
シーシアス 人としてはな。だが、こういう場合、
父親の了解を得ているほうが、より立派な人物とされるのだ。
ハーミア 父がわたしの目で見てくれたら。
シーシアス お前のほうが父親の分別ある目で見るべきだ。
ハーミア シーシアス様、どうか教えてください、
わたしがディミートリアスとの結婚を拒んだ場合、
一番重い罰は何なのでしょうか。
シーシアス 死刑か、あるいは永久に社会から追放されるかだ。
いいか、ハーミア、胸に手を当てて考えろ。
今、父親の選択に従わなければ、修道女として生きることになるのだぞ、
修道院で日陰暮らし、孤独のうちに一生を終えることになる。
ハーミア でしたら、そのように生き、そのように死ぬまでです。
シーシアス よく考えるんだな、次の新月までに心を決めろ。
親不孝者として死ぬか、親の願うまま、ディミートリアスと結婚するか、
あるいは生涯独身を誓うかだ。
ディミートリアス 考え直してくれ、ハーミア。
ライサンダー、諦めろ、お前に彼女と結婚する資格はない。
ライサンダー 君はお義父《とう》さんに愛されているもんな、ディミートリアス。
ならハーミアの愛は僕がもらう。君はお義父さんと結婚したらどうだ。
イジーアス ふざけるなライサンダー。
ライサンダー シーシアス様、わたしは彼に劣らぬ身分、
劣らぬくらいの裕福さ。愛の深さは彼よりわたしが勝っています。
何より一番誇れることに、美しいハーミアが愛してるのはわたしなのです。
この場ではっきりさせておきましょう、ディミートリアスは、
ネダの娘、ヘレナに言い寄り、彼女の心を虜にしました。
そして彼女は、健気にも、奴を愛して愛してやまないのです、

この不道徳で不誠実な男のことを。

シーシアス その話はわたしの耳にも届いている、

ディミートリアスとも話し合おうと思っていた。

ディミートリアス、こちらへ来い。

お前も来い、イジーアス、三人だけで話がしたい。

ではな、ハーミア、お前も気持ちを改めて父の意向に添うように。

さもなくば、アテネの法に従って、お前は死ぬか、独りで生きるか

どちらかだ。

どうした、ヒポリタ。浮かない顔をしているな？

ディミートリアス、イジーアス、さあ行くぞ。

イジーアス かしこまりました。

ライサンダーとハーミアを残して一同退場

ライサンダー 大丈夫？　暗い顔しているね。

ハーミア お先真っ暗で涙が出そう。

ライサンダー 物語でも歴史でも、本当の愛ほどままならない。

例えば生まれが違うとか、例えば年が違うとか、例えば家族に反対

されて。

ハーミア もしもそれが本当なら、これはきっと運命ね。

ならば二人で乗り越えましょう。

ライサンダー 聞いてくれ、ハーミア、

僕には夫を亡くした叔母がいる、彼女は裕福だけど子どもがいない。

遠い町に住んでいて、僕のことを息子のように思ってくれている。

そこでなら、ハーミア、僕たち二人は結婚できる、

アテネの厳しい法律もそこまで追ってこれやしない。

僕を愛してくれるなら、明日の晩一緒に駆け落ちしよう。

あの森で、ほら、五月祭の時にヘレナと三人で遊びに行っただろう、

あそこで君を待っているよ。

ハーミア ライサンダー、あなた最高！

今言ったあの場所で、明日きっと待ってるわ。

ライサンダー ああ、約束だ。

あ、ヘレナじゃないか。

ヘレナ登場

ハーミア こんにちはヘレナ、今日も綺麗ね！　どこへ行くの？

ヘレナ わたしが「綺麗」？

ディミートリアスはあなたの美しさを愛しているのよ。綺麗な人は

幸せね！

わたしに教えて、どんな目つきで、どんなテクを使って、

ディミートリアスの心を摑むの？

ハーミア 嫌な顔をするの、それでもわたしを愛してるって。

ヘレナ ああ、あなたの嫌な顔くらいわたしの笑顔が魅力的だったら！

ハーミア 悪口を言うの、それでもわたしを愛してるって。

ヘレナ ああ、わたしの祈りがあなたの悪口みたいに彼の心を動かせた

ら！

ハーミア ヘレナ、こんなことになったのはわたしのせいじゃないわ。

ヘレナ ええ、あなたが美しいせいね。わたしのせいだったらいいのに！

ハーミア 安心して。彼とはもう顔を合わせることはないもの。

わたし、ライサンダーとここを出ていくことにしたの。

ライサンダー ヘレナ、君には僕らの計画を伝えておこう。明日の晩、僕らはこっそりとアテネから抜け出すんだ。

ハーミア （ヘレナに）それからあの森へ行くの。ほら、よく一緒に遊んだでしょう、淡いピンクのサクラソウをベッドにして、たくさん恋バナしたわよね、あそこでライサンダーと落ち合うの、アテネにはもう戻らないわ。さようなら、ヘレナ。わたしたちのために祈ってね。あなたもディミートリアスと上手くいきますように！　早く明日になればいいのに。ライサンダー、約束は守ってね。

ライサンダー 必ず守るよ、ハーミア。

ハーミア退場

さようなら、ヘレナ。君の熱い思いにディミートリアスが応えてくれるといいね。

ライサンダー退場

ヘレナ 幸せってなんで平等じゃないんだろう。アテネではわたしもハーミアと同じくらい美人と評判。だけど、それが何？　ディミートリアスはそうは思ってくれない。愛したが最後、ダメなところも素敵に見えちゃう。愛は目じゃなく、心で見るもの。

だから、絵の中のキューピッドは盲目なんだわ。ディミートリアスにハーミアの計画を教えてあげよう。明日の晩、彼はきっとあの森へ行くわ、ハーミアを追って。そしたらお礼を言ってもらえるかも、お礼を言われたって複雑だけど、行って帰ってくる間、彼の姿を見られるなら、それだけでわたしは幸せだわ。

ヘレナ退場

第二場

クインスの家

クインス、スナッグ、ボトム、フルート、スナウト、スターヴリング登場

クインス 全員集まってるかい？　俺たちは公爵様の結婚式で余興の劇をやることになった。このリストに書かれているのは、アテネの選抜メンバーだ。

ボトム ピーター・クインス、まずは、なんの芝居をやるか教えてくれよ。

クインス わかったよ。次に配役、ラストに、その、あれだよあれ。わかるだろう。

俺たちがやる劇は、「世にも悲しき物語、ピラマスとシスビーの残念な死」っていうんだ。

ボトム これは傑作だ、俺が言うんだから間違いない、とんでもなくおもしれぇやつだ。

さあピーター・クインス、選抜メンバーを発表してくれ。お前ら、ちょっと下がれ。

クインス 俺が呼んだら返事をしろよ。機《はた》織《お》りのニック・ボトム。

ボトム よっしゃあ、早く俺の役を教えてくれ、ほかは後回しだ。

クインス ニック・ボトム、あんたにはピラマスを演じてもらおう。

ボトム ピラマス？ 恋人役か？ 敵《かたき》役か？

クインス 恋人さ、それゆえ自ら命を絶つ、愛ゆえにな。

ボトム それなら涙が必要だ。俺が本気を出せば、全アテネが号泣だな。

嵐のように涙を降らしてみせるぞ。全力で嘆いてみせよう。他の役者も発表してくれよ。まあ、本当の俺が輝くのは敵役なんだけどな。

ヘラクレスのごとく勇敢に戦ってやる、こんな感じで。

荒れ狂う岩石よ
身を震わす雷撃よ
牢屋の門をこじ開けろ
神の日輪
わが身を照らせ
愚かな運命ぶっ潰せ

どうだ、感激しただろう！ ほら、後の役者を発表してくれ。

クインス じゃあ、ふいご直しのフランシス・フルート。

フルート はい、ピーター・クインス。

クインス フルート、あんたはシスビー役だ。

フルート シスビーって誰？ さすらいの騎士かい？

クインス いいや、お姫様さ。ピラマスの恋のお相手だ。

フルート 勘弁してくれよ、女役なんて。俺、髭生えてきたのに。

クインス 大丈夫だ、お面をかぶるんだから。

お面をかぶって、できるだけか細い声でしゃべればいい。

ボトム 顔を隠していいならシスビーもやらせてくれよ！

最初にピラマスを演じるだろ、「ああ、シスビー、シスビー！」

そしたら裏声でこう返すんだ。

「ああ、愛しいピラマス！ あなたの可愛いシスビーはここよ！」

クインス いやいやボトム、あんたはピラマスだ。

そしてフルート、あんたがシスビーなんだ。

ボトム わかったよ。それで？

クインス 次、仕立て屋のロビン・スターヴリング。

スターヴリング はい、ピーター・クインス。

クインス ロビン・スターヴリング、あんたはシスビーの母親役だ。

次、鋳掛屋《いかけや》のトム・スナウト。

スナウト はいよ、ピーター・クインス。

クインス あんたはピラマスの父親、そして俺がシスビーの父親役だ。

それから指物《さしもの》師《し》のスナッグ、あんたがライオン役だ。

この舞台に相応しい完璧なキャスティングだな。

スナッグ ライオンの台詞はもうできてるかい？

できてるならすぐに渡してほしいな。俺は物覚えが悪いんだ。

クインス アドリブでいいんだよ、吠えるだけなんだから。

ボトム ライオンも俺にやらせてくれよ。俺様の吠えぶりで観客のハートを摑んでやるぜ。公爵様からアンコールをいただくほどの吠えぶりを見せてやる。
クインス お前がそんなに恐ろしく吠えたら、公爵様やご婦人方を怖がらせてしまうよ。
そしたら俺たちは全員縛り首さ。
一同 そうだ、俺たち一人残らず縛り首だ。
クインス お前以上にピラマスを演じられるやつはいない。
ピラマスはイケメンで、真夏の太陽のように輝くいい男で、
気品溢れるジェントルマンなんだ。お前以外にピラマスをやれる男はいないんだよ。
ボトム 仕方ない、なら俺がやろう。髭はどんなのがいいかな？
クインス さあ、好きなやつでいいんじゃないかな。
ボトム 薄茶色か、こげ茶色か、それとも赤茶色がいいかな、
やっぱりフランス金貨のような黄金色がいいかな。
クインス とにかくみんな、明日の夜までにセリフを全部覚えてきてくれ。
町はずれの公爵様の森に集合だ。
それまでに俺は劇で使う小道具のリストを作っておこう。
絶対来てくれよ、全員だぞ。約束だからな。
ボトム もちろんだとも、そこでなら勇ましくいやらしく稽古できる。
諸君、台詞は完璧にしてきてくれたまえ。さらばだ。
クインス 公爵様の樫の木のところに集合だ。
ボトム よしきた、アイルビーゼアー。

一同退場

第三場

妖精たち登場、反対側からパック登場

パック やあ、そこの妖精さん！　これからどこへ行くんだい？
妖精 山を越え、谷を越え、
藪も茨もくぐり抜け、
お庭も柵も飛び越えて、
水も炎もするりと抜けて、
どこでも行けるこの速さ、
お月様でも敵《かな》わない。
そろそろ行こう。じゃあね、冴えない妖精坊や。
女王様とお付きのみんな、間もなくやっていらっしゃる。
パック おいおい今夜は王の宴。
女王様が来たりしちゃあ、王様きっとご機嫌斜め、
なにせ最近オベロン様、イライラムカムカしっぱなし、
だって女王様のお気に入り、
インドの国から連れてきた、可愛すぎるお坊ちゃん、
あの子が欲しい、だからやきもち、
一緒に森とかお散歩したい。
だけど女王様は手放さない、
花冠をプレゼント、可愛い可愛いたまらない。
今お二人は顔さえ合わせりゃ、
野原、森、綺麗な泉に、星が煌《きら》めく空の下、

どこでも戦争勃発さ。
妖精　見間違いじゃないのなら、
もしや君、あのやり手のいたずら妖精、
ロビン・グッドフェロー本人かい？
村人たちを驚かせ、
旅人たちを迷わせる、
噂の妖精、パックじゃない？
パック　イエース。
愉快に夜を駆けめぐる、それはこの僕パック様、
オベロン様を笑わす道化、それもこの僕パック様。
さあさあ下がれ。オベロン様のお出ましだ。
妖精　女王様もお出ましだ。悪いところで鉢合わせ！

妖精王オベロン、お供を従えて登場
反対側から妖精女王ティターニア、お供を従えて登場

オベロン　月夜の出会い、よりによってお前とは、高慢ちきなティターニア。

ティターニア　あら、やきもち焼きのオベロン様？　――さあ妖精たち、行きましょう。

あの人とは一緒に寝ない、近寄らないと誓ったの。

オベロン　待て、意地の悪いわがまま女！　わたしはお前の夫だろう？

ティターニア　わたしがあなたの妻ならね。

どうして帰っていらしたの、わざわざ遠いインドから？

ええ、そうね、あのやかましいアマゾン女、
あの野蛮な女戦士、あなたの昔の愛人を、シーシアスと結婚させ、
そして二人の新床《にいどこ》に、祝福授けるためでしょう。

オベロン　口が過ぎるぞ、ティターニア、
俺とヒポリタは友人同士、愛し合ったのは過去のこと。

お前の方こそシーシアスに夢中だろう？

ティターニア　そんなもの、嫉妬ゆえの妄想よ。

この夏の始めから、わたしたちはどこそこ構わず大喧嘩、
そのせいで天気は大荒れ、大寒波、
人間たちは冬支度、病までもが流行り出す。

それは全部喧嘩のせい、災いの元はわたしたち。

生みの親はここにいる。

オベロン　ならば、お前が引き下がれ、元を正せばお前が悪い。

妻は夫に従うもの。

あの子をよこせ、小姓にしたい、
ただそれだけの頼みだろう。

ティターニア　お生憎様。

妖精の国をもらっても、あの子だけは手放さない。

あの子の今亡き母親は、生前わたしを崇めていた。

だから彼女の忘れ形見、わたしがこの手で育てるの。

オベロン　いつまでこの森にいる？

ティターニア　シーシアスの婚礼まで。

文句を言わず、一緒に踊り、月夜の宴を見てくださるなら、
さあ、どうぞご一緒に。

オベロン　あの子をくれたら行ってやる。

ティターニア　わたしの答えは変わりません――さあ妖精たち、行きま

しょう！

これでは喧嘩が続くだけ。

ティターニアと妖精たち、退場

オベロン　ふん、ならば勝手に行け。だが森から出すものか、
このわたしを侮辱した、報いは必ず受けてもらう。
（パックに）いい子だパック、ここへ来い。
覚えているか、あのときを、わたしは岬に腰かけて、
イルカの背に乗る人魚の歌を、耳を澄ませて聴いていた。
パック　もちろん、覚えていますとも。
オベロン　あのときだ、
弓を構えたキューピッド、
奴の放った金の矢が、落ちていくのをわたしは見た。
西の方、小さな花に矢は落ちた。
純白だった花びらが、
恋の痛みに傷ついて、あっという間に紫に。
街の乙女はあの花を「恋のスミレ」と呼んでいる。
そいつを摘んで持ってこい。前に教えてやったろう。
その露をまぶたに一滴《いってき》落としたら、
目覚めて最初に見たものが、
男であっても女であっても、
たちまち恋してしまうのだ。
あの花を摘み、すぐ戻れ、
海の魔物が海原を、ひと泳ぎもせぬうちに。
パック　地球をぐるっとひと巡り、四〇分とかかりゃしない。

パック退場

オベロン　花の露が届いたら、
眠りに落ちたティターニア、あいつの瞼にひとしずく。
そうすれば、目覚めて最初に見るものを、恋に狂って追い回す。
魔法が解けるその前に、どうにかあの子を手に入れよう。
誰か来る。わたしの姿は見えないはず、
ここで立ち聞きしていよう。

ディミートリアス、ヘレナ登場

ディミートリアス　君なんか愛していない。ついてくるな、もう帰れ。

どこにいるんだ、ライサンダーとハーミアは？

一人は僕が殺してやる、けどもう一人に殺される。

ほら、もうさっさと帰ってくれ。

ヘレナ　ひどい人、でもまるで磁石みたい、わたしを惹き付け離さない。

ディミートリアス　いつ僕が君を惹き付けた？　いつ甘い台詞を囁いた？　むしろはっきり言っただろう？　愛してないし、愛することもできないと。

ヘレナ　そう言われるとますますあなたを愛しちゃう。

ディミートリアス、わたしはあなたの可愛い仔犬、
あなたにぶたれればぶたれるほど、わたし、甘えたくなっちゃうの。

だからお願い、ご主人様。

ぶっても、蹴っても、無視しても、ほったらかしにしてもいい。わたしには何の取り柄もないけれど、ついてくことは許してちょうだい。

ディミートリアス　いい加減黙らないと、本当に嫌いになるぞ。だいたい君を見ているだけで気分が悪くなる。

ヘレナ　わたしはあなたを見ていないと気分が悪くなる。

ディミートリアス　こんな人気《ひとけ》のない夜の森で、男と二人きり、無事に帰れると思うのか。

ヘレナ　あなたと二人なら安心ね。だってあなたはわたしの太陽。どんなに暗くてもあなたがいれば夜じゃない。

ディミートリアス　僕は逃げるからな。茂みの中に隠れてやる。君は野獣にでも食われればいい。

ヘレナ　どんな野獣だってあなたほど酷くないわ。

ディミートリアス　もう一人にしてくれよ。どうしてもついてくるなら勝手にしろ、ただし、どんな目に遭っても知らないからな。

ヘレナ　とっくに酷い目に遭ってるわよ。神殿でも、街でも、野原でも。ディミートリアス、あなたのひどい仕打ちは女全員を敵に回しているわ。

ディミートリアス退場

どこまでもついていくわ、ディミートリアスになら殺されたって構わない。

ヘレナ退場

オベロン　森の乙女に幸福を。この森にいるうちに、追いかけっこを逆転させてやる。

パック登場

ご苦労だったな。あの花は取ってきたか?

パック　はい、ここに。

オベロン　よし、もらおう。麝香草《じゃこうぐさ》と桜草《さくらそう》が咲き乱れ、甘く薫る花園で、ティターニアは花をベッドに眠りにつく。その瞼に花の露をひとしずく。あいつは恋に狂い出す。お前も少し持っていけ。森の中、アテネの娘を探すのだ。つれない男を追いかけて、ここまではるばるやってきた。けれども男は知らんぷり。可愛い彼女は報われない。さあ、そいつの目にも塗ってやれ、だが目覚めたら一番に、娘を見るよう仕向けろよ。男は見ればすぐわかる。アテネの服が目印だ。しっかりやれよ。娘の想いに勝るほど、男が娘を愛すよう。それが終わったら戻ってこい、一番鶏が鳴く前に。

パック　お任せください、ご主人様、仰せのままにいたします。

一同退場

第四場

ティターニア、お供の妖精たちとともに登場

ティターニア　さあ、輪になり踊りなさい、妖精の歌を聴かせなさい。
わたしが眠りに落ちるまで。

第一の妖精　（歌う）舌のわかれた　まだら蛇
刺のするどい　はりねずみ
いもり　とかげよ　わるさすな
お妃様に　近づくな

妖精たち　（歌う）小夜啼鳥《さよなきどり》よ　いざ歌え
妙なる声の　子守唄
ララ　ララ　ララバイ　ララ　ララバイ
いかな呪いも　まじないも
お妃様に　近づくな
眠らせたまえ　この唄で

第一の妖精　（歌う）網張る蜘蛛よ　遠ざかれ
脚なが蜘蛛も　出てくるな
黒かぶとむし　よそへゆけ
毛虫　なめくじ　近づくな

妖精たち　（歌う）小夜啼鳥よ　いざ歌え
妙なる声の　子守唄
ララ　ララ　ララバイ　ララ　ララバイ
いかな呪いも　まじないも
お妃様に　近づくな
眠らせたまえ　この唄で

ティターニア眠りにつく

第二の妖精　さあ行こう！　女王様はお休みだ。
じゃあ、見張りはよろしくね。

妖精たち退場
オベロン登場

オベロン　（ティターニアの瞼に花の露をたらす）
目覚めてすぐに見た者が、
お前のいとしい恋人だ。
思いこがれろ、その者に。
猫でも熊でも山猫でも、
豹やこわ毛の猪でも、
目覚めてすぐに見たならば、
それがお前の恋人だ。

オベロン退場
ライサンダーとハーミア登場

ライサンダー　森中歩いて疲れたろう。実は僕も道に迷った。
よかったら、ここで休まないか。朝日が道を照らすまで。

ハーミア　そうしましょう。あなたも横になれるところを探して。
わたしはこの土手をベッドにするから。

ライサンダー　ここの芝生を二人のベッドにすればいい。
心はひとつ、枕もひとつ、胸は二つでも想いはひとつ。

ハーミア　だめ、ライサンダー。お願い、
もうちょっと離れて。近すぎよ。

ライサンダー　誤解しないでくれ、変なこと考えてるわけじゃない。
つまり、僕の心と君の心は結ばれているから、
二人の心はひとつなんだ。
僕らの胸はひとつの誓いでつながっている、
胸は二つでも想いはひとつだ。
だから君のそばに寝かせてくれ。
横になったって、よこしまなことは考えないよ。

ハーミア　お上手ね、ライサンダー。
でもお願い、わたしを愛してくれるなら、もうちょっとだけ離れて。
結婚まえの男女にふさわしいくらい。
そう、そのくらいでいいわ。
おやすみなさい。
あなたの愛が、この先ずーっと変わりませんように！

ライサンダー　君の祈ったとおりにならんことを。
この愛が尽きるようなことがあれば、僕の命も尽きはてんことを！
ここで寝るか。君に安らかな眠りが訪れますよう。

ハーミア　その安らぎの半分は、あなたに訪れますよう！

ハーミアとライサンダー眠る

パック登場

パック　森中回れど見つからない。アテネの男は見当たらない、
その目にこの露ひとたらし、恋の魔法を見たいのに。
（ライサンダーとハーミアを見つける）
静かな夜だ！　これ、誰だ？
アテネの服を着たやつだ。
王が言ってた男だな、アテネ娘をふったやつ。
ここに娘も眠ってる、
湿った汚い土の上、そばにも寄れずかわいそう！
情け知らずの、礼儀知らずだ。
（ライサンダーの瞼に花の露をたらす）
この野郎、恋の魔法をかけてやる。
目が覚めたならそれっきり、二度と眠れぬ恋の病。
僕が消えたら目を覚ませ、オベロン様に会いに行こう。

パック退場

ディミートリアス、ヘレナ、走って登場

ヘレナ　ディミートリアス、置いてかないで、殺されてもいいから。

ディミートリアス　あっちへ行けって言ったじゃないか、付きまとわないでくれ。

ヘレナ　この真っ暗な中にわたしを置いていく気？　そんなのいや。

ディミートリアス　君なんて知ったことか。僕は一人で行く。

ディミートリアス、退場

ヘレナ 馬鹿みたい、こんな追いかけっこ、もううんざり。
願ったところでどうせ報われないのに。
ハーミアが羨ましい。
だってあの子の瞳はキラキラ輝いている。
どうしてあんなに綺麗なんだろう？
（ライサンダーを見る）あら、ここにいるのは誰？　ライサンダー？
死んでいるの、それとも寝ているだけ？
見たところ血も出てないし、けがもない。
ねえ、ライサンダー、生きているなら起きてちょうだい。

ライサンダー　（起きながら）
そして君のためなら燃えさかる炎の中へだって飛び込んでみせる。
麗しのヘレナ！
なのに君の心にいるのはディミートリアス。やつはどこだ？
あんなやつ、僕の剣で殺してやる！

ヘレナ なんてことを言うの、ライサンダー、やめてよ。どうしちゃったの？
あの人がハーミアを想っているからって何？
ハーミアが好きなのはあなた、それで満足でしょ。

ライサンダー　ハーミアで満足？
いやあいつに費やした時間は全く無駄だったよ。
僕が愛してるのはヘレナ、君だ。ハーミアじゃない。
誰が白いハトより黒いカラスを選ぶっていうんだ。
男の欲望は理性に左右される、その理性は君の方が優れていると告げる。
理性に僕の欲望は導かれて、君の瞳に辿りつく、
君の瞳には愛の物語、極上の愛の書物が見えるよ。

ヘレナ 何でみんな揃ってわたしを馬鹿にするの？
あなたにまでそんなこと言われるなんて、わたし何かした？
もういい、たくさんよ、
ねえ、一度も、一度もよ、
わたしはディミートリアスから優しくしてもらえなかった、
なのにあなたも、惨めなわたしを笑うっていうの？
ああ、本当にひどい。
一人の男には冷たくふられて、それをもう一人にからかわれるなんて！

ヘレナ退場

ライサンダー　ハーミア、このままここで寝ていろ。
そして二度と僕に近寄るな！
甘いものの食べ過ぎは胃にもたれる、
お前のことだよ、
みんな嫌うが、僕は大っ嫌いだ！
さあ、ライサンダー、頑張るんだ、
この愛にかけて、ヘレナの騎士《ナイト》になるんだ。

ライサンダー退場

ハーミア（起きながら）助けて、ライサンダー助けてちょうだい！
蛇が胸の上を這いまわってる。
ああ、怖かった！　何てひどい夢だったのかしら。
ライサンダー！　いないの？　わたしのライサンダー！
聞こえてないの？　どこかへ行ってしまったの？
何か言ってよ、怖くて気絶しちゃいそう。
返事がない。じゃあ近くにいないのね。
わたしが探すわ、死ぬ気で見つけてみせるから。

ハーミア退場

第五場

ティターニアが眠っている
ボトム、クインス、フルート、スナッグ、スナウト、スターヴリング登場

ボトム　みんな揃ったか？
クインス　時間通りだ。ここはリハーサルにぴったりな場所だな。
ここの芝生はステージになるし、このサンザシの茂みは楽屋になる。
それじゃあ稽古を始めよう。シーシアス様の前でやるのと同じように。
ボトム　なあ、ピーター・クインス――
クインス　なんだい、ボトム君？
ボトム　このピラマスとシスビーの喜劇で、上手くいかないシーンがいくつかあるんだ。
一つ目に、ピラマスが剣を抜いて自殺するシーン、観客のマダムたちは耐えられないんじゃないか。どうすればいい？
スナウト　確かに、そいつは重要な問題だ。おったまげるに違いない。
スターヴリング　そしたら、殺しのシーンは全部やめにしなきゃ。
ボトム　その必要はない。いいアイデアがあるんだ。
アナウンスをしてもらって、開演前に観客たちにお知らせするんだ。剣で刺しても血は出ません、ピラマスだって本当に死ぬわけではありませんってな。
もっと安心させたいなら、わたしはピラマスを演じていますが、本当のピラマスではありません。本当は機屋のボトムです。これならみんな怖がらない。
クインス　よし、それならアナウンスをしよう。
スナウト　マダムたちはライオンも怖がらないかな？
スターヴリング　それな。
ボトム　君たち、しっくり考えるんだ。
マダムたちがいるところにライオンを連れてくるなんて恐ろしすぎる。
生きたライオンほど恐ろしい野鳥はいないからな、こいつは考えどころだ。
スナウト　じゃあ別のアナウンスで、

観客にあいつは本物のライオンじゃないって言わなきゃいけないな。

ボトム　いや、キャストの名前を発表すればいいんだよ、で、ライオンの衣裳から顔を出させて、そいつに自己紹介させればいい。
例えばこう言うんだ――「ご婦人方」、言い間違えるなら「美しいご婦人方」「皆様にお願いがあります」あるいは「皆様にお願いがございます」それか「皆様にお願い申し上げます」「どうか怖がらないで、恐れることはありません。皆様のお命はわたしが絶対保証いたします。もし皆様がわたしを本物のライオンと思うようなことがあれば、それはわたしの責任です。しかし絶対に、わたしはライオンではありません。わたしは人間です、他の男たちと同じ人間なのです。」って。
それでもってあいつに名乗らせればいいんだよ、わたしは指物師のスナッグですってな。

クインス　よし、そうしよう。でもまだ問題がある。
二つ目は、どうやって月を部屋まで持っていくかだ。
ピラマスとシスビーは月明かりの下で逢引するだろう。

スナウト　俺たちが劇をやる日に月は出てるのか？

ボトム　カレンダー、カレンダーはあるか？　月の満ち欠けのところを見るんだ。
月は出るのか、月は出るのか！

クインス　（カレンダーを取り上げ）ああ、出るみたいだな。

ボトム　よしそれじゃあ、大広間の窓を開けっぱなしにしておこう、
そうすれば月の光が差し込むだろう。

クインス　そうだな、それがだめなら誰かがウサ耳をつけて、そいつにわたしが月で落ち着く、いや、餅つくウサギですと言わせればいい。
三つ目の問題は、大広間に大きな塀が必要ってことだ。
物語によると、ピラマスとシスビーは塀の割れ目越しに会話するだろう。

スナウト　塀を持ってくるなんてできっこない。どう思う、ボトム？

ボトム　誰かが塀の役をやらなきゃいけないな。
漆喰《しっくい》か粘土か石灰か何かをくっつけて、塀役にしよう。
指をこんなふうにＶサインにして、
ピラマスとシスビーはその割れ目越しに囁き合うんだ。

クインス　これで万事解決だな。
それじゃあみんな座って、稽古を始めるとしよう。
ピラマス、お前からだ。台詞を言い終わったらあの茂みに隠れてくれ。
他のみんなも、自分の番じゃないときはその茂みでスタンバイしてくれ。

パック登場、舞台上の人物たちには見えない

パック　（傍白）何だこの田舎者たちは？
女王様がお休みなのに馬鹿騒ぎ。
芝居をやるのか、こいつらが？
どうれ見物してやろう。
気分次第じゃ出てやるぞ。

クインス　ピラマス、始めてくれ。――シスビー、前へ。

ボトム　（ピラマス役で）シスビーよ、すさまじき花の臭《にお》いに――

クインス「素晴らしき」、「素晴らしき」。

ボトム（ピラマス役で）——素晴らしき花の匂いだ、まるであなたの吐息のよう、わたしの愛しきシスビーよ。だが何だろう、声がする！　待っていてはくれまいか。すぐに戻って参ろうぞ。

ボトム退場

パック（傍白）こんなへんてこなピラマス初めて見た。

パック退場

フルート　次は俺の番かな？

クインス　そうだ。ピラマスは物音を確認しに行っただけですぐに帰ってくる。

フルート（シスビー役で）まぶしすぎるピラマスよ、肌は真っ白百合のよう、
頬は真っ赤な薔薇のよう、
元気はつらつ、それにハンサム、
百万馬力の頼もしさ。
会いにゆきます、ピラマス様。あのナイスなお墓まで。

クインス　ナイナスのお墓、だ。まだそこまで言っちゃあいけないんだよ。
それはピラマスへの返事だろう。お前はきっかけも忘れて全部言っちまったんだ。
お前の台詞は「百万馬力の頼もしさ」まで。それから、ピラマスが入ってくる。

フルート　なるほど。（シスビー役で）百万馬力の頼もしさ。

パック、ロバの頭をつけたボトム登場

ボトム（ピラマス役で）ああシスビー、このわたしのカッコよさ、それはすべて君のため。

クインス　うわあ、なんだこの化け物！　みんな逃げろ、喰われるぞ！

クインス、スナッグ、フルート、スナウト、スターヴリング退場

ボトム　なんでみんな逃げるんだ？　ははあ、さては俺をビビらせようってか。

スナウト登場

スナウト　ああ、ボトム、あんたすっかり変わっちまった！　なんだ、その顔？

ボトム　いい顔してるだろう？　お前みたいなロバ面とは違うんだよ！

スナウト退場
クインス登場

クインス　おお、神よ、ボトムをお助けください。こんなに変わっちまっ

て。

クインス退場

ボトム おいおい、ロバみたいにわめきやがって、俺のことビビらせてえのか？
だが俺は逃げやしない、かかってこい。
なんなら歌でも歌ってやろうか、俺は全然ビビッてねえ。
（歌う）
黄色いくちばし黒ツグミ
漆黒の羽身にまとう
ツグミの歌声美しく
か細くさえずるミソサザイ

ティターニア （目を覚まして）どちらの天使さんかしら、わたしの眠りを覚ますのは？

ボトム （歌う）
ヒワにスズメにヒバリたち
カッコウ浮気の歌うたう
旦那は耳にするけれど
自分の女房《にょうぼ》と思わない

ティターニア もう一度歌ってちょうだい、優しい人。
わたしの耳はその声の、
わたしの目はそのお姿の虜になってしまったわ。

ボトム いや、それは言いすぎじゃないか。理性がなさすぎるってもんだ。
まあ実際、理性と愛は近頃仲が悪いらしいけど。

ティターニア 美貌に加え知性も持っていらっしゃる。

ボトム いや、それほどでも。けど、この森から抜け出せるだけの知恵は欲しいところだな。

ティターニア この森から抜け出す？ そんなことは言わないで。
わたしは妖精の女王です、そのわたしが愛してあげると言ってるの。
だからどこにも行かせない。
妖精たちにあなたのお世話をさせるわね。
豆の花、蜘蛛の糸、蛾の羽根、からしの種！

豆の花、蜘蛛の糸、蛾の羽根、からしの種の四人の妖精が登場

豆の花 はい、こちらに。

蜘蛛の糸 こちらに。

蛾の羽根 こちらに。

からしの種 こちらに。

全員 ご用は何でしょう？

ティターニア 誠心誠意この方にお仕えするように。
行く先々にお供して、おもてなししてあげて。
小さな妖精たち、彼にきちんとご挨拶なさい。

豆の花 人間のお方、どうもこんにちは。

蜘蛛の糸 こんにちは。

蛾の羽根 こんにちは。

からしの種 こんにちは。

ボトム 失礼とは承知の上でございますが、皆様のお名前を伺ってもよろしいですかな。

蜘蛛の糸　蜘蛛の糸です。

ボトム　ぜひともよろしくお願いいたします、蜘蛛の糸さん。
指をけがしたときは、頼りにしていますよ。そちらのあなた、お名前は？

豆の花　豆の花です。

ボトム　あなたもどうぞよろしく、豆の花さん。
そちらのあなたもお名前を教えていただけますか？

からしの種　からしの種です。

ボトム　からしの種さん、あなた方には、よく泣かされたものだ。
これからどうぞよろしく、からしの種さん。

ティターニア　彼をわたしの寝室にお連れして。
何だか月が寂しそう。
月が泣いたら花も泣く。
そうなる前にさあそっと。

一同退場

第六場

オベロン登場

オベロン　ティターニアは目を覚ましただろうか。
最初に何を見たのだろう、何にしても今頃それに夢中だな。

パック登場

使いの者が戻ってきたぞ。馬鹿者、何をしていた。

パック　女王様はロバ男と熱愛中。
ひっそりとした寝室で、うとうとと眠っている内に、
アテネの貧しい職人ども、まあつまりは馬鹿どもが
シーシアスの結婚式での余興にと、芝居の稽古にやってきた。
その馬鹿の中でも大馬鹿者が、劇の主役のピラマスで、
茂みに退場した隙に、かぶせてやったロバ頭。
すると、女王様がお目覚めに、たちまちロバに首ったけ。

オベロン　思った以上に上出来だ、もう片方はどうなった？
命令通り惚れ薬を塗ったのか、アテネの男の瞼だぞ？

パック　もちろん、眠っているのを良いことに、きちんと塗ってきましたよ。

ハーミアとディミートリアス登場

オベロン　（パックに）姿を隠せ。例のアテネの男女だな。

パック　（オベロンに）女の方はそうですが、男は違うみたいです。

ディミートリアス　こんなに君を愛しているのに、どうして冷たくするんだい？
綺麗な君に汚い言葉は似合わない。

ハーミア　そうさせるのもあなたのせいよ。

ライサンダーを殺したのがあなたなら、このわたしも殺して。
わたしが眠っているのに置いていくはずないもの。
あなたが殺したんでしょ。恐ろしい顔。
人殺しって、あなたのような顔をしているのね。

ディミートリアス 人殺しは君のほうだ、
君の残酷さが、僕の心臓を突き刺した。

ハーミア あの人はどこ？ ねえ、彼をわたしに返して。

ディミートリアス 返すくらいなら、あいつの死体を犬に食わせるほうがましだ。

ハーミア 最低、この人でなし！
やっぱりあなたが殺したのね？
あなたには人の心ってものがないの？

ディミートリアス 君は誤解している。僕はライサンダーを殺してなんかいない。
僕の知る限り、彼は死んでいないはずだ。

ハーミア じゃあ、あの人は無事だと言って。

ディミートリアス そしたらお礼に何してくれる？

ハーミア もう二度と会わないであげる。あなたなんて大嫌い。
あの人が生きていようと死んでいようと、もう二度とわたしの前に現れないで。

ハーミア退場

ディミートリアス めちゃくちゃ怒ってる。これは追っても無駄だな。
もう無理、ここで寝よう。（横になって眠る）

オベロン （パックに）一体何をしでかした？
さては本当の恋人に、惚れ薬を使ったな。
お前のせいで幸福な恋人たちは仲たがい
不幸な者は変わりない。
風より速く森へ行き、アテネの娘を見つけてこい。
可愛いヘレナは恋患い、顔は青ざめきっている。
彼女をここに連れてこい。
わたしは彼女が来る前に、男に魔法をかけておく。

パック はい、はい、行きます、この通り、
飛んで行きます、矢のように。

パック退場

オベロン （ディミートリアスの目に惚れ薬を塗りながら）
恋の弓矢に傷ついた、
紫色の花の露、
魔法の力を今一度。
かの恋人に出会うとき、
その姿を見せたまえ、
明星のごとき輝きで。
目覚めてすぐに見た者が、
恋の病を癒すのだ。

パック登場

パック　オベロン様にご報告、ヘレナが近くに来ています、
例の男も一緒です、愛してくれと必死です。
馬鹿げた芝居を見ませんか？
滑稽ですよね、人間って！
オベロン　静かにしろ、
ディミートリアスが起き出すぞ。
パック　そうなりゃ二人がいっぺんに、一人の女を追いかける。
面白いことになる予感、
馬鹿げた茶番は大好きさ。

ライサンダーとヘレナ登場

ライサンダー　なぜ僕の愛の告白を嘘だと言うんだ？
本気でないのに泣きながら告白するもんか。
見てくれ、僕は愛の誓いを立てながら涙を流している。
涙とともに生まれた誓いは本物だ。
どうして信じてくれないんだよ？
ヘレナ　その誓いはハーミアへのものでしょう。
ライサンダー　あの女に誓ったときはどうかしてたんだ。
ヘレナ　今もそうでしょう、ハーミアを捨てるなんて。
ライサンダー　ディミートリアスが愛しているのはあの女だ、君じゃない。
ディミートリアス　（目を覚まして）おお、ヘレナ、女神、妖精、理想の人、
聖なる乙女！
その瞳はたとえようもなく美しい。
ああ、その王女のような純白の手にキスをさせてくれ、
祝福の証だ！
ヘレナ　なんて、意地悪！　なんて、ひどい！
二人してわたしのことをからかっているのね。
あなたたちに礼儀というものがあるのなら、こんなにわたしを傷つけるはずがない。
あなたたちが本当に紳士なら、こんなに女性を軽んじるはずがない。
あなたたちはハーミアを巡る恋のライバルだった。
それが今じゃヘレナをからかうライバルだわ。
本当に見事なやり口、男らしいことね。
ライサンダー　君は不誠実な男だな、ディミートリアス。
君のハーミアへの愛はよく知っている。
だから喜んで、快く、ハーミアの愛を君に譲ろう。
その代わりヘレナの愛を僕に譲ってほしい。
彼女を一生涯愛することのできるこの僕に。
ヘレナ　こんな息をするように人を馬鹿にして。
ディミートリアス　ライサンダー、君はハーミアをキープしておけよ。
僕はもういい。
彼女への恋心はどこかへ行ってしまった。
僕の心にとってハーミアは旅先の宿、ヘレナこそ故郷の我が家なんだ。
ライサンダー　ヘレナ、信じちゃいけない。
ディミートリアス　見てみろ、君の彼女のおでましだ。

ハーミア登場

ハーミア 暗い夜は目を見えなくするけど、
その代わり、耳をよく聞こえるようにしてくれる。
あなたを見つけたのは目じゃないの、ライサンダー。
ありがたいことに耳があなたの声を見つけてくれたのよ。
でもどうしてわたしをあんなところに置き去りにしたの？

ライサンダー 愛に駆り立てられたんだ、じっとしていられるわけないだろう。

ハーミア どんな愛があなたをわたしから引き離したの？

ライサンダー ライサンダーの愛だ、美しいヘレナへのな。
なぜ追いかけてきた？　まだわからないのか？
君が嫌いになったから置いていきたんだ。

ハーミア そんなはずないわ。どうして嘘をつくの？

ヘレナ ハーミア、あなたまで！
ああ、そういうこと、三人でよってたかってわたしを笑い者にするのね。
ひどいわ、ハーミア！
あなたもグルになって、わたしを馬鹿にするっていうの？
わたしたち二人だけの秘密、姉妹の誓い、一緒に過ごした時間、
さよならなんて言いたくないと思ったこと、すべて忘れてしまったの？
幼なじみとの友情をめちゃくちゃにしてまで、
この人たちとかわいそうなわたしをからかうの？

ハーミア とんだ言いがかりだわ。
からかっているのはわたしではなく、あなたのほうでしょう。

ヘレナ あなたがライサンダーに言ったんでしょ？
わたしのことほめちぎってこいって。
それで、あなたのもう一人のお相手ディミートリアスにも言ったんでしょ？
女神だとか、妖精だとか、聖なる乙女だとか、類まれなる女性だとか、
僕の大事な人だとか、天使だとか、ほめてこいって。
彼は今までわたしのことを突き放してきたはずなのに。
あなたがけしかけたんじゃなかったら、嫌っているわたしをおだてる？
あなたを心の底から愛しているライサンダーが、
あなたを捨てて、わたしを愛しているなんて言う？
あなたのせいに決まってるでしょう？　あなたのせいに違いないわ。

ハーミア 何を言ってるかまったく理解できないわ。

ヘレナ ああ、そう。
じゃあ、そうやってしらばっくれてればいいわ、
そしてわたしが背を向けたら、目配せをして笑えばいいんだわ。

ライサンダー ヘレナ、聞いてくれ。
僕の愛、僕の人生、僕の魂、麗しきヘレナ！

ヘレナ あら、お上手ね！

ハーミア （ライサンダーに）ライサンダー、ヘレナをからかうのはやめて。

ディミートリアス それでもやめないなら、力づくでやめさせてやる。

ライサンダー なんと言われようとやめるものか。
ヘレナ、愛してる、命に懸けて。
君への愛は本物だ。

それを証明するためなら、この身を捨てても構わない。
ディミートリアス　僕の方が君を愛してる。
ライサンダー　言ったな、よし決闘だ。
ディミートリアス　よし、来い。
ハーミア　ライサンダー、どうしちゃったの？（ライサンダーを止める）
ライサンダー　（ハーミアに）放せ、このチビ！
ディミートリアス　（ハーミアに）こいつは君から逃げるふりをしている
だけさ。
（ライサンダーに）本当は決闘する気なんてないんだろう、消えろ、
腰抜け！
ライサンダー　（ハーミアに）放せ、メス猫、ひっつき虫！
さもなきゃ吹っ飛ばすぞ、このヘビ女。
ハーミア　どうしてそんな乱暴になってしまったの？
わたしのライサンダー。
ライサンダー　わたしのライサンダー？
失せろ、このゴキブリ女！
ハーミア　冗談で言ってるのよね？
ヘレナ　あなただってそうでしょ、白々しい！
ライサンダー　ディミートリアス、約束通り決闘だ。
ディミートリアス　女も振りほどけないようじゃ、
決闘なんてできるもんか。
ライサンダー　じゃあ、君はこの女を殴り、傷つけ、殺せというのか？
確かにこの女は憎いが、そこまでするつもりはない。
ハーミア　（ライサンダーに）わたしが憎いですって？
どうして？　何があったの？
わたしはハーミア、あなたはライサンダーでしょ？
わたしは変わらず綺麗よね。
夢の中ではわたしを愛してくれたのに、目が覚めたらわたしを捨て
た。
そんな、嘘でしょ——
まさか本気でわたしを捨てたっていうの？
ライサンダー　本気さ、この命を懸けてもいい。
君の顔なんて二度と見たくなかった。
これは僕の本心だ、冗談なんかじゃない。
僕が愛しているのはヘレナ、君のことなんて大嫌いだ。
ハーミア　ああ！
（ヘレナに）この泥棒猫！
夜中にこっそり忍び込んで、彼の心を盗んだのね。
ヘレナ　お上手、本当名演技ね。
あなたには友情のかけらも残ってないの？
ハーミア　ああ、そう、なるほどね、今わかったわ、
彼にその背の高さを見せつけたんでしょ。
そのすらりと長い脚で、彼の心を奪ったのよ。
だけどこの爪があなたの目に届かないほど、わたしの背は低くない
わ！
ヘレナ　（ライサンダーとディミートリアスに）二人ともお願い、
わたしをからかってもいいけど、この人を使ってわたしを傷つけな
いで。
いくら彼女が小さくても、わたしの手には負えないわ。
ハーミア　また小さいって言った！

ヘレナ ハーミア、お願い、もうこんなひどいことはやめて。
ハーミア、わたしはいつでもあなたを大事に思ってたし、
秘密も守ったわ、あなたを傷つけたことなんてなかった、
たった一度だけ、あなたとライサンダーの駆け落ちを
ディミートリアスに教えてしまったけど、
でもそれは彼を愛してたから。
彼はあなたを追った。わたしは彼を追った、愛してたから。
でも彼はわたしに帰れって、
じゃないと殴るぞ、蹴るぞ、殺すぞとまで脅したのよ。
お願いだからもうそっとしておいて、
これ以上あなたを追いかけないから、このままアテネに帰らせて。

ハーミア 帰ればいいでしょ。誰が引きとめるっていうの。

ヘレナ わたしの未練が。

ハーミア ライサンダーへの?

ヘレナ ディミートリアスによ。

ライサンダー 大丈夫だ、ヘレナ。この女に手出しはさせないよ。

ディミートリアス もちろんだ。こいつが彼女に味方しても、僕が君を守るよ。

ヘレナ ああ、彼女って怒りだしたら手がつけられないのよ、
昔から喧嘩っ早くて、小さいけどすごく凶暴なの。

ハーミア また言った! 小さい小さい連呼して!
なんであの女に好き勝手言わせてるの? 離してよ。

ライサンダー (ハーミアに)とっとと失せろ、このミジンコ、豆粒どチビ!

ディミートリアス ライサンダー、お節介が過ぎるぞ、
ヘレナが困ってるじゃないか。
彼女には僕がついてるから大丈夫だ。

ライサンダー やっとハーミアから解放された。
さあ、ヘレナを賭けて勝負だ、僕についてこい。

ディミートリアス ついてこいだって? 君が僕についてこい。

ディミートリアスとライサンダー退場

ハーミア みんなあなたのせいよ。
ちょっと、待ちなさい。

ヘレナ あなたなんかもう信じられない、
もうこんなところ嫌、引きとめたって無駄よ。
手の早さでは敵わないけど、足の速さでは負けないわ。

ヘレナ退場

ハーミア もう何が何だかわからない。

ハーミア退場

オベロン (パックに向かって)お前のせいでこうなった。
お前はいつもしくじるか、厄介ごとを起こすかだ。

パック 王様、信じてくださいよ、本当《ほんと》に間違えたんですよ。
アテネの服着た男だと、あなた言ったじゃないですか?
僕のせいじゃありません。

オベロン 恋人たちは、闘いの場を求めてる。
さあ、パック、夜を闇で覆うのだ。
恋敵たちが出会わぬよう、森の中で迷わせろ。
ライサンダーの声真似て、ディミートリアスを罵倒しろ。
今度は逆に、ディミートリアスの声真似て、
ライサンダーを挑発しろ。
二人を惑わせ、引き離せ、
疲れ果てて眠るまで。
(新しい花をパックに渡す)そして眠りについたなら、
ライサンダーの瞼へと花の露を垂らすのだ。
この露は彼の瞳を迷わせた、恋の魔法を取り払う。
次に目を覚ましたら、
この馬鹿騒ぎも夢幻《ゆめまぼろし》、無意味なものになるはずだ。
恋人たちは仲直り、手を取りアテネに戻るだろう。
永遠《とわ》の愛を誓ってな。
仕事はお前に任せたぞ、
その隙に、ティターニアの元へ行き、あの少年を連れてこよう。
それから、かけた魔法も解いてくる。
化け物への愛も冷め、これで万事解決だ。
パック 王様、急がなくちゃ朝が来る。
空の向こうに見えるのは、夜明けを告げる金星だ。
オベロン さあ、急げ、
夜明け前に片づけよう。

オベロン退場

パック 行ったり来たり、あちこちと、
あいつらみんな迷わせる、
野原も街も僕の庭、パック様の思うまま、
おっと、早速一人やってきた。

ライサンダー登場

ライサンダー ディミートリアスの奴、どこにいる? 返事しろ。
パック (ディミートリアスを真似て)ここだ、悪党め。
剣を抜いて、戦う準備はできている。君こそどこだ?
ライサンダー 今行くぞ。
パック (ディミートリアスを真似て)ついてこい。もっといい場所がある。

ライサンダー退場
ディミートリアス登場

ディミートリアス ライサンダー、返事しろ!

おいどこ行った、卑怯者め、逃げ出したか?

何とか言え! 茂みの中か? 隠れているのか?

パック (ライサンダーを真似て)卑怯者め、空に向かって喧嘩を売るしかできないのか?

来いよ、臆病者。来いよ、ひよっこ!

君相手に剣を抜くまでもない、棒っきれで十分だ。

ディミートリアス そこにいるんだな?

パック（ライサンダーを真似て）僕の声についてこい。ここは戦いに向かない。

二人退場
ライサンダー登場

ライサンダー あいつの声についていった。
なのにあいつの姿は見当たらない。
あの悪党は僕より足が速いようだ。
お蔭で、暗いデコボコ道に迷い込んだ。
ここで休もう。（横になる）
ああ、夜明けはまだか！
陽が昇ったらすぐにディミートリアスを見つけ出して、
この恨みを晴らしてやる。（眠る）

パックとディミートリアス登場

パック（ディミートリアスに、ライサンダーを真似て）ハハハ！

おい、卑怯者、来ないのか？

ディミートリアス 君は僕の前を走っているはずなのに、どこにいるのかわからない。

逃げてばかりで、顔も剣も向けようとしない。

今どこにいるんだ？

パック（ライサンダーを真似て）こっちに来い。ここにいるぞ。

ディミートリアス おい、ふざけているのか。

朝になったら、覚悟しておけよ。

今は勝手にしろ。瞼が重くなってきた、
この冷たいベッドに横になろう。

陽が出たら、見つけ出してやるからな。（横になり眠る）

ヘレナ登場

ヘレナ ああ、こんな夜もう我慢できない、本当うんざり、
早く朝になればいいのに。
眠ればこの悲しみも忘れられるはず。（横になり眠る）
パック まだ三人か？ あと一人。
二人と二人、合わせて四人。
おっとも一人やってきた、怒って泣いて大忙し。
いたずら好きのキューピッド、哀れな女を泣かせてる。

ハーミア登場

ハーミア こんなに疲れたのも、こんなに悲しいのも初めて。

もう一歩も動けない。ここで朝になるまで休もう。

もし彼らが決闘することになっても、ライサンダーが無事でありますように。

（横になり眠る）

パック 眠れ大地ですやすやと。

僕は塗ろう君の目に。

（ライサンダーの両目に花の露を塗る）

寝て起きたら見えるだろう、
かつて愛した女の目。

パック退場

第七場

ライサンダー、ディミートリアス、ヘレナ、ハーミアが眠っている。ティターニア、ボトム登場。豆の花、蜘蛛の糸、蛾の羽根、からしの種、その他妖精たちがつき従う。オベロンが誰にも見られず背後に登場。

ティターニア （ボトムに）さあ、花のベッドに腰かけて、
可愛いほっぺを触らせて、立派なお耳にキスしてあげる。

ボトム 豆の花さんはいるかね？

豆の花 はい、ここに。

ボトム 豆の花さん、頭をかいてくれるかな。蜘蛛の糸さんはいるかね？

蜘蛛の糸 はい、ここに。

ボトム 蜘蛛の糸さん、君のその武器でマルハナバチを退治してくれないか、
アザミの花にいる赤い尻のやつさ。

蜘蛛の糸退場

からしの種さんはいるかね？

からしの種 はい、ここに。

ボトム 握手をしよう、からしの種さん。さあ、挨拶はこれくらいにして。

からしの種 ご用件は何でしょうか？

ボトム いやね、君は蜘蛛の糸さんと一緒に頭をかいてほしいんだ。床屋に行くべきかな、顔中が毛むくじゃらになったような気がするんだ。

ティターニア ねえ、愛しい方、音楽はいかが？

ボトム 音楽に関しては良い耳を持っているんだ。ここでひとつジャンジャカやってもらおうか。

ティターニア それとも何か召し上がる？

ボトム 干し草を一束いただきたい。美味い干し草、甘い干し草は最高のごちそうだ。

ティターニア クルミはいかが？
勇気ある妖精にリスの巣穴から取ってこさせましょう。

ボトム それよりも干しエンドウを一摑み、二摑みいただきたい。だけど、それより今は静かにして欲しい。何だか瞼が軽くなってきた。

ティターニア おやすみなさい、あなたを抱きしめていてあげる。
妖精たち、お下がりなさい。

妖精たち退場

あなたを愛しているわ！　夢中であなたを愛しているわ！

二人眠る

パック登場

オベロン　よく来た、パック。お前も見たか？　この眺め。
ここまで溺愛する様は、いっそ哀れに思えてくる。
森の奥で会ったとき、探していたのは愚かなこいつに贈る花、
それを非難したところ、あいつは許しを乞うてきた。
わたしはあの子を渡せと言った。
あいつは即座に承諾し、家来が子どもを連れてきた。
子どもを無事に手にしたし、あいつの魔法を解いてやろう。
さあ、パック、アテネの卑しい男から、ロバ頭を外してやれ。
ではまずはわたしから、妃を解放してやろう。

花の露をティターニアの瞼に塗る

正しきお前を取り戻せ。
正しきその目を取り戻せ。
キューピッドの花にも勝る祝福を、
ダイアナの花の力を今ここに。
目を覚ませ、愛しき妃ティターニア。

ティターニア　（目を覚まして）オベロン、変な夢を見ていたの！
ロバと恋していたみたい。

オベロン　そいつがお前の恋人だ。

ティターニア　いったい何が起こったの？
ああ、もう見るのもいや！

オベロン　まあ、落ち着け。（パックに）その頭を外してやれ。
ティターニア、妖精たちに音楽を。
この五人の人間を深い眠りへ誘《いざな》うよう。

ティターニア　さあ、妖精たち、音楽を！　眠りをもたらす音楽を！

音楽が演奏される

パック　（ロバ頭を外して）再び目覚めたその時は馬鹿なお前に戻るのさ。

オベロン　音楽だ！　さあ、その手を、ティターニア。
彼らが眠るこの大地、優しく揺らしてやるとしよう。
（ティターニアとともに踊る）
これで夫婦喧嘩もお終いだ。
明日の夜、シーシアスの宮殿で
二人手を取り舞い踊り、
その結婚と繁栄を、ともに祝福してやろう。

パック　王様どうぞお急ぎを、
ヒバリが朝を告げています。

オベロン　さあ、ティターニア、我々も、
そっと静かに行くとしよう、夜の影を追いかけて。
急ごう地球の裏側へ、さ迷う月さえ追い越して。

ティターニア　ええ、オベロン、わたしたち、空を翔けて参りましょう
今夜何が起きたのか、わたしに聞かせてくださらない？

どうしてわたしはここにいて、人間たちと寝ていたの？

オベロン、ティターニア、パック退場

角笛の音

シーシアス、従者たち、イジーアス、ヒポリタ登場

シーシアス　誰か、森番を探しに行ってくれ。
五月祭ももう終わりだ。
まだ朝は早いが、美しい妃よ、ともに山へ行き、猟犬たちの吠え声とそのこだまが奏でる狂ったオーケストラを聴きに行こう。

イジーアス　シーシアス様、ここに眠っているのはわたしの娘です。
それにライサンダー、ディミートリアス、ネダの娘ヘレナも一緒です。
なぜこの者たちがともにいるのか、わたしには不思議でなりません。

シーシアス　なに、この祭りを祝うために決まっている。
それより、イジーアス。
今日はたしか、ハーミアがディミートリアスとの結婚を決める日ではなかったか？

イジーアス　その通りでございます、シーシアス様。

シーシアス　さあ、狩人たちに角笛を吹かせ、四人を起こすのだ。

従者退場

角笛の音と叫び声

ライサンダー、ディミートリアス、ヘレナ、ハーミアが目を覚ます

おはよう、諸君。聖バレンタインの日はとうに過ぎているぞ。
なのに森の小鳥たちはまだツガイを探しているのか？

ライサンダー、ディミートリアス、ヘレナ、ハーミアひざまずく

ライサンダー　お許しください、シーシアス様。

シーシアス　よい、ひざまずくことはない。

ライサンダー、ディミートリアス、ヘレナ、ハーミア立ち上がる

（ライサンダー、ディミートリアスに）君たちは恋敵ではなかったか。
どうしてそんなに仲良くいられるのだ。

ライサンダー　シーシアス様、どう申し上げてよろしいやら、
わたしも夢現《ゆめうつつ》の状態で、なぜこのようなことになっているかとても説明できません。
しかし、これだけは正直に申し上げます。
わたしはハーミアとともに逃げてきたのです。
アテネの法が届かないところまで行こうとしていました。

イジーアス　（シーシアスに）ああ、もう、たくさんだ。これでもうおわかりでしょう！
直ちに裁きを。彼らは駆け落ちをしようとしたのです。

ディミートリアス　（シーシアスに）シーシアス様、二人の駆け落ちのことですが、

美しいヘレナがわたしに教えてくれたのです。
わたしは怒りに駆られて二人を追ってきましたが、
ヘレナも恋に駆られてわたしを追ってきたのです。
しかしどういうわけなのか、わたしのハーミアへの愛は雪のように溶けさり、
今では誠を尽くし、心を捧げそして見つめていたいと思うのは、ヘレナただ一人です。
ハーミアと会う以前、彼女とは恋人同士でした。
しかし病気になったかのように、
突然それまで好きだったものが食べられなくなったのです。
その病も治ったようで、今は本来の味覚を取り戻し、
わたしが愛し、求め、真実の愛を誓うのはヘレナだけなのです。

シーシアス　恋する若者たちよ、ここで会えたのは幸いだ。
もう少し話をしたいが後にしよう。
イジーアス、お前の願いを叶えてやることはできない。
わたしたちとともにこの二組も神殿に行き、永遠に結ばれるのだ。
今日の狩りはやめにしよう。アテネに戻る。
行くぞ、ヒポリタ。

シーシアス、ヒポリタ、イジーアス、従者たち退場

ディミートリアス　まるではるか彼方の山が雲に霞んでいくように、
今までのことが小さくぼんやりしてきた。

ハーミア　左右の目が違うものを見ているみたい、今までのことが二重に見える。

ヘレナ　わたしもよ。
ディミートリアスは拾った宝石のよう、
わたしのものなのか、そうじゃないのかわからない。

ディミートリアス　僕たちは起きているのか？　まだ夢の中にいるようだ。
本当にシーシアス様がここにいらして、ついてくるようにとおっしゃったのか？

ハーミア　ええ、わたしの父もいたわ。

ヘレナ　ヒポリタ様も。

ライサンダー　そして神殿についてくるようにおっしゃった。

ディミートリアス　じゃあ、僕たちは起きているんだな。
シーシアス様についていこう。そして歩きながら僕たちが見た夢の話をしよう。

ライサンダー、ディミートリアス、ヘレナ、ハーミア退場

ボトム　（目を覚まして）俺の出番がきたら教えてくれ、すぐ台詞を言ってやる。
おい、ピーター・クインス？　ふいご直しのフルート？　鋳掛屋のスナウト？
スターヴリング？
なんてこった、あいつら寝ている俺をほったらかして逃げやがったな？
なんか妙な夢だったな。とても人の言葉じゃ言い表せないような夢だった。

いまだかつて目が聞いたこともない、耳が見たこともない、手が味わったこともない、舌が触れたこともない、心臓がしゃべったこともない、そんな夢だった。

よし、ピーター・クインスに頼んでこの夢を歌にしてもらおう。

そうだな、タイトルは「ボトムの夢」かな。

いや底なしに奇妙だったから、ボトムなしの夢か。

それをシーシアス様の前で芝居の最後に歌ってやろう。

いや、シスビーが死ぬときに歌った方が盛り上がるか。

ボトム退場

第八場

アテネ。寺院の前
シーシアス、パイリトゥスに先導された花嫁ヒポリタ、入場
そのあとにエミーリア、花嫁の裳裾を持って、従者を従え、登場

ヒポリタ　あの恋人たちの話は不思議ね。

シーシアス　本当に奇妙だ、作り話にしか思えん。

わたしは古い伝説やおとぎ話は信じない。

恋する者や狂人は、頭が煮えたぎり、正気の者には理解できない幻覚を見る。

想像力が未知のものを見せると詩人のペンがそれらを形づくり、存在と名前を与えるのだ。

ヒポリタ　でも、昨夜の恋人たちの話を聞く限り、
みんな一緒におかしくなったのなら、
それは想像を超えた何かが起こったのだと思うわ。

まあ、とても不思議な話であることに違いないわね。

王冠をかぶり汚れたヴェールをかぶって、黒衣の三人の王妃たち登場
最初の王妃はシーシアスのもとにひざまずき、二人目の王妃はヒポリタに、三人目の王妃はエミーリアのもとにひざまずく

第一の王妃　お待ちください。
第二の王妃　どうかお慈悲を。
第三の王妃　わたくしたちをお救いください。
シーシアス　顔をあげなさい。
ヒポリタ　どうかお立ちになって。
エミーリア　ひざまずかないで。
シーシアス　嘆願に来られたのだな？　すべて話しなさい。
第一の王妃　わたくしたちは王妃でございます。
あの残忍なテーバイの王クレオンに、わたくしたちの夫はみな、殺されてしまいました。
その亡骸は戦場に放置されたまま、カラスやトンビの餌食となっております。
クレオンはわたくしたちが骨を拾い、弔うことすら許してくれません。

ああ、どうかお慈悲をシーシアス様。誉れ高きその剣で亡き夫たちを取り戻してください。

彼らが安らかな眠りにつけるように。

シーシアス　お立ちなさい。

あなたたちの不幸を聞いて、わたしも胸が痛む思いだ。

彼らの無念をこの剣ではらしてやりたいものだが。

第二の王妃　ヒポリタ様。勇ましきアマゾンの女王。

あなた様からもお頼みください。

シーシアス様の剣こそ、戦火で傷ついたわたくしたちの心を癒してくださるのです。

ヒポリタ　かわいそうに。それ以上言わなくても大丈夫。

シーシアス様はあなたたちのお苦しみに心動かされたご様子よ。

わたしからもお話ししてみましょう。

第三の王妃　（エミーリアにひざまずいて）ああ、思いが言葉になりません。

まるで氷の上に書かれた文字のよう、悲しみという熱に溶かされ、すぐに読めなくなってしまう。

エミーリア　あなたの悲しみにわたしの心も痛みます。きっと義兄《あに》の心にも届いているはず。

お気を確かに。

シーシアス　だがまずは結婚式だ。さあ、神殿へ。

神聖な儀式だ、いささかも省いてはならない。

第一の王妃　そんな、シーシアス様、

その祝典に比べればわたくしたちの願う戦などすぐに終わりましょうし、

さほどの出費にもならないはずです。

殺された夫たちが冷たいその身をどこに横たえているかお考え下さいませ。

第二の王妃　愛した夫たちには寝床すらないのです。

第三の王妃　夫たちは灼熱の太陽の下、埋葬もされずに野晒しになっているのですよ。

シーシアス　それならば、亡き王たちの墓を建てあなたがたを慰めましょう。

だが、そのためにはクレオンを相手にしなければならない。

第一の王妃　直ちにご決断を。

第二の王妃　今こそ勝機です、クレオンは自らの勝利に酔いしれております。

第三の王妃　彼の軍も宴の酒に酔い、油断しきっております。

ヒポリタ　ですから、あなた、

（ひざまずいて）わたしたちの式を延期して、剣をお取りください。

三人の王妃　エミーリア様からもお願いしてください、わたくしたちのために。

エミーリア　（ひざまずいて）姉の嘆願を聞き入れてくださらないのなら、

わたしは今後いっさい、お義兄さまと口をききません。

シーシアス　お立ちなさい。

パイリトゥス、花嫁を神殿へ。わたしの成功と帰還を神々に祈るのだ。

お妃がた、ついてきなさい。わたしがあなたがたに仕える兵士になろう。

（ヒポリタに）急いで出発しなければならない。今はただ、口づけを。

さらばだ、わが美しき義妹《いもうと》。

パイリトゥス、宴はあくまで盛大にな、いっときたりとも縮めてはならぬぞ。

パイリトゥス　宴はシーシアス様がいらっしゃらなければ始まりません。わたくしもすぐあとから参りましょう。

シーシアス　なに、終わるまでには戻る。では行ってくる。

第一の王妃　このことで、あなた様はいっそう世の人に称えられましょう。

第二の王妃　そのうえ軍神マルスに並ぶ神々しさを纏われました。

第三の王妃　神より上ではないにしても、劣らぬ名声を得られましょう。

シーシアス　さあ、元気をお出しなさい。あなたがたの慰めのために進軍しよう。

ファンファーレ、一同退場

一幕終了

第二幕「二人の貴公子」

第一場

テーバイの宮殿
パラモンとアーサイト登場

アーサイト パラモン、この町を出よう。
ここテーバイには、あらゆるところに誘惑が溢れている。
こんなところにいたら、僕たちの青春の輝きが失われてしまう。
パラモン この胸を憎しみで引き裂くのは――
アーサイト 我らが叔父、クレオン。
パラモン クレオン。誰の手にも負えない暴君。
彼と同じ血が僕の中に流れてると思うと、
もういっそのことヒルに吸わせてやりたいくらいだ。
アーサイト 気高いいとこよ。ともにクレオンの宮廷を去ろう。
パラモン そうだな。夫を亡くしたあの王妃たちの願いは、
届くはずの神々のもとへ届かずにいるのだ。

ヴァレーリアス登場

アーサイト どうした、ヴァレーリアス。
ヴァレーリアス 国王陛下がお呼びです。
シーシアスが陛下に宣戦布告し、
このテーバイを壊滅させると宣言しました。
それが現実になるのも時間の問題、彼の軍はもうすぐそこまで迫ってきています。
アーサイト かかってくるがいい。シーシアスなど恐れるに足るものか！
ただ彼が神々のかわりに裁きを下しているとしたら――
パラモン いや、僕たちが戦うのはこのテーバイのためだ。
クレオンのためではない。
アーサイト ああ、その通りだ。
パラモン クレオンのもとへ行こう。
もしあいつの人徳がシーシアスの半分、いや四分の一でもあったなら。
アーサイト 僕たちはただ運命の女神に従うだけだ。

一同退場

第二場

テーバイを目前にした戦場
ファンファーレ。戦闘（パラモンとアーサイト対群衆）
そして引き上げの合図
シーシアスが勝利者として登場（紋章官と従者たちも）
三人の王妃たち、シーシアスを迎えて彼の前にひれ伏す

第一の王妃　シーシアス様の行く先をいつまでも星が照らしますよう。
第二の王妃　天と地が永遠にあなた様をお守りくださいますよう。
第三の王妃　あらゆる幸運があなた様に訪れますよう。
シーシアス　さあ、行きなさい、
あなた方の夫の遺骨を探し出し、彼らの名誉を讃え、弔うといい。
では、さらばだ、天の優しい光があなた方に注がれんことを。

三人の王妃退場。パラモンとアーサイトが担架に乗せられて登場

紋章官、彼らは何者だ？
紋章官　身につけた甲冑を見るかぎり、身分の高い者たちでしょう。
テーバイの人から聞いた話では、二人は国王の甥で、母親同士が姉妹だとか。
シーシアス　わたしは戦場で戦っている二人を見た。
彼らはまるで二頭の若獅子、
敵の返り血を浴びる姿に兵士たちは怖気づき道を開けざるをえなかった。
わたしの目は二人に釘付けだった。あの者たちの名前は？
紋章官　アーサイトとパラモンだそうです。
シーシアス　あのアーサイトとパラモンか！
死んではいないだろうな？
紋章官　生きているとも申しかねますが、まだ息はしております。
かろうじて命だけはとどめている状態です。
シーシアス　ならば命ある者として扱ってやれ。
国中の医者という医者を集め、
治療には上等な薬を惜しみなく使うがいい。
あの二人は、殺すより生かして捕虜にするほうがずっと価値がある。
一流の医者に一流の治療をさせるのだ。
さぁ、行くぞ。テーバイの混乱を鎮圧し、わたしは軍隊の誰よりも
先にアテネに戻るぞ。

華やかなファンファーレ

一同退場

第三場

テーバイの郊外、別の戦場
音楽　厳粛な葬儀の雰囲気の中、騎士たちの亡骸を収めた棺とともに王妃たちが登場

三人の王妃達　（歌）
香炉と骨壺　運び行き、
涙とため息　日を覆う
死よりもつらきこの嘆き
お香の香りに憂いを乗せて
聖なる器に涙を注ぎ
嘆きの声が風を裂く
悲しみの日よ　いざ来たれ
喜びの日よ　いざさらば
悲しみの他　何もない
悲しみの他　何もない

第三の王妃　この葬列の行く先はあなたの家の墓。どうかご主人に安らかな眠りが訪れますように。

第二の王妃　そしてあなたはこの道を。

第一の王妃　あなたが行くのはこちらの道。異なる道を辿れども、辿り着くのは同じ場所。

第三の王妃　この世界は迷路のようなひとつの町。行き着く先は神の下。ここですべての道が合う。

別々に退場

第四場

アテネ。庭園、背後に牢獄

牢番と求婚者登場

牢番　わしがあげられるもんはこれっぽっちで、あの子に大したもんは持たせてやれんのです。わしはお偉い様用の牢の番をしとりますから、羽振りがいいなんて噂もあるようですがいやいやその通りになってみたいものですなあ。ともあれ、わしの持ってるもんはみんな、わしが死んだら娘に残してやります、

求婚者　僕がほしいのはお金ではありません。お嬢さんと結婚できればいいんです。

牢番　それじゃあこの話はシーシアス様の結婚式が終わったらにしましょう。ところで、あの子の同意は得ているんでしょうな？

牢番の娘、敷物を持って登場

求婚者　もちろんですよ。ほら、彼女が来ました。

牢番　ちょうどお前のことを話していたところだよ、例のことでね。まあ今はいい、宮廷のあれこれが片付いたらにしよう。それまではあの二人の囚人をしっかりお世話しろよ。なんでも王子様だそうだ。

牢番の娘 これをあの人たちの牢に敷こうと思ってるの。あの人たちが入ったからこの牢獄も今じゃ鼻が高いわね。彼らがいるおかげで、この牢獄はまるで世界の中心みたいなんですもの。

牢番 聞いたよ、戦場じゃあ見事な戦いぶりだったそうじゃないか。

牢番の娘 そりゃあそうよ、だって牢の中にいたってあんなにご立派なのだもの。なんだかあの人たちは捕まったって自覚がないみたいだわ。よくお食べになるし、楽しげだし、いろんなことをお話しになってるのよ、捕まってつらいだとかは全くおっしゃらない。ただときどき、苦しそうにため息をおつきになるの。

求婚者 僕はまだお目にかかっていないな。

牢番 シーシアス様が夜中にお一人でお見えになってあの方々をお連れになったんです。どういうわけか、わしにはわかりませんが。

パラモンとアーサイト登場

ほらあそこに！　アーサイト様が顔を出した。

牢番の娘 ちがうわ、あれはパラモン様よ。アーサイト様は二人のうち背が低いほう、ほら、少しだけ見えるでしょ。

牢番 指をさすのはやめなさい。ほら、目につかないところに。

牢番の娘 あの人たちが見れるなんて今日はなんていい日なのかしら。そのへんの男とはまるで出来が違うわね！

第五場

パラモン、アーサイトのいる牢獄

パラモン 調子はどうだい、アーサイト？

アーサイト 君こそどう？　パラモン。

パラモン 元気だよ。でも僕たち一生牢屋暮らしになるのかな。もうあの楽しかった日々には戻れないのか。

アーサイト そうだな。そんな望みを持っても無駄なこと、僕らはともに囚われの身さ。

むしろ利用しようじゃないか。すべての人が忌み嫌うこの場所を。

パラモン どうやって？

アーサイト この牢獄を神聖な場所だと考えてみよう。低俗なやつらから僕たちを守ってくれる場所だと。ここでちょっと我慢すれば、僕らは互いを慈しみながら長生きできるよ。

パラモン 君のおかげで囚われの身も悪くない気がしてきた。僕たちの間から友情がなくなるなんてことはありえないね。

アーサイト 僕らが死ぬまでは、絶対にありえない。

エミーリア、侍女、登場

そして死んだ後も僕らの魂は互いを愛し続けるだろう。なあ、そうだろう。

エミーリア　まあ、綺麗なお庭。これは何のお花？
侍女　これはナルキッソスといいます、お嬢様。
エミーリア　ああ、確か神話の美少年の名前ね。
パラモン　はあ。
アーサイト　おい、どうしたんだ。
エミーリア　ねえ、このお花、シルクに刺繡できる？
侍女　ええ、できますよ。
エミーリア　このお花でいっぱいにしたドレスがほしいわ。あっ、この
花もすてきね。
アーサイト　おい、大丈夫か？　パラモン！　しっかりしろ。
パラモン　僕は今、囚われの身になってしまった。
アーサイト　夕べから囚われの身じゃないか！　一体どうしたんだよ？
パラモン　見てみろよ、ほら！　女神だ。
アーサイト　はっ！
パラモン　ひざまずけ、アーサイト。女神の前だ。
エミーリア　薔薇ってお花の中で一番ね。
侍女　なぜですか、お嬢様？
エミーリア　薔薇は乙女の象徴だもの。
西の風が優しく言い寄ると、
薔薇は上品に咲き誇って
その恥じらいで太陽を赤く染めるのよ！

エミーリア、侍女、退場

パラモン　あの美しい人をどう思う？
アーサイト　僕は今になって、この足枷の重みが身に染みているよ。
パラモン　君も恋に落ちたのか？
アーサイト　落ちないわけがないだろう。
パラモン　それで彼女をモノにしたい、と？
アーサイト　ああ。たとえ自由になれなくてもな。
君は彼女を女神として勝手に拝んでいればいいさ。
だが、僕は彼女を一人の女性として愛している。
彼女の体に触れたいんだ。
パラモン　君ごときに愛する資格はない。
アーサイト　僕ごときに愛せない？　誰にそんなことを言う資格があ
る？
パラモン　僕だ。先に彼女を見つけたこの僕に、だ。
もし君がたった一度でも彼女を想うようなことがあれば、
君との友情も血のつながりも一切断ってやる。
アーサイト　もしこの想いゆえに君を失っても、僕は彼女を愛する。
お別れだ。パラモン。
パラモン　ああ、外に出てけりをつけられたらなあ！
アーサイト　ああ、君みたいな意気地なしにはどうせできやしないよ！
この腰抜け！

牢番登場

パラモン　静かに！　牢番が来た。刑の執行か？
何があっても俺は死なない！　お前を叩きのめすまではな。
アーサイト　やれるものならやってみろよ。

パラモン　やあ。なんのご用ですか？

牢番　失礼致します。アーサイト様。すぐにシーシアス様の元へお向かいください。
理由は存じませんが。

アーサイト　覚悟はできている。

牢番　パラモン様、しばらくの間アーサイト様をお借りしなければなりません。

牢番とアーサイト退場

パラモン　ああ、もう一度あの美しい人を見ることができたらなあ。
庭は幸せだ、あの花はもっと幸せだ、
彼女の瞳の輝きが注がれるのだから。

牢番登場

なんだ？
アーサイトはどうした？

牢番　釈放されました。自由の身となったのです。
ただし二度とこの国の土を踏むことはできません。
誓いを破れば死刑に処すとのことです。

パラモン　運のいい奴だ！

牢番　パラモン様にもご命令が下されました。

パラモン　僕を殺せと？

牢番　いえ、あなた様をここから移せとのことです。
この窓から逃亡するやもしれませんので。

パラモン　僕は行かない。

牢番　行かねばなりません。

パラモン　そこは庭が見えるか？

牢番　いいえ。

パラモン　ならば決めた、僕は行かない。

牢番　では、力づくになります。
抵抗されると困りますので
さらに鎖をかけなければ。

パラモン　どうしてもか？

牢番　それより他ありません。

パラモン　さよなら、優しい窓。
さぁ、どこへなりとも連れてゆけ。

パラモンと牢番退場

第六場

アテネ近郊

アーサイト登場

アーサイト　追放だって？　これはチャンスだ、
これこそお慈悲と言わずになんという。

だが追放となると
恋い焦がれるあの人の顔を見ることもできなくなる、
あぁ、パラモン！　君は優位に立った。
この国にとどまり、
毎朝窓から彼女の輝く瞳を眺めていられるのだから。
まったくパラモンは何て幸せ者なんだ！
そのうちにあの人に話しかけるようになるだろう、
もし彼女が、その美しさと同じくらい優しい心の持ち主だとしたら、
きっと彼のものになってしまう。
この国から出ていくものか。
覚悟は決めた。変装して別人になりすまそう。
彼女に会い、そしてそばにいよう。
それしかない。

四人の村人登場
うち一人が花輪を持ち先頭を歩いている

村人1　なあみんな、祭には行くよな？
村人4　行くに決まってんだろ。
村人3　試合を見に行こう、そんで気合い入れなきゃな！
　レディたちに見てもらう前に稽古しないと、楽しくやろうじゃないか、
　もしかしたらワンチャンあるかも！
村人4　そうだな。試合が終わったら、俺らの出番だ。さあ、行こう！
アーサイト　（前へ出て）なあ君たち、どこに行くんだ？
村人4　どこにだって？　なんでそんなこと訊くんだ？
アーサイト　なんでって、知らないからさ。
村人3　試合を見に行くんだよ。
村人2　こんなことも知らないなんて、お前はどこの生まれだ？
アーサイト　そんなに遠くはないところさ。
　その試合は今日あるのか？
村人1　ああ、そうだよ。
アーサイト　なんの試合なんだ？
村人2　レスリングにレースだよ。
村人3　一緒に来るか？
アーサイト　いや、まだちょっと考えてるんだ。
村人4　それなら、考えればいいさ。行こうぜみんな。
村人2　あいつ闘うのか？　弱っちそうなのに！

四人の村人退場

アーサイト　これはチャンスだ。
　レスリングとレースなら自信がある。
　平民になりすまして参加してみよう。
　優勝すれば彼女の目にもとまるだろう。

アーサイト退場

第七場

アテネ、牢屋の一室
牢番の娘、一人登場

牢番の娘 どうしてあの人を愛してしまったのかしら。
愛してくれるはずもないのに。
わたしは卑しい生まれで、父はあの人の牢番にすぎない。
あの人と結婚するなんてことは、夢のまた夢。
でもわたしの心の中はパラモン様でいっぱい。
あんな素敵な人はほかにいないわ。
朝、お水をお持ちすると、
高貴な身分であるのにわたしにお辞儀をして、
そしてこのようにおっしゃるの。
「おはようございます、お嬢さん。
素敵なあなたがよい夫と巡り合えますように。」
どうしたらわたしの想いに気づいてもらえるかしら。
自由の身にしてあげると言ったら?
そうしたら今夜か明日にでも、彼はわたしを愛してくださるかも。

退場

第八場

アテネ。広場
短いファンファーレ、そして歓声
シーシアス、ヒポリタ、パイリトゥス、エミーリア、村人に変装して勝利の冠を戴いたアーサイト、お付きの者たち登場

シーシアス でかしたぞ。
これだけ逞しいやつはヘラクレス以来だ。
アーサイト おほめにあずかり光栄です。
シーシアス 生まれはどこだ?
アーサイト この国、ですが遠いところです。
シーシアス 身分は紳士か?
アーサイト 父はそう言っておりましたし、
そのように育てられました。
シーシアス ここへ来た目的は何だ?
アーサイト それはシーシアス様、名声を勝ち得るため、
そしてあなたのような素晴らしい御方に誠心誠意お仕えするためです。
シーシアス お前を歓迎し、願いを叶えてやろう。
パイリトゥス、この紳士の面倒をみてやれ。
パイリトゥス 光栄です、シーシアス様。
お前にはこちらの聡明なお嬢さんに仕えてもらおう。
この方の誕生日を勝利で飾ったお前ならぴったりだ。

さあ、その手に口づけを。

アーサイト 美しい方、心からの忠誠をここに誓います。

エミーリアの手にキスする

エミーリア よく仕えてくださるのなら、その身分よりは良い扱いをして差し上げます。

パイリトゥス 馬の名手と言ったな、ならば今日の午後、乗馬はどうだ？これがまた荒っぽい馬なんだ。

アーサイト それは良い。ただ座っているだけでは面白くありませんから。

シーシアス さあ、ヒポリタ、そして皆、準備はいいか。明日は夜が明けるまで、ダイアナの森で祭を執り行うとしよう。（アーサイトに）妹にしっかり仕えるのだぞ。

ファンファーレ

一同退場

第九場

アテネ、牢屋の前

牢番の娘、ひとりで登場

牢番の娘 あの人はもう自由！

あの人のために危険を承知で、牢から出してあげた。

少し先の小さな森へ送ってあげた。

そこに隠れてもらって、わたしがヤスリと食べ物を持っていってあげるの。

わたし、あの人が好きで好きでどうしようもない。

愛なんて言葉じゃ語れないわ、もう止められない、この身よりもずっと大事。

でもあの人はまだわたしがしてあげたことにお礼さえ言ってくれない。

これじゃあんまりだわ。

いますぐあの人のために必要なものを揃えて、わたしも服をまとめよう。

あの人が一緒なら、森の中のどんな道でも平気。さようなら、お父さん。

さあ、あの人のもとへ！

退場

第十場

あちこちからファンファーレ。祭を祝う人々の声や音

アーサイト、一人で登場

アーサイト　これは草木の芽吹く五月を祝う神聖な祭り。
ああ、かわいそうなパラモン、哀れな囚人。
僕がエミーリア様のおそばにいると知ったら、どんなに怒り狂うだろうな。

枷をつけたパラモン、茂みから登場
アーサイトに拳を振りかざす

パラモン　この裏切り者め、
僕の足に枷がなく、僕の手が剣を握っていたのなら、
今すぐにでもこの怒りを思い知らせてやったのに！
アーサイト　親愛なるいとこよ――
パラモン　さあ、こっちに来い、この冷たい鎖を外せ、剣をよこせ、
錆びていたって構わない。それから何か食べるものを持ってこい。
エミーリア様は君のものだと
僕に言うだけでいい。
そうすれば僕に対するすべての過ちを許してやろう、
たとえ君が僕の命を奪ったとしてもな。
アーサイト　落ち着いてくれ、
夜に紛れて何かいい食べ物を持ってこよう。
鎖をヤスリで削り落とし、着替えも用意しよう。
パラモン　ありがとう。

ファンファーレ。角笛の音

アーサイト　ほら、角笛が聞こえただろう。
さあ、握手だ、じゃあ、またな。
必要なものはなんでも持ってくる。
ゆっくり休んでいろよ。
パラモン　約束だからな。

二人とも別々に退場

第十一場

森

牢番の娘、一人で登場

牢番の娘　あの人、わたしが言ったのと違う藪の方へ行っちゃった。
この長い夜の間ずっと、奇妙な遠吠えが聞こえていたわ。
オオカミがあの人を食べちゃったのかも。
そしたらわたしはどうなるの？
なにもかもおしまいじゃない。
お父さんはあの人が逃げたことで縛り首。
どうすればいいの。
ここ二日間、水しか口にしてない。
涙を拭う時以外、瞼を閉じもしなかった。

ほら、月は沈み、コオロギが鳴いて、
ふくろうが啼きわめき、夜明けを告げる。
わたしにできることはもうない。
何もかもおしまいよ。

退場

第十二場

森

アーサイト、食べ物、酒、ヤスリを持って登場

アーサイト このへんのはずだ。おーい、パラモン!

パラモン登場

パラモン アーサイト?

アーサイト そうだ。食料とヤスリを持ってきたぞ。
出て来い、大丈夫だ。シーシアス様はいない。

パラモン (飲む、食べる)

アーサイト ヤスリ、シャツ、必要なものは全てある。
二時間したらまた来るぞ、
その時はすべてに決着をつけよう。

パラモン 剣と鎧を忘れるな。

アーサイト 僕を信じろ。すぐ戻る。
鎖を外しておけよ。

退場

パラモン 戻ってくれば、命はない。

退場

第十三場

森

牢番の娘登場

牢番の娘 寒くてたまらない、お星さまが消えた、
お空の飾りがみんな消えた。
パラモン!
ああ、いないのね。
(歌う)
緑のコートを切っちゃおう　お膝の上から三〇センチ
黄金《きん》の髪も切っちゃおう　瞳の手前三センチ
ヘイ、ノニ、ノニ、ノニ

彼から素敵なプレゼント　わたしのための白い馬
彼を探しにゆきましょう　広い世界を飛び越えて
ヘイ、ノニ、ノニ、ノニ

退場

第十四場

アテネの森、別の場所

パラモンとアーサイト、鎧をつけて藪から登場

パラモン　おかげさまでこんなに回復した。
ありがとう、アーサイト、アーサイト、
君は敵ながら本当にいいやつだ。
だから君を殺していいのはいとこの僕だけだ。
こんな立派な鎧をどこで手に入れたんだ？

アーサイト　シーシアス様のだ。
実は盗んだんだ。きつくないか？

パラモン　大丈夫だ。

アーサイト　重くないか？

パラモン　いつものより重いが、しょうがない。

アーサイト、持ってきた剣と盾を地面に置く

パラモン　先に選べよ。

アーサイト　君が先に選べ。

パラモン　これにしよう。

アーサイト　じゃあ僕はこれだ。

二人、盾を身に着ける

アーサイト　よし、僕はいつでもいけるぞ。

二人は礼をし、それから進み出て構えて立つ

アーサイト　何か言い残したことはないか？

パラモン　これだけは言っておこう。
君は我が叔母の息子、
したがってこれから流れる血はつながっているのだ、
僕の中には君の血が、君の中には僕の血が。
僕の手には僕の剣、君が僕を殺しても、神と僕は許すだろう。
立派に闘おう、我がいとこよ。さあ、握手だ。

アーサイト　この手がこれほどの友情をもって君に差し出されることはもうない。

闘い

角笛が鳴り、二人は立ち止まる

アーサイト あれはシーシアス様の狩りの合図。
見つかれば僕らは破滅だ。さあ、隠れよう。
もし君が見つかれば、脱獄の罪で即刻死刑だ。
そして君が僕のことを暴けば、
追放命令を無視した罪で、僕も同じく死刑だ。
パラモン だめだ、アーサイト。
もう隠れるつもりもないし、この機会を逃したくないんだ。
この身に何が起こるかなんて問題じゃない。
僕が危惧しているのは、この闘いをやり切れるかだ。
アーサイト なら、かかってこい。
思い知らせてやる。君の命は頂くぞ。
パラモン それは、こっちの台詞だ。
命はいただくぞ、アーサイト。

再び闘う
角笛が鳴る
シーシアス、ヒポリタ、エミーリア、パイリトゥスとその一行登場

シーシアス 何をしている、離れろ。
無礼者。
わが法に背いて、剣を交えるとは。
パラモン わたしたちは確かに法に背いております、
わたしはパラモンです、牢獄から脱走しました。
そしてこちらがアーサイト。牢獄から追放された男です。
あなたの命令に背き、このような姿で、
あなたの妹、
美しいエミーリアにお仕えしています。
彼は、彼女が自分のものであると考えているのです。
しかし、彼女にお仕えすべきは、当然わたしでございます。
そこで、どちらが彼女にふさわしいか、今こうして決闘していたのです。
あなた様が正しい裁きを下せる方なら、
「決闘再開！」とおっしゃってください、シーシアス様。
アーサイト 慈悲の言葉を求めているわけではありません。
わたしが命令に背いた理由は、あの女性にお尋ねください。
彼女があれほど美しいのはなぜか、
ここにとどまりわたしを愛せと、その目でわたしに訴えるのはなぜか。
パラモン シーシアス様、お慈悲を頂こうとは思いませんが、
どうか、わたしたち二人にせめてもの憐れみを。
すぐにでも、二人一緒に死なせてください。
ただわたしよりほんの少し先に、彼を死なせていただきたいのです。
彼女が彼のものにならないとわかれば、安心して死ねます。
シーシアス その望み、かなえてやろう。
皆、口出しは無用だ。
日が沈む前に彼らは永遠の眠りにつくのだから。
エミーリア ああ、お義兄様――（ひざまずく）
ヒポリタ （ひざまずく）どうか、わたしたちの結婚の絆に免じて――

エミーリア　お義兄様のけがれなき名誉に免じて――
ここに願います。
ヒポリタ　お慈悲を。
エミーリア　あの方々にお慈悲を。
シーシアス　仮に、
彼らを哀れんだとして、どうしろと？
エミーリア　命を助けるのです。せめて追放に。
シーシアス　生きながらえて、
愛の痛みに苦しむ彼らが
殺しあわずにすむと思うか？
死刑と言ったはずだ。
いずれにせよ命を失うなら、互いの剣より、法律がよいはずだ。
エミーリア　どうか命だけは、追放を。
シーシアス　条件は？
エミーリア　二人に誓わせてください、
わたしのことで、
もう二度と争わないと、
もう二度とこの地に足を踏み入れないと。
パラモン　そんな誓い、する前にこの体を切り刻んでやる。
彼女を愛して、愛して、愛し抜きます、
この愛ゆえにわたしはいとこを殺すのです、
奴が地上のどこにあろうとも。
アーサイト　わたしもです。
ただこの愛の心ひとつを名誉とし、
彼女のために死ぬ覚悟。

シーシアス　どうしたものか？　哀れみが湧いてきた。
パイリトゥス　そのお気持ちが変わりませんよう。
シーシアス　お前に聞こう、エミーリア。
もしどちらかが死ぬ、必ず死ぬとしたら、
お前はもう一人を喜んで夫とするか？
手を取れるのは一人だけだ。
よく見なさい、
愛してやれるなら、この争いを終わらせるがいい。
わたしは認める。君たちも、認めるな？
アーサイト・パラモン　認めます、心から。
シーシアス　選ばれなかった者には、死を。
アーサイト・パラモン　いかなる死も、おおせのままに。
パラモン　女神が僕の名を呼ばないなら、死神に僕の名を呼ばせよう。
アーサイト　彼女と一緒になれないのなら、僕は墓と一緒になろう。
シーシアス　さあ、選びなさい。
エミーリア　できません、お二人ともわたしの身にあまるお方。
わたしのために、髪ひと筋失わせるわけにはいきません。
ヒポリタ　彼らをどうなさるのです？
シーシアス　我々の立ち会いのもと、
騎士として、正々堂々と闘い、勝った者が、
彼女を手に入れる。
負けた者は
首を差し出せ。
これでどうだ？
パラモン　わかりました。アーサイト、

僕は必ずここに戻ってくる。

アーサイト　わかった。

シーシアス　お前はどうだ、エミーリア？

エミーリア　分かりました、

でなければ、二人とも死ぬのでしょう。

シーシアス　ならば握手をしなさい、

心にとどめろ、紳士として、

この争いは

わたしの言った刻限までは取りやめだ、

必ず守るように。

パラモン　我ら、約束は違えません、シーシアス様。

シーシアス　さて、それでは君たちを

貴族として、友としてもてなそう。

戻ったとき、勝った者にはこの地に住まいを与え、

負けた者の亡骸には涙を落そう。

一同退場

第十五場

アテネ、監獄の一室

牢番とその友人登場

牢番　何も聞いてないのか？

パラモンの脱獄のことでわしの処分について何か言ってなかった

か？

なあ、思い出してくれよ。

牢番の友人1　何も聞いていないよ。

二人とも許されることも大いにありうるんじゃないか。

君の名前も脱獄のことも聞いていないよ。

牢番　そうだといいのだが。

牢番の友人二登場

牢番の友人2　元気出せよ、あんたに知らせだ。

いい知らせだよ。

牢番　それはありがたい。

牢番の友人2　パラモンはあんたの疑いを晴らしてくれた。

誰が逃がしてくれたか打ち明けてな。

その、手助けしたあんたの娘さんだが、

あの子も許された。

パラモンが

あの子の協力にたいそう感謝していて、金をくれたんだってよ。

結婚資金だってさ。

牢番　君はいいやつだ、

いつもいい知らせを持ってくる。

求婚者登場

求婚者　お父さん！
牢番　何かあったのか？
求婚者　ああ、娘さんをいつ見ました？
牢番　今朝だ。
求婚者　彼女はどうでした？　元気でしたか？
牢番　あまり元気には見えなかったが。
　娘がどうかしたのか？
求婚者　どうかしてるんです。
　彼女は気が狂ってるんです。
牢番　うすうすそんな気がしていた、
　神様、娘を救ってください。
　これは、パラモンを愛したからか、
　それとも、奴の脱獄でわしが処刑されるのを恐れてか、
　あるいは、その両方か。
求婚者　ありそうなことです。
　手短にお伝えします。先程釣りに行ったところ、
　高い声で歌うのが聞こえて、
　そっと近寄ると、
　藪の隙間から
　あなたの娘さんが見えました。
牢番　続けてくれ。
求婚者　彼女はいろいろ歌っていましたが、意味がわかりませんでした。
　唯一聞き取れたのは
　繰り返していた
　「パラモンは森へ行っちゃった
　桑の実集めに行っちゃった。
　明日になったら、探しましょう。」
牢番の友人1　健気だなあ！
求婚者　それから、あなたについても話していました。
　明日の朝、父は首をはねられてしまう。
　手向けの花を摘まなければ、と。
牢番の友人2　可哀想になあ。
求婚者　僕が傍へ駆け寄ると、彼女は逃げるように湖へ飛び込みました。
　助けあげて、
　岸へ運んでも、
　悲鳴をあげながら、
　ものすごい勢いで街へ走り去ったのです。
　何人か
　彼女を引き留めるのが見えました。
　そのうちの一人は
　お義母さんでした。
　そこで、ようやく彼女は止められ、その場に倒れてしまいました。
　僕は彼女にその場を任せて、
　ここに報告に来たのです。

牢番の妻と娘登場

　ああ、来ました。
牢番の娘　（歌う）

〃もう二度と太陽を拝めませんように〃
これ、素敵な歌でしょ?

牢番の妻 ええ、素敵な歌ね!
牢番の娘 こんばんは、みなさん。パラモンっていう人をご存知?
牢番 ああ、知っているよ。
牢番の娘 とってもかっこいいお方よね?
牢番 ああ、そうだね。
牢番の妻 娘の調子に合わせてちょうだい、じゃないと、今よりもっと狂ってしまうわ。
牢番の友人1 確かに、彼はかっこいい。
牢番の娘 あなた、妹いるでしょ?
牢番の友人1 いるよ。
牢番の娘 でも、彼はわたしのもの。妹さんにはあげないわ。そう彼女に伝えて。
牢番 娘は狂ってしまった。もう、だめだ。
牢番の妻 そんな訳ないわ、ねえ?
牢番の娘 (歌う)
〃月の女神は灯りを借りて〃

退場

第十六場

宮殿内

二枚の肖像画を持ち、エミーリアひとりで登場

エミーリア わたしには選べない。
わたしのために、あれほど素敵な方たちを死なせるわけにはいかない。
恋はまるで子供のよう、
二つのおもちゃを選べずに、どちらも欲しいって泣き叫ぶ。

侍女登場

どうしたの?
侍女 あなたのお義兄様、シーシアス様からのお知らせを持ってきました、お嬢様。
騎士の方々がお見えです。
エミーリア 決着をつけるためね?
侍女 はい。

シーシアス、ヒポリタ、パイリトゥス、従者登場

シーシアス お前のために競い合う求婚者たちが戻ったぞ、立派な騎士たちを連れてな。

さあ、エミーリア、
彼らのどちらか一人を選ぶのだ。

エミーリア　わたしはもういっそ二人とも選びたい。
わたしのために、どちらかが命を落とすくらいなら。

ヒポリタ　ああ、エミーリア、
泣かないで、彼らの血が流れるまでは。
こうなる運命だったのよ。

シーシアス　パイリトゥス、
闘技場のことはお前に任せる、
これから闘う者たちにふさわしい場を用意してくれ。

パイリトゥス　かしこまりました、シーシアス様。

エミーリア　罪な女。一人が勝てば一人が死ぬ、
その死の責任はあなたにあるのよ、エミーリア。

退場

第十七場

牢獄の一室

牢番、求婚者、医師に化けたパック登場

パック　あなたの娘さんは月が出ているときの方が気が狂っている、と
いうことですか？

牢番　いや、いつもです。ほとんど眠らず、幻覚に囚われておるのです。

牢番の娘登場

見てください。娘の様子を、この有様です。

パック　これはひどい。かわいそうに。

牢番　一日中この調子で。

パック　娘さんは気が狂っているのではありません。
もっと重い病気ですよ、これは。ずばり恋の病です。

牢番の娘　（歌う）
〝この心を、永遠に
わが星よ、我が運命よ――〟

牢番の娘退場

牢番　どうすればいいんです？

パック　娘さんはパラモン様と会う前に想いを寄せる男性はいらっしゃいましたか？

牢番　かつては、わしの友人でもあるこの紳士を、娘が選んでくれると信じていたのですが。

求婚者　僕もそう信じていました。

パック　ならば、これしかない。
まず娘さんを暗い部屋に閉じ込めてください。

ここからがあなたの出番です。あなたにはパラモン様のふりをしていただきます。
あなたと食事がしたい、共に乾杯をしたいと言い、
徐々にあなたという存在を彼女に認めさせるのです。
ずばり、嘘をもって嘘を制す！
彼女は今、偽りの世界に生きています。わたしたちが彼女の目を覚まさせるのです！
そうすれば彼女も元通り。今すぐ、実行に移しましょう！
思い立ったが吉日です！　これで安心です。

退場

第十八場

アテネの平原。軍神マルス、美と愛欲の女神ヴィーナス、月の女神ダイアナの三神のための三つの祭壇が築かれる。ファンファーレ。シーシアス、パイリトゥス、ヒポリタ、従者たち登場

シーシアス　今こそ彼らを迎え入れ、そして祈りを捧げさせよう。

華やかなファンファーレ。パラモンとアーサイトとその騎士たち登場

パイリトゥス　彼らが来ました。

シーシアス　お前たち、強く勇敢な敵同士にとって
燃える友情の炎を吹き消す今日この日がやってきた。
だが少しの間怒りを鎮め、この聖なる祭壇の前にひざまずきなさい。

パイリトゥス　強き者に勝利がもたらされんことを！

シーシアスとその一行退場

パラモン　砂時計の砂はいま流れ始めた、もう止まらない、
僕たちのどちらかが死ぬまでは。君を抱きしめさせてくれ。

二人、抱き合う

アーサイト　これでお別れだ。

パラモン　そうだな、さようなら。

アーサイト　さようなら。
恐れを知らぬ者たちよ、さあ、高ぶる心をおさえて軍神マルスにひざまずこう。

アーサイト、マルスの祭壇に進み出て顔を伏せひざまずく

偉大なる軍神マルスよ、
誰よりも力強きお方、
青き海原を赤き血で染めるお方よ、
どうかわたしたちに武運を授けたまえ。

パラモン、先ほどと同じように儀式を行う

パラモン　我らの争いの火種は恋だ。
もし愛の女神ヴィーナスがこの恋をお許しなら、わたしに勝利を授けてくださる。
ヴィーナスをほめたたえ、ご加護を乞い願おう。

ヴィーナスの祭壇に進み出、先ほどと同じように顔を伏せひざまずく

おお、気高き愛の女王よ。どうかお恵みを与えたまえ。
あなたに忠誠を誓い、あなたの重荷を背負うわたしに
真の愛の証として勝利を与えたまえ。
あなたのご加護とともに我らに祝福を授けたまえ。

音楽が聴こえ、彼らはまた顔を伏せひざまずく

退場

厳かなファンファーレ
花嫁衣裳で髪を肩に垂らして冠をしているエミーリア登場
ダイアナの祭壇に進み出てひざまずく

エミーリア　ああ、神聖で貞淑な冷たい闇の女王、
白銀の女神ダイアナよ、どうかお耳をお貸しください。
わたしは花嫁の格好をしておりますが、まだ恋を知りません。
夫は決められておりますが、どなたかは存じません。
ふたりのうちどちらを選び、どの方の勝利を祈るべきなのか。
わたしはその選ぶという罪を犯しておりません。
もっとも慎み深い女神よ、
ふたりの求婚者のうち、わたしをもっともいちずに愛してくださる方に
この冠をとらせてください。

エミーリア、うやうやしくお辞儀をして退場

第十九場

アテネ
牢獄

パック　その後、娘さんの様子はどうですか？
求婚者　ええ、もうすっかりわたしのことをパラモンだと思い込んでいます。
パック　それはよかった。
求婚者　でもそのあと、歌ってくれって言うんです。
パック　歌ったんですか？
求婚者　いいえ。

パック いけませんねえ。病人の希望はとことん聞いてあげなくては。
求婚者 聞いてあげたくても、悲しいことに歌のほうはさっぱりで。
パック 大丈夫、声を出しさえすればいいんです。
牢番 ではわしが行って、娘にはパラモン様がお待ちかねだと伝えましょう。

牢番退場

パック さあ行った行った。
わたしが申し上げたようにあの子の気持ちが傾いているなら、希望にそってあげなさい。徹底的にね。
それが効くんです、彼女の恋煩いには。
求婚者 わかりました、先生。
パック ほら来ました。機嫌を取ってあげなさい。

牢番、牢番の娘登場

牢番 おいで。お前の大好きなパラモン様がお待ちかねだよ。
お前に会いたくてずっと待っていてくださったんだ。
牢番の妻 さあ、しっかりご挨拶して。愛しいお方がいらっしゃったわよ。
求婚者 やあ、お嬢さん。具合はどう?
牢番の娘 パラモンなの?
求婚者 僕のことがわかる?
牢番の娘 ええ。でもあなたはわたしのことなんて好きじゃない。
わたしには何にもないもの、あるのはこのボロボロのスカートと二枚の下着だけ。
求婚者 そんなことはどうだっていい。僕は君が欲しい。
牢番の娘 本当に?
求婚者 ああ、君の美しい手にかけて、本当だ。

娘にキスをする

牢番の娘 甘いキスね。
そちらはあなたのいとこのアーサイトかしら?
パック そうですよ。
僕はうれしいんです、
いとこのパラモンがこんなに素晴らしい人を選んだことが。
牢番の娘 あの人、わたしをもらってくれると思う?
パック ええ、もちろん。
牢番の娘 あなたもそう思う?
牢番 もちろんだとも。
牢番の娘 たくさん子どもが欲しいわ。
牢番の妻 娘の容態はどうでしょうか。
パック 大丈夫、あと数日で治りますよ。
(求婚者に) あなたは彼女のそばにいるように。
娘さんにはずっとこのまま接しなさい。
求婚者 そうします。
パック では娘さんを中へ。
求婚者 さあおいで。一緒に食事に行こうか。

食後はトランプでもして遊ぼう。

牢番の娘 それからキスもするの？

求婚者 一〇〇回。

牢番の娘 一二〇回！

求婚者 うん、そうしよう。きっとだ。

退場

第二十場

決闘場の近く
シーシアス、ヒポリタ、エミーリア、パイリトゥス、数人の従者登場

エミーリア わたしは行きたくありません。

パイリトゥス 二人の決闘を見届けないおつもりですか？

エミーリア わたしはここにいます。これから起こることはすべてわたしの罪、それは変わりないのですから。

シーシアス お前は行くべきだ、勝利の栄冠を授けるのがお前の役目なのだから。

エミーリア お許しください、わたしには耐えられません。

シーシアス いや、それでも行くべきだ。

ヒポリタ 行くべきよ。

エミーリア お願いします、本当に行きたくないのです。どうかお許しを。

シーシアス わかった、どうしてもと言うなら仕方ない。

ヒポリタ じゃあ行くわね、あなたより先にあなたの未来の夫を知ることになるけど。二人のうち、より神々の祝福を受けた者があなたの夫となりますように。

パラモンとアーサイト登場
試合開始を告げるファンファーレ

エミーリア ああ、心をかき乱すような音が聞こえる、まるで二人の闘志をかき立てるみたい。

シーシアスや民衆が見守る中、二人の決闘が行われる
アーサイトが勝利し、「アーサイトが勝ったぞ」という歓声があがる

ああ、かわいそうな、パラモン！

ファンファーレ

シーシアス 見ろ、義妹がお待ちかねだ、美しきエミーリアよ、神々が判決を下し、お前にこの騎士を与えた、これほどのいい男はなかなかいない、さあ、二人とも手をこちらへ。

アーサイト　エミーリア、あなたのために、わたしはかけがえのないものを失いました。

しかし、それほどあなたはわたしにとって尊いものなのです。

シーシアス　愛しき義妹よ、彼に花輪を授けるのだ、

アーサイト、勝利を喜ぶがいい、敗者には、直ちに死を、

生きながらえることは拷問に等しい、ここで楽にさせてやれ。

エミーリア　これが勝利というものですか？

ああ、天の神々よ、お慈悲はないのですか？

わたしだってここで死んでしまいたい。

一同退場

第二十一場

パラモン、両腕を縛られて登場

牢番、死刑執行人、番兵など登場

パラモン

（牢番に向かって）

ああ、友よ、我が友よ、

お前の優しい娘が僕をいっとき自由にしてくれた。

今度はお前が僕を永遠に自由にしてくれる。

なあ、彼女はどうしている？

具合がよくないと聞いたが。

牢番　いえ、とてもよくなりまして、

もうじき結婚する予定です。

パラモン　それは、喜ばしい限りだ。

僕はもう死ぬが、

これは僕の最後の

喜びとなる。

彼女によろしくな。

そしてこれを持参金の足しに

してくれ。

財布を渡す

パラモン　とてもいい娘だ、感謝してもしきれないほどだよ。

牢番　あなたにも神々のお恵みがありますよう、娘もきっと感謝するでしょう！

パラモン　さらばだ、さあ、

ひと思いに殺してくれ。

断頭台の上に横たわる

大きな物音を立て、大慌てでパイリトゥス登場

パイリトゥス　待て！　待つんだ！

パラモン、神々はお前にお慈悲を示された。

うれしくも悲しい知らせに耳を傾けなさい。

パラモン、身を起こす

お前のいとこは、
エミーリアからの初めての贈り物であった馬に跨り
アテネの街中を飛ばしていた。
ところが突然、雷鳴がとどろき、それに驚いた馬が、
悪しき炎のごとく荒れ狂い、
跳んだり、跳ねたり、
勇敢にも手綱を握る主人を振り落とそうとしたのだ。
それでも主人は落ちはしない、
馬は二本脚で立ち上がり、
アーサイトは逆さまに。
勝利の証の花冠、
それを戴く頭から地面に向って転げ落ち、
そこに馬も倒れ込み、全体重が
身体にのしかかったのだ。
アーサイトはまだ生きている、
しきりにお前と話をしたがっている。
ほら、彼が来たぞ。

シーシアス、ヒポリタ、エミーリア登場
アーサイト運ばれて登場

パラモン 僕らの友情の結末がこれか！
アーサイト、
もし君の
心臓がいまだ脈打っているのなら、
何か言ってくれ。
僕だ、パラモンだ、
死にゆく君を今なお愛する男だ。

アーサイト エミーリアを君に、
彼女と共に世界中のあらゆる幸福を君の手に。握手だ。
これでお別れ。これが僕の最後。
パラモン、君には悪いことをした、
だが君を憎んでいた訳じゃない。
どうか愛するエミーリアから最初で最後の口づけを。

アーサイトとエミーリアは口づける

エミーリアを頼む。

アーサイト、死ぬ

パラモン 君の勇敢な魂が天へ召し上げられますよう！

エミーリア アーサイト、瞼を閉じてあげる。
清らかな魂が集う場所へあなたも辿り着けますよう！
あなたは善良な人だった、わたしが生きている限り、
この日にはあなたの死を悼みましょう。

パラモン　僕は君を讃えよう。
シーシアス　この場所こそお前たちの初めての戦場。
まさにこの場所で
お前達は生き別れた。
神々に
生きる感謝を捧げよう。

アーサイトの亡骸が運び出される

パラモン　ああ、アーサイト、
僕らの恋が僕らの友情を犠牲にしようとは！
シーシアス　こうも手の込んだ
運命の女神のいたずらがあっただろうか。
パラモンよ、
お前のいとこはエミーリアを
お前に託すと言ったな。
彼女を連れていくが良い。
お前の処刑も取りやめだ、わたしの友人として取り立てよう。
数日間は涙を流して喪に服し、葬儀に心を尽くすとしよう、
それが終われば婚礼だ、今度は笑顔でお祝いしよう。
さあ、皆、今あるものに感謝するのだ。
では、行くぞ、今この時を愉しもう。

華やかなファンファーレ、一同退場

第二十二場

クインス、フルート、スナウト、スターヴリング登場。

クインス　誰かボトムの家に行ったか？　まだ帰ってないのか？
スターヴリング　行方不明のままだよ。誘拐されたにちがいない。
フルート　あいつがいなきゃ芝居なんてできっこない。そうだろ？
クインス　そうだな、できっこない。
ピラマスを演じられるのはアテネでたった一人、ボトムだけだ。

スナッグ登場

スナッグ　みんな、シーシアス様が神殿から出てきたぞ。
貴族も三、四組結婚したらしい。
芝居がやれてたら、俺たちも出世できたのにな。
フルート　ああ、ボトムの兄貴！　ご褒美をもらって、一生不自由ない
生活ができたのにな。

ボトム登場

ボトム　どこだ、野郎ども？　どこだ、俺のダチ公ども？
クインス　ボトム！　良かった！　無事だったのか！
ボトム　みんなよく聞け、シーシアス様のパーティーが終わったみたい

だぜ。
衣裳に着替えて、髭の手入をして、靴を磨いて、
すぐに宮殿に集合だ、台詞の確認もしておけ。
つまり、俺たちの劇がシーシアス様に選ばれたんだ。
とにかく、シスビーには綺麗な上着を着せよう。
ライオンを演じるやつは爪を切るなよ、ライオンの爪は長く伸びて
いるんだ。
そして親愛なる役者たちよ、玉ねぎとにんにくは絶対食べるな、
俺たちは甘い息を吐かなきゃならないんだから。
そうすれば「甘い喜劇だった」と大好評間違いなしだ。
話は以上だ。急ぐぞ！

一同退場

第二十三場

シーシアス、ヒポリタ、従者たち登場。
別方向からライサンダー、ディミートリアス、ヘレナ、ハーミア、
パラモン、エミーリア登場。

シーシアス　ほら、恋人たちがやってきたぞ、何とも幸せそうだ。
おめでとう、諸君！
新たな愛の日々が喜ばしいものであるように！

ライサンダー　それ以上の幸せがお二人のご家庭にも訪れますよう！

ファンファーレ
結婚を祝いに民衆たちが集まって来る。その中には牢番の娘や求
婚者もいる。
クインス（ナレーター）**登場**

クインス（ナレーター）　もしここにいる皆様がお気に召さないことが
あったとしても、
わたしたちの本望。はご機嫌を損ずることで。
ありません、わたしたちのつたない技をお見せすることが。
ただひとつの願いでございます、わたしたちは悪意を持ってここに
参ったわけで。
ないのです、皆様を満足させるということが。
我々の目的です、ごらんになって皆様が損をするようなお芝居は。
いたしません。
お、どうやら役者の準備が整ったようでございます。
わたしたちの芝居を最後までご覧いただけますよう。

ボトム（ピラマス）、**フルート**（シスビー）、**スナウト**（塀）、**スター**
ヴリング（月）、**スナッグ**（ライオン）**登場**

クインス　こちらの男、彼こそまさにピラマスでございます。
こちらの美しいレディはまぎれもなくシスビーです。
そしてこちらの石灰にまみれた男は、二人の愛を妨げる塀でござい

ます。

おわかりですね、この塀に空いた小さな割れ目を通して、恋人たちは囁き合うのです。

また、ウサ耳を付けて杵を持っておりますこちらの男は、月を表現しております。

この月明かりを頼りに、二人はナイナスの墓で密かに会い、そこで愛を語り合うのです。

まずシスビーが約束の場所に来ると、そこに現れたのは恐ろしい獣、ライオンです。

ライオンから逃げる途中、彼女は身につけていたマントを落としてしまいます。

するとライオンが血まみれの口でそれをくわえるのです。

そこへ颯爽と登場するのがあの美男子、ピラマスです。

そこに落ちていたのはシスビーの血にまみれたマントでした。

血の気が引いた彼は、血に飢えた剣、血の雨を降らせる剣を、血潮たぎるその胸に、力いっぱい突き刺すのです。

茂みに身を潜めていたシスビーも死んだ彼の剣を取り、死に至るのです。

シーシアス まさかこの後ライオンもしゃべるのか？

クインス、ボトム、フルート、スナッグ、スターヴリング退場

スナウト（塀） この芝居で、
わたくしスナウトが演じますのは塀でございます。
塀には割れ目がありまして、
その割れ目を通してピラマスとシスビーが胸の内を密かに囁き合うのです。

シーシアス こんなに上手に話せる塀を見たことがあるか？

パラモン ありませんね、ここまで気の利いたことを言う塀は初めてです。

ボトム登場

シーシアス ピラマスが来た。静かに！

ボトム（ピラマス） おお、恐ろしい夜よ！　おお、漆黒の夜よ！
おお、昼が過ぎると必ず訪れる夜よ！
おお、夜、おお、夜よ！　ああ、ああ、ああ、ああ、
まさかシスビーは約束を忘れたのだろうか！
おお、塀よ、おお、優しき、おお、素晴らしき塀よ、
彼女とわたし、両家を隔てている塀よ。
塀よ、おお、塀よ、おお。優しく素晴らしき塀よ、
お前の割れ目を見せておくれ、この目が向こう側を見られるよう。

スナウト、指でVサインする

ありがとう、親切な塀よ。神のご加護がありますよう！

だが、何が見える？　シスビーの姿は見えない。

おお、邪悪な塀め、わたしの喜びを奪うのか！

呪われてしまえ、わたしを騙した報いを受けろ！

シーシアス この塀には感情があるようだ、きっと呪い返すぞ。

ボトム （素が出て） いえいえ、それが大丈夫なんです、シーシアス様。実は、「騙した報いを受けろ」ってのはただのきっかけでございまして、
すぐにシスビーが出てきます。
そして、俺が塀の割れ目から彼女を見つけるって段取りです。
ほら、来ました。

フルート登場

フルート （シスビー） ああ、塀よ、お前は何度この嘆きを聞いたことでしょう、
お前がわたしとピラマス様を隔てているせいよ！
この唇は何度お前にキスしたことでしょう、
石灰で固められたその壁に。
ボトム 声が見えるぞ！ 今割れ目を覗けば、
彼女の顔が聞こえるかもしれない。シスビー？
フルート あなたなのね、わたしの愛するあなただわ、きっとそう。
ピラマス そう思おうがどう思おうが、わたしはお前の恋人だ。
ああ、口づけを、憎き塀のこの割れ目から。
フルート 口づけするのは塀の割れ目、あなたの口には届かない。
ボトム 今すぐ会いたい、あのナイスな墓に来てくれないか？
フルート いかなる手段を使っても、必ず参ります。

ボトムとフルート退場

スナウト さて、わたくしは塀の役目を終えました。
終えたからには早々に退場いたします。

スナウト退場

ヒポリタ こんな馬鹿げたお芝居は観たことないわ。
シーシアス 芝居など最高のものでも所詮は影にすぎない、
つまり最低のものでも影以下にはならない、想像力を持って見てやればな。
ほら、立派な獣が出てきた、人間とライオンだ。

スナッグとスターヴリング登場

スナッグ （ライオン） 心優しきレディーの皆様、
皆様はほんの小さなネズミにさえ驚かれることでしょう。
ですからここで種明かし、わたしはスナッグ、指物師、
恐ろしいライオンなんかじゃありません。
もしもわたしがライオンでここに暴れに来たならば、
わたし自身、残念無念でございます。
シーシアス 心優しき獣だな、客への配慮もできるとは。
スターヴリング （月） わたしは月です、つまり――
シーシアス これはひどい。
今度はウサギのおでましだ、肝心の月はどうした？
ライサンダー 続きをどうぞ、お月様。
スターヴリング つまり、月には餅つくウサギがおりまして、
この耳と杵はそのウサギを表している、ということだけはご理解く

ださい。

ディミートリアス シスビーがやってきた。

フルート登場

フルート ここがナイスなお墓ね。愛しい人はどこかしら？

スナッグ （うなる）ウオー！

フルートは逃げ、マントを落とす

ディミートリアス いいね！ ライオン、ナイス吠えぶり。

シーシアス いいね！ シスビー、ナイス逃げぶり。

ヒポリタ いいわね！ 月、ナイス餅つき。

スナッグは血のついたフルートのマントをくわえて振り回す

シーシアス いいね！ ライオン、ナイスかぶりつき。

ボトム登場

ディミートリアス そこでピラマス登場だ。

スナッグ退場

ライサンダー そしてライオン退場だ。

ボトム 優しい月よ、ありがとう、
真昼のようなその光、素敵な光をありがとう、
さんさんと爽やかに差し込む最高の光で、
神聖かつ親愛なるシスビーのしとやかな姿も見つかることだろう。
だが待てこれは、ああなんと！
あまりに悲惨な光景だ！
見えているか？ わたしの目。
彼女のマントが血に汚れ、地面に落ちているなんて。
さあ、来たれ、運命よ！
我が命をくれてやる。
ひるむな、ひねりつぶせ、ひと思いに、引き裂け！

シーシアス こんなに激しく恋人の死を嘆かれたら、こちらも悲しくなるな。

ヒポリタ わたしもあの男が哀れに思えてきました。

ボトム おお、神よ、何ゆえライオンなど作ったのだ？
憎きライオンがために我が恋人は花の命を散らしてしまった。
彼女の美しさは世界一だ、いや、世界一だった
この世に在りて、愛され、崇められ、憧れの的だった。
さあ、涙よ、溢れ出せ。
さあ、剣よ、傷つけよ。
このピラマス様の乳首《ちくび》を、
そうだ、左の乳首だ、
脈打つ心臓突き破れ。

自分の胸を刺す

ほうらわたしは死んでいく、ほら、ほら、ほら。
今わたしは息絶えた。
今わたしはなくなった。
我が魂は空の向こう。
舌よ、光らないでくれ。
月よ、しゃべらないでくれ。

スターヴリング退場

今、死ぬ、死ぬ、死ぬ、死ぬ、死ぬ。

ピラマス、死ぬ

ディミートリアス　死にすぎだろ。
ヒポリタ　月が消えたら闇夜だわ、シスビーはどうやって恋人を探すのかしら？
シーシアス　星明かりで見つけるだろう。ほら、出てきた。シスビーの嘆きで芝居も終わりだな。

フルート登場

ヒポリタ　あんなピラマスのために長々と嘆くことないわ、早く終わってくれれば良いんだけど。
ライサンダー　ほら、あの可愛らしいお目々でピラマスを見つけたぞ。

ディミートリアス　そして、恋人の死を嘆き出す——
フルート　眠っているの、愛しい人？
そんな、まさか、死んでるの？
ああ、ピラマス、目を開けて！
何か言って、何とか言って。お願いよ！
死んだの、死んでしまったの？
あなたは二度と目覚めない。
恋人たちよ、一緒に泣いて。
彼は綺麗な目をしてた、ネギのような緑色。
ああ、運命の女神たち、
来て、わたしのところへ来てちょうだい。
雪のように白い手を再び真っ赤な血に染めて、
彼を殺したその手でどうか、彼の元へと連れてって。
舌よ、何も言わないで。
剣よ、わたしを貫いて、この胸真っ赤に染め上げて。

自分の胸を刺す

ごきげんよう、皆様。
こうしてシスビーは死にます、
さようなら、さようなら、さようなら。

シスビー、死ぬ

シーシアス　いや、実に素晴らしい悲劇だった。お見事、お見事。

婚礼を祝い、みんなで踊る

時計が鉄の舌で十二時を告げた。
恋人たちよ、床につこう。そろそろ妖精たちの時間だ。
今夜はお楽しみなのだから
明日は寝坊に気をつけねばな。
今の芝居は名舞台とまではいかなかったが
夜を待ち詫びる身には良い気晴らしになった。さあ諸君、新床へ。
この二週間はお祝いだ。
毎晩宴を催して、この喜びに酔いしれよう。

一同退場
パック登場

パック 今や暖炉の火も消えて、
我ら妖精、空駆けて、
お天道《てんと》様に背を向けて、
夢のごとくに闇へ去る、
さあ、お楽しみはこれからだ。

オベロン、ティターニア、妖精たち登場し、歌い、踊る。

オベロン （歌う）さあ、夜が明けるまで、
屋敷をめぐれ妖精たち。
我ら二人は新床の、
公爵夫妻に祝福を。
これから授かる子どもには、
尽きることない幸福を。
ここで新たに結ばれた、
夫婦の愛が続くよう。
妖精たちよ、行くがいい、
すべての部屋に祝福を、
屋敷に安らぎあるように。
主《あるじ》に幸せあるように、
ぐずぐずするな、さあ急げ。
夜明け前に、また会おう。

パック 影にすぎない僕たちの、芝居がお気に召さなくば、
こう考えてお許しを――
すべては夏の夜の夢、
夢とはいつか覚めるもの。
僕らのしがない芝居など、
ひと夜の夢にすぎません。
皆様、何とぞご容赦を。
お許しあれば、幸いです。
パックは嘘を申しません、
ごらんになった皆様の、
お叱りなければ僕たちも、
次はもっと頑張れます。
パックに二言はありません。

それでは皆様ごきげんよう。
芝居がお気に召したなら、どうか拍手のご用意を。
パックがお礼をいたします。

第二幕終了

付録

MSP13年の全記録

第1回 ヴェニスの商人
第2回 マクベス
第3回 ウィンザーの陽気な女房たち
第4回 オセロー
第5回 十二夜
第6回 HAMLET
第7回 夏の夜の夢
第8回 冬物語
第9回 お気に召すまま
第10回 ヘンリー四世
第11回 組曲 道化と王冠
第一部 ウィンザーの陽気な女房たち
第二部 ヘンリー五世
第12回 薔薇戦争
第一部 ヘンリー六世
第二部 リチャード三世
第13回 Midsummer Nightmare
第一部 夏の夜の夢
第二部 二人の貴公子

ヴェニスの商人 第1回

2004年11月11日(木)18:30、13日(土)17:30
＊「明治大学文化プロジェクト」として発足
＊動員約1500名

役職	名前	備考
翻訳	松岡 和子	
監修	原田 大二郎	法学部特別招聘教授
音楽	宇崎 竜童	明大卒
演出	松本 修一	文3
主催	明治大学	
協賛	明治大学連合父母会	
	明治大学校友会	
協力	ロビンフッド・アーチスツ	
	アール・ユー・オフィス	

プロスタッフ

役職	名前	
舞台照明	渡辺 省吾	
舞台監督	竹内 一貴	
大道具	吉田 良雄	
	山本 弘	(有)竹山商店代表取締役
衣装デザイナー	西田 武生	
衣装デザイン	朝月 真次郎	

キャスト

役名	名前	学部学年
シャイロック	吉橋 央朗	文3
アントーニオ	落合 咲野香	文4
バサーニオ	藤野 一平	文3
ポーシャ	森野 温子	文3
グラシアーノ	岩岭 啓伍	文3
ソラーニオ	福田 夢妃	文2
ランスロット・ゴボー	高橋 彩	文2
モロッコ大公	古藤 沙織	文3
ロレンゾー	岡 美恵子	文3
ネリッサ	大澤 綾	文1
老ゴボー	河本 泰西	文4
ヴェニスの公爵	永嶌 玲子	理工1
サレーリオ	加田 迪子	文1
ジェシカ	大澤 菜帆実	文2
アラゴン大公／テューバル	田中 洋二	政経1

スタッフ

役職	名前	学部学年
演出補佐	児嶋 祐佳	文1
音響	新戸 崇史	文3
制作	山本 康之	文2
	筒井 玲奈	文4
	門脇 由佳	短期大学法律学科2年
	冨永 真美	法2
	香取 真由美	文1
	村松 美穂	政経1
	堀之内 毅	文4
	森田 麻希	理工1
	古賀 章	文2
	遠藤 恵一	文1
	難波 有希	文1
	藤田 貴子	文2
	米澤 文圭	政経4
	小倉 愛	経営1
	鈴木 明日香	文1

第2回 マクベス

2005年9月16日(金)19:00、17日(土)19:00
*動員約2000名

役職	名前	備考
翻訳	松岡 和子	
演出	谷 賢一	文3
主催	明治大学	
協賛	明治大学連合父母会・校友会	
協力	ロビンフッド・アーチスツ (原田大二郎所属)	
監修	原田 大二郎	明治大学特別招聘教授
衣装デザイン	朝月 真次郎	
照明	渡辺 省吾	
殺陣指導	脇坂 奎平	

プロスタッフ

役職	名前	備考
舞台監督	竹内 一貴	
	山本 弘	(有)竹山商店代表取締役
大道具	吉田 良雄	

キャスト

役名	名前	学部学年/備考
マクベス	西村 俊彦	文3
マクベス夫人	堀口 茉純	文4
バンクォー	佐藤 弘樹	文1
ダンカン	遠藤 恵一	文2/演出部兼任
マクダフ	松村 光	法2
マクダフ夫人	堀 奈津美	文4
将校	和田 圭太	情コミ2
マルカム	吉橋 央朗	文4
ロス	鈴木 さや香	経営4
レノックス	袴田 真由美	文1
アンガス	田中 洋二	政経2
メンティス	松本 未央	文1
ケイスネス	伊藤 裕貴	文1
マクダフ息子	児嶋 祐佳	文2/演出部兼任
ドナルベイン	中村 紗野子	文1/小道具部兼任
フリーアンス	二宮 真奈子	文1
門番	土屋 健司	経営3
老シーワード	繁富 一鎮	政経2
小シーワード	安田 奈緒子	情コミ1
医者	河本 泰西	文4/演出部兼任
侍女、召使	尾形 遥	文1
暗殺者1	西田 真理絵	文1
暗殺者2/シートン	高野 翼	文2/演出部兼任
暗殺者3	小林 亮介	文2/衣装部兼任
使者/従者	中村 槙一郎	文1/小道具部兼任
老人/兵士	飯嶌 沙絵子	文1
アンガスの妻/兵士/遊び女	福島 翔子	文2
ケイスネスの妻/兵士	竹口 亜希奈	文1
兵士	永嶌 玲子	理工2
遊び女/兵士	鈴木 万里絵	経営1
兵士	佐京 瑞恵	文1
	清水 那保	文2
	高橋 絵梨佳	文1
	岡本 さやか	文2

スタッフ

役職	名前	学部学年/備考
プロデューサー	山本 康之	文3
制作部	田村 真理子	文2
	鈴木 晴香	情コミ1/宣伝美術
	大石 峻也	情コミ1
	小倉 愛	経営2
	門脇 由佳	法3

溝渕　聡子……文2
宮川　かほり……文1
蜂谷　加奈江……文2
加田　迪子……文2
新井　宏美……文2／照明部兼任
藤田　貴子……文3
佐藤　みなと……文1
原澤　寛子……法3
古賀　章……文3

音響部
宮袋　充弘……経営4
伊藤　香織……文2
臼田　紗和子……文2

照明部
岡　明菜……文2
海老沼　佑貴……経営4

演出部
上金　由佳……文1
本山　真路……文4／キャスト兼任（兵士）
森田　真人……文1／キャスト兼任（兵士）

小道具部
内田　阿紗子……文2
峯木　裕子……文2
斉藤　利菜……政経1
小久保　順加……文1
本村　美千代……文1

舞台美術部
渡井　理恵……文2
建部　祥子……文1
細谷　和憲……情コミ1

佐藤　千紘……情コミ1
本間　和樹……文2

衣装部
川堀　奈知……文2
伊藤　信……文3
大澤　遥……外部
久田　優子……文1
大澤　綾……文2／キャスト兼任（兵士）

映像製作部
松沢　ユウスケ……文3

第3回　ウィンザーの陽気な女房たち

2006年11月10日(金)17:00、11日(土)17:00、12日(日)16:00
＊動員約1500名

役職	名前	備考
翻訳	松岡　和子	
監修	原田　大二郎	
演出	須崎　千泰	文4
主催	明治大学	
協賛	明治大学連合父母会	
	明治大学校友会	
	連合駿台会	
舞台監督	竹内　一貴	
衣装	朝月　真次郎	
大道具	吉田　良雄	
	竹山商店	

照明	渡辺 省吾	

プロスタッフ

役職	名前	
衣装デザイン	朝月 真次郎	
舞台監督	竹内 一貴	
大道具	吉田 良雄	
	山本 弘	(有)竹山商店
舞台照明	渡辺 省吾	

キャスト

役名	名前	学部学年／備考
ガーター亭の亭主	貝原 慶祐	政経2
サー・ジョン・フォルスタッフ	松本 維志	政経1
ロビン	肱岡 知世	情コミ2
バードルフ、ジョン・ラグビー	山田 龍一	文1
ピストル	田村 京子	文1
ニム、ジョン	中島 裕香	情コミ2／展示部兼任
ロバート・シャロー	立野 将司	文1
エイブラハム・スレンダー	階戸 敦希	政経1
ピーター・シンプル	岡 邦彦	経営2／小道具部兼任
フェントン	森 勇人	文2
ジョージ・ペイジ	金生谷 達也	商3／展示部兼任
マーガレット（メグ）・ペイジ夫人	安田 奈緒子	情コミ2
アン・ペイジ	大熊 紀子	政経1
ウィリアム・ペイジ、ロバート	西海 麻奈美	法2
フランク・フォード	小林 慶太	文4
アリス・フォード	大森 有紗	法4
サー・ヒュー・エヴァンズ	泉山 孝生	文4
ドクター・キーズ	鈴木 重輝	経営3
クイックリー夫人	並木 千尋	情コミ1

ダンサー

名前	学部学年／備考
王子 茜	文3
西田 真理絵	文2
横山 由衣	文3
高橋 瞳	文2／舞台美術部兼任

スタッフ

役職	名前	学部学年／備考
舞台監督部	山崎 友貴	文1
	金子 剛	政経2
制作部	佐藤 千紘	情コミ2
	野本 佳奈	農3
	益村 彬	政経2
	神谷 愛美	文3
	小玉 沙織	文4
舞台美術部	傘谷 隆潔	文1
音響部	飯野 景子	文1
	石塚 紀子	文1
照明部	石倉 由貴	文1
	木下 高志	政経1
	楠木 麻里	文1
	坂下 和歌子	文1
	田中 真司	文1
	山口 義晴	文1
衣裳部・小道具部	渡辺 加恵	文4
	山本 恵美子	文1

第4回 オセロー

2007年11月9日(金)18:00、10日(土)17:00、11日(日)14:00
＊動員約2000名

役職	名前	備考
翻訳	松岡 和子	
監修	原田 大二郎	明治大学特別招聘教授
演出	繁富 一鎮	政経4
主催	明治大学	
協賛	明治大学連合父母会	
	明治大学校友会	
	連合駿台会	
舞台監督	竹内 一貴	
	村信 保	
衣裳	朝月 真次郎	
大道具	吉田 良雄	
	竹山商店	
照明	渡辺 省吾	
Special Thanks	ウサギノイズ	
	オフィス櫻華	
	Allround Piano Society	
	みつひろ企画	
	夢幻舞台	

プロスタッフ

役職	名前	備考
監修	原田 大二郎	明治大学特別招聘教授
衣装デザイン	朝月 真次郎	
舞台監督	竹内 一貴	
	村信 保	
大道具	吉田 良雄	
	山本 弘	(有)竹山商店代表取締役
舞台照明	渡辺 省吾	

キャスト

役名	名前	学部学年／備考
オセロー	鈴木 重輝	経営4
デズデモーナ	佐藤 康子	情コミ1
イアゴー	千葉 淳	二部文4年
エミリア	橋本 彩加	法2
キャシオー	野口 雄作	文3
ロダリーゴー、道化	宮下 仁	文1
ビアンカ	永妻 由奈	文3
公爵、従者	石綿 大夢	文1
ブラバンショー、楽師	草野 峻平	文1
モンターノー	森 工	文2
グラシアーノー	真鍋 杏月	農4
ロドヴィーコー	和田 圭太	情コミ4
紳士1・2、従者	阿部 陽介	法2
議員	遠藤 卓哉	政経1／小道具兼任
楽師、従者	山田 志穂	文1
楽師、軍人	児島 恵佳	文1
紳士3、従者	青木 悠介	文1
軍人、娼婦	長倉 めぐみ	文1
使者	服部 健太郎	文1／制作部兼任

スタッフ

演出	繁富 一鎮	政経4
演出助手	明田 真弥	法1
	赫多 葵	文1
衣裳部	田村 京子	文2
	山本 綾	文4
音響部	佐々木 雄介	文3
	三澤 拓也	文1／キャスト兼任
照明部	木下 高志	政経2
	田中 真司	文2
舞台美術	正木 拓也	文1／キャスト兼任
制作部	中島 裕香	情コミ2

金子 剛……政経3
佐藤 千紘……情コミ3
大久保 美花……情コミ2
傘谷 隆潔……文2
立野 将司……文2
辻 麻美子……政経2
藤田 理恵子……政経2
水越 尭人……文2
川上 万智……文1／衣裳部兼任

第5回 十二夜
～祭りのあとはご勝手に～

2008年11月7日(金)18:00、8日(土)13:00／18:00、9日(日)13:00
＊動員約2000名

役職	名前	備考
翻訳	三輪 えり花	
演出	宮下 仁	文2
衣装デザイン	朝月 真次郎	
照明	渡辺 省吾	
	宮永 綾佳	
舞台監督	竹内 一貴	
	村信 保	
大道具	山本 弘	
	吉田 良雄	
	劇団俳優座 舞台部	
楽曲提供	池辺 晋一郎	

監修 原田 大二郎
主催 明治大学
協賛 明治大学連合父母会
明治大学校友会
連合駿台会
協力 細野かつら店
兵庫県立ピッコロ劇団

キャスト

役名	名前	学部学年／備考
オルシーノ	草野 峻平	文2
アントニオ	正木 拓也	文2
ヴァイオラ	肱岡 知世	情コミ4
オリヴィア	加藤 みさき	文2
セバスチャン	港谷 順	文1
マルヴォリオ	薄平 広樹	文1
サー・トビー	伊藤 源	文1
サー・アンドリュー	酒寄 拓	政経1
フェステ	野上 高弘	文1
マライア	下田 ちひろ	文4
フェビアン	張江 秀司	文1
キュリオ	西山 智香	国日1
ヴァレンタイン・神父	篠崎 紘也	商1
船長	佐々木 雄介	文4／音響部兼任
警吏1	村田 広美	情コミ1

警吏2	松本 紗矢香	文1
従者	山本 晴歌	情コミ4
	川島 剛	政経1
侍女	高梨 悠	文1／衣裳兼任

スタッフ

役職	名前	学部学年／備考
プロデューサー	杉田 亜樹	文2
演出助手	明田 真弥	法2
	松本 維志	政経3
ワークショップチーム	伊藤 香津代	文2
照明部	近藤 沙織	商1
	山本 創太	文1
	野口 紗代	政経1
	橋本 彩加	法3
	佐々木 恵李	文1
	年代 果林	情コミ1
舞台美術部	金原 並央	文1
音響部	石綿 大夢	文2
	服部 健太郎	文2
衣裳部	谷田 彩子	文4
	中村 矩子	政経2
	鶴見 勇人	農2
小道具部	遠藤 卓哉	政経2
	平岡 奈々	情コミ2
	早川 理紗	情コミ1
制作部	飯嶌 沙絵子	文4
	伊藤 寛	文2／ワークショップチーム兼任
	大久保 美花	情コミ3
	林 綾美	情コミ1
	岡田 拓真	経営2
	加藤 舞	文2
	北澤 芙未子	文2
	幸家 みなみ	文2
	桑原 道太	政経2
	清水 大典	文2
	高田 美南子	文1
	立野 将司	文3
	中村 紗野子	文4
	野村 飛鳥	法1
	乗富 由衣	文2
	森 工	文3
	鈴木 大樹	文2
広報部	栗原 里佳	情コミ1／制作部兼任
	髙橋 瑠唯	商1
	浜田 真菜	商1
	宮本 大輔	情コミ1

協力

名前	学部学年
大熊 紀子	政経3
川上 弘晃	文2
川上 万智	文2
北原 由貴	文1
木下 高志	政経3
徳田 大紀	政経1
西尾 亜以	文2
町田 菜花	文2
野村 春香	文2
矢内 宏樹	政経1

第6回 HAMLET

2009年11月12日(木)17:30、13日(金)12:30／17:30、14日(土)12:30／17:30、15日(日)14:00
＊学生翻訳チーム「コラプターズ」発足
＊動員約3500名

役職	名前	備考
訳	コラプターズ	
監修	原田 大二郎	
演出	伊藤 香津代	文学部3年
衣装デザイン	朝月 真次郎	
コラプターズ監修・演技指導	伊藤 はくぶん	
照明	渡辺 省吾	
	宮永 綾佳	
舞台監督	竹内 一貴	
	村信 保	
舞台美術	林 いずみ	「夢工房」
	俳優座舞台部	

パントマイム・〝アスパラギ エ スカンピ〟指導	nani-sole	
作曲／音楽監督	山本 清香	
ヴィオラ演奏	杉田 恵理	
ピアノ演奏	草 冬香	
ヘアメイク監修	馮 啓孝	株式会社アトリエレオパレード
	ARSOA	
主催	明治大学	
協賛	明治大学連合父母会	
	明治大学校友会	
	連合駿台会	
	EPSON	
	天池合繊株式会社	
	AROSOA	
協力	下倉楽器	
	Pearl	
	intebro	東京工科大学
Special thanks	小田島雄志	
	初風 緑	
	河合 祥一郎	
	佐々木 和郎	
	佐々木 萌絵	
	石川 星太郎	
	明治大学フェンシング部	

キャスト

役名	名前	学部学年／備考
ハムレット	鈴木 由里	文2
	野上 高弘	文2
クローディアス	薄平 広樹	文2
	松村 浩史	情コミ3
ガートルード	加藤 舞	文3／プロデュースィングチーム兼任
	丸山 港都	文3
ハムレットの父の亡霊	正木 拓也	文3
ギルデンスターン／ローゼンクランツ	伊藤 源	文2
	酒寄 拓	政経2
ホレイシオ	島野 亮	文1／演出部兼任
	寺田 遥	文3
オフィーリア	川名 幸宏	文2
	西山 智香	国日2
ポローニアス	米澤 望	文1／演出部兼任
レアティーズ	池辺 貴成	商1
	友野 翔太	上智大学4年
フォーティンブラス	港谷 順	文2
隊長／フランシスコー	渡辺 聖	文1／衣装部兼任
マーセラス	今泉 澪	情コミ1

バーナード／墓堀り／座長　草野　峻平……文3
レナルドー　松本　維志……政経4
オズリック　谷　南津子……文1／演出部兼任
司祭　宇高　大介……文1
墓堀り／座長　村田　広美……情コミ2
使者／暴徒　竹川　佑希……情コミ1
年代　果林……情コミ2／照明部兼任
劇中劇王　伊藤　寛……文3／演出部兼任
劇中劇王妃　神山　美樹……文3
劇中劇ルシアーナス　北原　由貴……文2
旅役者の一座　大熊　紀子……政経4
北澤　芙未子……文3
九鬼　桃子……文2
立野　将司……文4
勅使河原　花歩……文1
原田　理子……政経2
古橋　いずみ……文1
村山　菜摘……文1
森　弓夏……文1／衣装部兼任
山梨　杏菜……文1
吉田　萌南美……文1
劇中劇語り　後藤　祐哉……文3
橋本　彩加……法4／照明部兼任

スタッフ

プロデューサー　杉田　亜樹……文3
舞台監督補佐　木下　高志……政経4
演出部　戸塚　治虫……文2／演出助手
プロデュースィングチーム　浜田　真菜……商2
浅野　芳彰……政経2
田村　佳菜子……情コミ1
林　綾美……情コミ2
小池　萌以……文1
吉田　有花……理工2／Web担当兼任
仲居　聖美……国日2
近藤　沙織……商2
武井　有香……国日2
大方　佑佳……文1
衣装部チーフ　武藤　由佳……文化女子大学4年
衣装部　森田　有紀……政経2
清水　愛美……情コミ2
福井　智美……文1
舞台美術部　遠藤　卓哉……政経3
平岡　奈々……情コミ3
金原　並央……文2
漆原　華子……文1
照明部チーフ　山本　創太……文2
照明部　乗富　由衣……文3
持田　鮎……文3
加藤　みさき……文3
矢内　宏樹……政経2
音響部チーフ　石綿　大夢……文3
音響部　田中　淳子……中央大学2年
西富　友里子……立教大学4年
コラプターズリーダー　中山　亜以……文3／チーフ
江原　美希……文1
映像制作・宣伝映像制作　東京工科大学公式インターネット放送局 intebro
宣伝美術（イラスト）　神山　美樹
北原　由貴
宣伝美術（デザイン／編集）　伊藤　寛
身体訓練　北原　由貴
寺田　遥
中山　亜以
丸山　港都
パンフレットデザイン（中表紙）　植原　良……立教大学
コラプターズページ・テンプレート　伊藤　寛
協力　田中　智寛
西原　美紀

第7回 夏の夜の夢

2010年11月12日(金)18:30、13日(土)13:30／18:30、14日(日)13:30
＊動員約3000名

役職	名前	備考
訳	コラプターズ	
総合演出・演出	山光　涼	文2
職人パート演出	薄平　広樹	文3
妖精パート演出	北原　由貴	文3
プロデューサー	大方　佑佳	文2
舞台監督	竹内　一貴	NLT
	茂木　直人	NLT
舞台美術	上田　淳子	日本大学芸術学部講師
照明	渡辺　省吾	
	宮永　綾佳	
衣装	小泉　美都	
監修	原田　大二郎	
主催	明治大学	

協賛
明治大学連合父母会
明治大学校友会
連合駿台会
株式会社明大サポート
海鮮居酒屋はなの舞　明大前店
うるし原メンタルクリニック

後援
ブリティッシュ・カウンシル

協力
東進衛星予備校

Special Thanks
野田　学
実験劇場
劇団螺船
夢幻舞台
活劇工房
nani-sole
村信　保
永田　志実
西村　俊彦
佐々木　雄介……オフィス櫻華
石川　亮
城ヶ崎　満月……劇団☆超人主義
吉川　響一
橋爪　社元
田中　桃子
原本　彩
安永　沙織
渡部　史織
久保　紀予

キャスト

役名	名前	学部学年／備考
シーシアス／オーベロン	正木　拓也	文4
ヒポリタ／タイターニア	長倉　めぐみ	文4
パック	伊藤　源	文3
イージアス	渡辺　聖	文2
フィロストレート	市村　悟志	商2
ハーミア	丸山　緑	文1
	安川　まり	文1
ライサンダー	港谷　順	文3
	増田　慧	政経3
ヘレナ	岡本　摩湖	情コミ1
	山下　佳緒利	経4
ディミートリアス	佐藤　克洋	文1
	日吉　研人	法2
スナッグ（ライオン）	酒寄　拓	政経3
ボトム（ピラマス）	薄平　広樹	文3
スターヴリング（月）	岡林　孝祥	文1
スナウト（塀）	村山　航太	文2
クインス（序詞）	林　亮太	政経1
フルート（シスビー）	伊藤　弘信	文2

芥子の種	金原　並央	文3
蜘蛛の糸	栗又　萌	情コミ1／メイク兼
蛾の粉	佐々木　英恵	文1／衣装部兼
豆の花	森　弓夏	文2／衣装部兼
妖精	植田　あす美	文1
	北原　由貴	文3
	大久保　千恵	文3
	林　志宣	文1
	利田　眞実	文2
	村田　広美	情コミ3／メイク兼任
	安部　麻里奈	情コミ1／メイク兼任
	高梨　悠	文3／メイク兼任
	里見　純奈	文1／衣装部兼任
	八木　麻衣子	文2／衣装部兼任
	室賀　貴穂	商1
	水上　祐希	国日1

スタッフ

役職	名前	学部学年／備考
コーディネーター	井上　優	文学部准教授
舞台監督補佐	久米　孝宣	武蔵野音楽大学
演出部（演出助手）	笠井　美穂	文1
	岩井　由起子	文1
演出部	伊達　紀行	文2
舞台美術チーフ	漆原　華子	文2
舞台美術	米澤　望	文2
	村山　菜摘	文2
	柴野　晃圭	文1
宣伝美術（フライヤーデザイン）	小山　麻子	東京芸術大学
宣伝美術（パンフレット製作）	伊藤　寛	文4
	川上　万智	文4
照明チーフ	山本　創太	文3
照明	福井　智美	文2／衣装部兼任
	今泉　澪	情コミ2
	古橋　いずみ	文2
	年代　果林	情コミ3
音響チーフ	中村　和葉	文2
音響	瀧澤　玲衣	国士舘大学
衣装・メイク	菊谷　志穂	高山美容専門学校
	土屋　海斗	
	吉田　萌南美	文2
	横山　綾乃	文3
プロデュースィングチーム	浅野　芳彰	政経3
	新井　ひかる	文1
	奥　景子	青山学院大学
	小池　萌以	文2
	田村　佳菜子	文2
	勅使河原　花歩	文2
	豊田　恵理	文1
	仲居　聖美	国日3
	新出　桂子	文1
	濱田　麦那	文2
	原　安奈	文1
	三森　伸子	文1
	吉本　知世	文3
	山崎　彩加	文1
	吉田　有花	理工2
	近藤　沙織	商3
コラプターズ（リーダー）	江原　美希	文2
コラプターズ	奥　景子	青山学院大学
	谷田　彩子	不明
	大方　佑佳	文2
	三枝　友仁	国日2
	勅使河原　花歩	文2
	村山　菜摘	文2
	森　弓夏	文2
	八木　麻衣子	文2
	吉田　萌南美	文2
	里見　純奈	文1

第8回
冬物語

2011年11月18日(金)18:00、19日(土)13:00／18:00、20日(日)13:00／17:00

＊「明治大学シェイクスピアプロジェクト」と名称変更

＊動員約3200名

役職	名前	備考
訳	コラプターズ	
演出	川名 幸宏	文4
プロデューサー	植田 あす美	文2
舞台監督	村信 保	劇団キンダースペース
舞台美術	上田 淳子	舞台美術家／日本大学芸術学部講師
照明	塚本 悟	ASG
大道具協力	(株)ステージファクトリー	
作曲	山光 涼	文3
	上水 樽力	東京芸術大学
宣伝美術	瀬脇 由利江	文2
デザイン	伊藤 寛	
WEBデザイン	太田 信乃	法2
印刷・製本	三鈴印刷	
監修	横内 謙介	扉座
コーディネーター	井上 優	文学部
	大林 のり子	文学部
主催	明治大学	
後援	明治大学連合父母会	
	明治大学校友会	
	明治大学校友会千代田区地域支部	
協賛	株式会社明大サポート	
	有限会社チームミント	
	ペップ・メイツ株式会社	
	ミズノ株式会社	
	凸版印刷株式会社	
	日清食品株式会社	
	NTT東日本	
	株式会社アサツー・ディ・ケイ	
Special Thanks	竹内 一貴（NLT）	
	藤岡 阿由未	
	高梨 悠	
	栗又 萌	
	正木 拓也	
	石綿 大夢	
	草野 峻平	
	加藤 みさき	
	伊藤 香津代	
	木村 翔	
	笠井 美穂	
	下野 篤史	
	植田 由美	
	里見 洋子	
	劇団螺船	
	演劇集団声を出すと気持ちいいの会	
	夢幻舞台	
	実験劇場	
	活劇工房	
	明治大学演劇研究部	
	かりそめ	
	大方 佑佳	

キャスト

役名	名前	学部学年／備考
リオンティーズ	薄平 広樹	文4
ポリクシニーズ	佐藤 克洋	文2
ハーマイオニー	岡本 摩湖	情コミ2
エミリア	中島 桃子	文1
アーキデイマス	渡辺 聖	文3
フロリゼル	川村 隼斗	国日2
パーディタ	村田 広美	情コミ4
マミリアス	三森 伸子	文2
アンティゴナス	張江 秀司	文4
ポーライナ	太田 信乃	法2／衣装部兼任

ダイオン　外村 兆路……政経2
カミロー　津田 幹士……文2
クレオミニーズ　金森 涼……文2
道化　中西 良介……文2
モプサ　安部 麻里奈……情コミ2
羊飼い　酒寄 拓……政経4
ドーカス　菅野 友美……政経2
オートリカス　伊藤 弘信……文3
アンサンブル　北原 由貴……文4
大久保 千恵……文4
黒田 夏子……文2／衣装部兼任
金 亜由美……法2／衣装部兼任
森 弓夏……文3／衣装部兼任
吉田 萌南美……文3／衣装部兼任
八木 麻衣子……文3／衣装部兼任
櫻井 亜衣……文1
高田 美南子……文4
戸塚 治虫……文4
永平 こだま……情コミ2
西垣内 日向子……文1
西山 智香
……国日4／パーカッションリーダー
堀部 和加奈……文1
宗像 玲於奈……文2
湯川 義輝……文1
依田 玲奈……文1
脇山 萌……文1

スタッフ

舞台監督補佐　金原 並央……文4
演出助手　新井 ひかる……文2
向笠 真奈……文1
岡林 孝祥……文2
森 まりも……政経1
伊達 紀行……文3
音響　内田 真仁……情コミ2
長倉 めぐみ……文4
兎澤 由佳子……文2
鈴木 陽子……情コミ1
照明　山本 創太……文4
今泉 澪……情コミ3
古橋 いずみ……文3
高島 知香……経営2
永井 千穂……文1
古澤 龍平……文1
守谷 味優……文1
柳 有里子……文1
湯元 美沙樹……文1
舞台美術　柴野 晃圭……文2
伊藤 源……文4
山中 雄太……文2
三科 沙央里……文1
漆原 華子……文3
米澤 望……文3
嵯峨野 秀美……文4

衣装部　朝長 愛……文1
里見 純奈……文2
佐藤 リディア……文1
成田 達也……文1
メイク　岡 優貴
……東京フィルムセンター映画俳優専門学校
菊谷 志穂……高山美容専門学校
宣伝美術　瀬脇 由利江……文2
制作部　イム・ジソン……文2
林 亮太……政経2
松岡 由紀子……文2
松澤 瑞希……文2
永田 フネ……文1
賀来 瞳……商1
井口 拓馬……文1
北野 元太……文1
長岩 菜々子……文4
稗苗 弘基……文1
若林 潤……文1
コラプターズアドバイザー　中村 俊彦……文院
コラプターズ　里見 純奈……文2
奥 景子……青山学院大学
宮川 かほり……文院
生方 沙織……文院
合地 春菜……国日4
仲居 聖美……国日4

薄平 広樹		文4
江原 美希		文3
田村 佳菜子		情コミ3
八木 麻衣子		文3
森 弓夏		文3／〃
吉田 萌南美		文3
植田 あす美		文2
岡林 孝祥		文2／演出助手
外村 兆路		政経2
笠井 美穂		文2
林田 こずえ		国日1
西垣内 日向子		文1
脇山 萌		文1
堀部 和加奈		文1
稗苗 弘基		文1
向笠 真奈		文1
湯川 義輝		文1
若林 潤		文1
西村 俊彦		文院／アドバイザー
WS講師	鈴木 利典	扉座
	山本 タカ	演劇集団声を出すと気持ちいいの会
	丸山 港都	「きせかえできるねこちゃん」主宰
	田中 信也	扉座
	林田 尚親	
	朝比奈 尚行	パフォーマンス集団「時々自動」

第9回 お気に召すまま

2012年11月9日(金)13:00、10日(土)13:00／18:00、11日(日)12:00／17:00

＊動員約3200名

役職	名前	備考
訳	コラプターズ	
演出	米澤 望	文4
プロデューサー	北野 元太	文2
演出補佐	新井 ひかる	文3
	伊藤 弘信	文4／音楽監督兼任
舞台監督	村信 保	劇団キンダースペース
舞台美術	上田 淳子	舞台美術家／日本大学芸術学部講師
照明指導	塚本 悟	A・S・G
音響指導	青木 タクヘイ	株式会社ステージオフィス
大道具協力	竹内 一貴	劇団NLT
作曲	中村 拓未	商4

宣伝美術 瀬脇 由利江……文3
エディトリアルデザイン 渡邊 亜萌……文1
WEBデザイン 太田 信乃……法3
印刷・製本 三鈴印刷株式会社
監修 横内 謙介……扉座
コーディネーター 井上 優……文学部
大林 のり子……文学部
主催 明治大学
後援 明治大学連合父母会
明治大学校友会
連合駿台会
協賛 株式会社明大サポート
ペップ・メイツ株式会社
大石電機工業株式会社
図書印刷株式会社
株式会社丸井工文社
ミズノ株式会社
CircleApp
明治大学校友会
明治大学校友会千代田区地域支部
Special Thanks 株式会社アート・ステージライティング・グループ
劇団キンダースペース
(株)ステージオフィス
劇団NLT
扉座
明治大学教務事務部教務事務室
明治大学経営企画部広報課
明治大学和泉学習支援室
明治大学経営企画部校友課
株式会社明大サポート
藤岡 阿由未
植田 あす美
永田 フネ
花澤 千里
山崎 彩加
金原 並央
港谷 順
正木 拓也
石綿 大夢
三科 沙央里
鳥谷 輝樹
T's FACTORY
(株)ACTIO ENTERTAINMENT
おさんぽ神保町
CoRich! 舞台芸術
演劇集団声を出すと気持ちいいの会
活劇工房
劇団11
劇団霞座
劇団↓ヤコウバス
劇団螺船
実験劇場
夢幻舞台
明治大学歌舞伎研究会
明治大学演劇研究部
國學院大學演劇研究会

キャスト

役名	名前	学部学年／備考
ロザリンド	和田 彩菜	国日3
フィービー	安部 麻里奈	情コミ3
シルヴィアス	佐藤 克洋	文3
コリン	黒川 隼也	政経3
サー・オリヴァー・マーテクスト／アンサンブル	湯川 義輝	文2
ハイメン／アンサンブル	水上 祐希	国日3
アダム	中西 良介	文3
オーランドー	小田 直輝	情コミ3
ジェイクイズ・ド・ボイス／アンサンブル	太田 信乃	法3／Web・衣裳部兼任
オリヴァー	串尾 一輝	文2
デニス／小姓／アンサンブル	堀内 健太	農1
シーリア	岡本 摩湖	情コミ3
フレデリック公爵	渡辺 聖	文4
チャールズ／アンサンブル		

岡林 孝祥……文3

チャールズ付き人／アンサンブル
三森 伸子……文3

ル・ボー／アンサンブル
菅野 友美……政経3

ウィリアム／アンサンブル
宗像 玲於奈……文3

オードリー
佐々木 英恵……文3

タッチストーン
一橋 純平……商4

ジェイクイズ
川村 隼斗……国日3

アミアンズ
橋口 克哉……文3

前公爵
津田 幹土……文3

小姓／アンサンブルリーダー／振付
永平 こだま……情コミ3

小姓／アンサンブル／コーラスリーダー
小池 萌以……文4

小姓／アンサンブル
相原 隆志……農1

森貴族／アンサンブル
全 珉京……文3
吉田 萌南美……文4／衣裳部兼任
勅使河原 花歩……文4
西垣内 日向子……文2
西野 咲……文3
江原 美希……文4
櫻井 亜衣……文2

宮廷貴族／アンサンブル／パーカッションリーダー
岩井 由紀子……文3

宮廷貴族／アンサンブル
宮崎 淳美……政経2

スタッフ

演出助手
清水 香美……文4
田所 早紀……文4
福島 杏奈……文1

レスリング指導補助
藤本 大将……文4

舞台監督補佐
竹田 悠一郎……文3

舞台美術部チーフ
山中 雄太……文3

舞台美術部
阿部 主……理工1
漆原 華子……文4
笠井 美穂……文3
近藤 佑紀……情コミ1
齋藤 綾美……情コミ1
高田 知花……文1
竹垣 朋香……文1
朝長 愛……文2
橋本 茜……文1
藤川 紘美……国日2
森岡 純太……商3
森 まりも……政経2
渡邊 亜萌……文1／宣伝美術兼任

照明部チーフ
山本 創太……文4／プランナー

照明部
石井 香菜子……文2
大松 千紘……文1
田嶋 太一……法2
古澤 龍平……文2
古橋 いずみ……文4
武藤 絢茄……文1
山田 ゆきの……情コミ1
脇山 萌……文2
庄司 輝一……早稲田大学2年
内田 真仁……情コミ3

音響部チーフ
木村 祥子……文2

音響部
中西 崇将……文2
山崎 郁子……文1
和田 麻里子……文3

衣裳部チーフ
森 弓夏……文4／デザイン

衣裳部
里見 純奈……文3／プランナー
八木 麻衣子……文4／メイクチーフプランナー
合地 春菜……国日4
小峰 翔子……国日2
小森 華子……文2
金 亜由美……法3
鈴木 典子……情コミ2
高橋 典子……文1
田辺 千明……情コミ2
宮崎 杏里……文1

映像部チーフ
下野 篤史……文3

映像部
伊藤 望実……情コミ1

制作部

常田　茉穂……文1
二村　翔太朗……文1
松田　春樹……文2
柳井　宏輝……文1
吉川　雄介……文1
林　亮太……政経3／スチール
猪熊　由乃……経営2
岡崎　萌絵……文1
金子　優……情コミ2／衣裳部兼任
清水　咲希……政経1
砂川　孝美……経営1
高尾　明日香……文1
田中　萌……文1
田名部　綾乃……文2
谷田　真珠……文1
外村　兆路……政経3
西山　文野……文1
花岡　まなみ……政経2
日浅　有紀……文4
星　萌夢……経営2
松岡　由紀子……文3
松澤　瑞希……文3
宮川　一樹……法1
宮崎　朋香……農1／Web兼任
渡邊　こなみ……国日1

コラプターズ

稲山　玲……文院
生形　沙織……文院
奥　景子……文院
宮川　かほり……文院
江原　美希……文4
内田　万里奈……文4
小池　萌以……文4
吉田　萌南美……文4
米沢　望……文4
安部　麻里奈……情コミ3
植田　あす美……文3
太田　信乃……法3
笠井　美穂……文3
金　亜由美……法3
佐々木　英恵……文3
里見　純奈……文3
兎澤　由佳子……文3
外村　兆路……政経3
三森　伸子……文3
岡田　萌笑子……法2
川崎　美穂……文2
北野　元太……文2
鈴木　ソフィー……国日2
西垣内　日向子……文2
花岡　まなみ……政経2
湯川　義輝……文2
脇山　萌……文2
髙田　知花……文1

WS講師

羽鳥　操……野口体操の会主宰
谷　賢一……DULL-COLORED POP 主宰
山本　タカ
田中　信也……扉座
田島　幸
鈴木　利典……扉座
岡森　諦……扉座
林田　尚親

第10回 ヘンリー四世

2013年11月8日(金)17：30、9日(土)12：30／17：30、10日(日)12：00／17：30
＊動員約3400名

役職	名前	備考
訳	Corrupters	学生翻訳チーム
プロデューサー	田所 早紀	文2
演出	新井 ひかる	文4
監修	横内 謙介	扉座
舞台監督	村信 保	劇団キンダースペース
舞台美術指導	上田 淳子	舞台美術家／日本大学芸術学部講師
照明指導	塚本 悟	A・S・G
音響指導	青木 タクヘイ	株式会社ステージオフィス
音響指導助手	長柄 篤弘	株式会社ステージオフィス
	荒木 まや	株式会社ステージオフィス
大道具協力	竹内 一貴	劇団NLT
演技指導	岡森 諦	扉座
殺陣指導	鈴木 利典	扉座
キャスト指導	谷 賢一	DULL-COLORED POP
	羽鳥 操	野口体操の会
	山本 タカ	演劇集団声を出すと気持ちいいの会
	田中 信也	扉座
宣伝美術	渡邊 亜萌	文2
パンフレット編集	西山 文野	文2
Webデザイン／DTPデザイン	宮崎 朋香	農2
	山崎 裕未	文1
スチール	林 亮太	政経4
	一澤 洋平	法1
	佐藤 広美	文2
印刷・製本	三鈴印刷株式会社	
コーディネーター	井上 優	文学部
	大林 のり子	文学部
主催	明治大学	
後援	明治大学父母連合会	
	明治大学校友会	
	連合駿台会	
協賛	駿台会計人倶楽部 会長 金井 塚清	
	明治大学校友会千代田区地域支部 支部長 米山耕右	
	株式会社ウエストゲイト	
	ペップメイツ株式会社	
	株式会社丸井工文社	
	大石電機工業株式会社	
	三美印刷株式会社	
	セカンドアカデミー株式会社	
	株式会社グローバルアライアンス	
	株式会社明大サポート	

Special Thanks

扉座
株式会社俳優座劇場
劇団キンダースペース
株式会社アート・ステージライティング・グループ
株式会社ステージオフィス
劇団NLT
明治大学教務事務部教務事務室
明治大学和泉学習支援室
明治大学学術・社会連携部社会連携事務室
明治大学経営企画部広報課
明治大学経営企画部校友課
株式会社明大サポート
CoRich! 舞台芸術
T's FACTORY
櫛田 寿宏（産経新聞）

株式会社旺文社
京王電鉄京王井の頭線
おさんぽ神保町
株式会社 ERIZUN
伊地知　伸子（ウェールズ語翻訳）
Dewi Evans（ウェールズ語翻訳）
川名　幸宏（劇団↓ヤコウバス）
酒寄　拓（劇団↓ヤコウバス）
黒田　夏子
永田　フネ
若林　潤
明治大学演劇研究部
劇団活劇工房
実験劇場

キャスト

役名	名前	学部学年／備考
使者	上松　史織	文1
小姓	門谷　優衣	文1
ノーサンバランド夫人	上岡　福音	文1
ヴァーノン	川﨑　紘奈	文1
門番／給仕	清水　英里香	情コミ1／楽器隊兼任
トラヴァース	永井　悠也	文1
パーシー夫人	永野　有美	文1
フランシス	平間　威岐	国日1
ハーコート	道塚　なな	文1
クラレンス公トマス	庭山　優希	経営1
ヘイスティングズ卿	横道　勇人	情コミ1
バードルフ／モートン	浦田　大地	文2
グロスター公ハンフリー／モーティマー卿	大津留　彬弘	情コミ2
ハル王子	木村　圭吾	政経2
ピートー	沢崎　麻衣	文2
ノーサンバランド伯爵	富田　康介	文2
ドル・ティアシート	橋本　美優	文2
召使／モールディ	石井　香菜子	文3／楽器隊兼任
ランカスター公ジョン	小渕　竜治	国日3
高等法院長／グレンダワー	北野　元太	文3
ホットスパー／フィーブル	串尾　一輝	文3
デイヴィー／ブルカーフ	成島　裕志	法3
ウォリック伯爵	西垣内　日向子	文3
コールヴィル	湯川　義輝	文3
バードルフ卿	安部　麻里奈	情コミ4
モーブレー卿	太田　信乃	法4
クイックリー	岡本　摩湖	情コミ4
ダグラス伯爵／ピストル	小田　直輝	情コミ4
ウェスモーランド伯爵	川村　隼斗	国日4
サイレンス	菅野　友美	政経4
サー・ウォルター・ブラント／シャロー	黒川　隼也	政経4
ヘンリー4世	津田　幹士	文4
ウスター伯爵／ヨーク大司教	中西　良介	文4
モーティマー夫人	永平　こだま	情コミ4
ギャッズヒル／シャドー	西野　咲	文4
フォルスタッフ	橋口　克哉	文4
ポインズ	三森　伸子	文4
楽器隊チーフ	笠原　悠里	文4
楽器隊	山中　友賀	文1
	池下　凜子	文1／演出助手部兼任
	合原　千有	文4

スタッフ

演出補佐	佐々木　英恵	文4
	森　まりも	政経3
舞台監督補佐	竹田　悠一郎	文4

髙田 知花……文2

宣伝美術
渡邊 亜萌……文2

演出助手部チーフ
山崎 郁子……文2

演出助手部
諏訪 美羽……文2
豊田 麻利乃……経営2
南雲 慶佑……文2

舞台美術部チーフ
阿部 主……理工2

舞台美術部
山崎 彩加……文4／舞台美術プランナー
餌取 伶奈……文1
江原 未来……情コミ1／制作部兼任
黄木 美野里……文1／衣裳部兼任
大久保 薫子……情コミ1
岡林 孝祥……文4／制作部兼任
小川 天……文1／衣裳部兼任
中里 萌……文1
永渕 遥……商1
比金 小春……文1
本間 さくら……農2
山下 瑞季……文1
山下 由紀子……農2
山中 雄太……文4

衣裳部チーフ
◎里見 純奈……文4

衣裳部
宮崎 杏里……文1／ヘアメイクプランナー
木住野 ゆりか……メイクプラン
赤澤 薫子……文3

澤井 みのり……文1
橋口 奈央……商1
豆田 遥香……文1
甕 祥子……文2
溝口 裕美子……情コミ1／メイク部兼任
市川 ひとみ……文1／メイク部兼任
小暮 友花里……法1／メイク部兼任
斎藤 綾香……法1／メイク部兼任
田村 菜津子……文1／メイク部兼任

音響部チーフ
福島 杏奈……文2

音響部
池上 茉佑……情コミ1
金澤 亜季……国日2

照明部チーフ
脇山 萌……文3

照明部
田嶋 太一……法3／ピンプランナー
大西 梨絵……文1
大松 千絋……文2
小金澤 陽平……情コミ4
芹田 南美……文1
永井 千穂……文3
横山 久美子……政経1

映像部チーフ
吉川 雄介……文2

映像部
市川 瑞葵……文1
粕谷 真緒……文2
小堀 美希……文1
成川 あさひ……文1
丸 宗輝……政経1

スチール部チーフ
林 亮太……政経4

スチール部
一澤 洋平……法1／映像部兼任
佐藤 広美……文2

制作部チーフ
西山 文野……文2

制作部
田中 萌……文2／サブチーフ
清水 咲希……政経2／会計
谷田 真珠……文2／広報リーダー
相原 隆志……農2
植田 あす美……文4
岡崎 萌絵……文2
金子 優……文3
佐々木 一成……法2
田中 雅子……文1
津田 梧花……法3
外村 兆路……政経4
松澤 瑞希……文4
横井 礼雄……政経2
李 秀美……文1
渡邊 こなみ……国日2
和田 麻里子……文4

Web部チーフ
宮崎 朋香……農2／制作部兼任

Web部
山﨑 裕未……文1／制作部兼任

コラプターズ

コラプターズリーダー
稲山 玲……文院博士1

コラプターズ
太田 信乃……法4

岡崎	萌絵	文2
岡林	孝祥	文4
奥	景子	文修士2
笠井	美穂	文4
川崎	美穂	文3
北野	元太	文3
金	亜由美	法4
佐々木	英恵	文4
鈴木	ソフィア 智子	国日3
高橋	典子	文2
田所	早紀	文2
津田	梧花	法3
外村	兆路	政経4
西垣内	日向子	文3
西山	文野	文2
宮川	かほり	文博士2
湯川	義輝	文3
脇山	萌	文3
渡邊	こなみ	国日2

第11回 組曲 道化と王冠

第一部 ウィンザーの陽気な女房たち

第二部 ヘンリー五世

2014年11月7日(金)17：30、8日(土)12：00／17：30、9日(日)12：00／17：00

＊動員約3800名

役職	名前	備考
訳	Corrupters	学生翻訳チーム
プロデューサー	清水 咲希	政経3
演出	team Band of Brothers	
	浦田 大地	文3
	田所 早紀	文3
監修	横内 謙介	扉座
舞台監督	村信 保	劇団キンダースペース
舞台美術指導	竹内 一貴	劇団NLT
	上田 淳子	舞台美術家／日本大学芸術学部講師
照明指導	塚本 悟	A・S・G
音響指導	青木 タクヘイ	株式会社ステージオフィス
演技指導	岡森 諦	扉座
殺陣指導	鈴木 利典	扉座
キャスト指導	谷 賢一	DULL-COLORED POP
	羽鳥 操	野口体操の会
	田中 信也	扉座
	服部 紘二	ハイバネカナタ
	佐久間 一生	インプロシアター TILT
	宮崎 優里	インプロシアター TILT
	林田 尚親	
宣伝美術	江原 未来	情コミ2
パンフレット編集	山﨑 裕未	文2
	宮崎 朋香	農3
	西堀 絵莉子	文1
スチール	林 亮太	政経4
	一澤 洋平	法2
	松村 薫	法2
	大野 叶子	文1
印刷・製本	株式会社ケーエスアイ	
コーディネーター	井上 優	文学部
	大林 のり子	文学部
主催	明治大学	

後援

明治大学連合父母会
明治大学校友会
連合駿台会
赤塚幼稚園
明治大学校友会千代田区地域支部

協賛

ミナトメイワ印刷株式会社
ペップ・メイツ株式会社
株式会社丸井工文社
大石電機工業株式会社
三美印刷株式会社
セカンドアカデミー株式会社
長尾　厚子
株式会社明大サポート

グルメマップ協賛店

アミ
魚盛　御茶ノ水店
エスパス・ビブリオ
ダイニングバー　KUU
武蔵家　明大前店
麺屋　壱○壱
トラットリア　レモン
はんばあぐはうす　ぐずぐず
ももや　御茶ノ水店
森のぱんやさん　ルボア

Special Thanks

扉座
劇団キンダースペース
株式会社アート・ステージライティング・グループ
株式会社ステージオフィス
劇団NLT
明治大学教務事務部教務事務室
明治大学和泉学習支援室
明治大学学術・社会連携部社会連携事務室
明治大学経営企画部広報課
明治大学経営企画部校友課
株式会社明大サポート
CoRich 舞台芸術!
T's FACTORY
櫛田　寿宏（産経新聞）
旺文社
三省堂
京王電鉄
おさんぽ神保町
株式会社 ERIZUN
川名　幸宏（劇団↓ヤコウバス）
酒寄　拓（劇団↓ヤコウバス）
丸山　港都
永田　フネ
三森　伸子
明治大学演劇研究部
劇団活劇工房
実験劇場
劇団螺船
演劇交差点
演劇キック
インプロシアター TILT
DULL-COLORED POP
野口体操の会
ハイバネカナタ
清水　仁美
清水　良子
扇田　優香
谷垣　幸
山中　雄太
明大スポーツ新聞部
株式会社まぐまぐ
シアターガイド
シアターリーグ
明治大学フリーペーパー工房
レッツエンジョイ東京
河合塾グループ
神田経済新聞

キャスト

役名	名前	学部学年／備考
フォルスタッフ	木村　圭吾	政経3
フォード／ソールズベリー	庭山　優希	経営2
ペイジ／ジェイミー		

土田 優斗……農2

フェントン／ガワー
横道 勇人……情コミ2

シャロー／コート 成島 裕志……法4

スレンダー／ベッドフォード
岩沢 正貴……経営2

エヴァンズ／オーリアンズ
多田 光太郎……法3

キーズ／軍司令官 北野 元太……文4／制作部兼任

クイックリー 橋本 美優……文3

エクセター／ガーター亭の亭主
富田 康介……文3

シンプル
会田 清楓……文3

ラグビー／グロスター
門谷 優衣……文2

フォード夫人 加藤 彩……文1

ペイジ夫人 上岡 福音……文2

アン・ペイジ 小坂 優……文1

ロビン 沢崎 麻衣……文3

バードルフ 秋田 周佑……商1／制作部兼任

ピストル 大津留 彬弘……情コミ3

ニム 大門 志光……政経2

ヘンリー五世 小渕 竜治……国日4

ウェスモーランド 広瀬 卯蘭……法1

カンタベリー大司教／皇太子
斎藤 拓也……経営2

イーリー司教／ハーフラー市長
塚田 圭太……文2

ケンブリッジ／ベイツ
添田 輝……文1

スクループ／バーボン
永渕 遥……商2

グレイ／ジョン 道塚 なな……文2／作曲担当

アーピンガム 児玉 啓……政経4

フルーエリン 浦田 大地……文3／演出兼任

マクモリス／バーガンディ
沼野 匠哉……文1

ウィリアムズ 峰村 美穂……国日1

フランス王 秋山 将……国日4

イザベル 勝又 美早……情コミ4

キャサリン／ロバート
粕谷 真緒……文3

アリス 西垣内 日向子……文4

モントジョイ 石井 香菜子
……文4／振付／楽器隊兼任

ル・フェル 上松 史織……文2

楽器隊リーダー 山中 友賀……文2

楽器隊 石井 佳奈……商1
牟田 結衣……情コミ1
吉野 真帆……文3

スタッフ

役職	名前	学部学年／備考
プロデューサー	清水 咲希	政経3
演出	浦田 大地	文3／キャスト兼任
	田所 早紀	文3
演出補佐	西山 文野	文3
演出助手	西脇 慎一郎	文1
	橋本 真嗣	文1
	山崎 純佳	文1
舞台美術部チーフ	餌取 伶奈	文2
舞台美術部	石川 結生奈	情コミ1
	石田 啓汰	法2
	大久保 薫子	情コミ2
	熊谷 綾乃	文1
	齋藤 勇輝	法2
	杉山 和志	政経2
	根木 史佳	文1
	服部 美咲	文1
	比金 小春	文2
	持田 悠里	情コミ1
	山崎 郁子	文3
	山崎 千英子	文1
	山下 瑞季	文2
	渡邊 結衣	政経2
	服部 美咲	文1
衣裳部チーフ	小暮 友花里	法2
	饔 祥子	文3
衣裳部	宮崎 杏理	文2／ヘアメイクプラン
	市川ひとみ	文2／デザイン
	赤澤 薫子	文4

阿部 正美……文2
石川 佳乃……文1
内海 夏鈴……商1
大木 夏子……文2
大野 月菜……商1／制作部兼任
佐々木 慶子……文3
澤井 みのり……文2
澤 みずき……文1
清水 英里香……情コミ2
丸山 真未……文1
溝口 裕実子……情コミ2

照明部チーフ
田嶋 太一……法4

照明部
脇山 萌……文4／プランナー
大崎 将也……情コミ3
大西 梨絵……文2
鎌田 聖菜……農3
志賀 麗香……文1
清水 翔……文3
芹田 南美……文2
染野 美沙……文1
高桑 帆乃香……国日3
横山 久美子……政経2

制作部チーフ
田中 雅子……文2

制作部
山﨑 裕未……文2／副チーフ
渡邊 こなみ……国日3／会計
阿南 美咲……情コミ1
阿部 凌大……文2

一澤 洋平……法2／スチール／映像
越後 宏紀……総数1／映像
大野 叶子……文1／スチール
金子 優……情コミ4
金谷 有里子……文1
佐々木 一成……法3／映像
佐藤 祐茉……文1
鈴木 明香里……文1
田中 萌……文3
谷田 真珠……文3
津田 梧花……法4
名倉 奈々……文2
西堀 絵莉子……文1
長谷澤 和子……政経2
林 亮太……政経4／スチール
松村 薫……法2／スチール／映像
山下 美咲……国日1
相原 隆志……農3

音響部チーフ
池下 凜子……文2／楽器隊兼任

音響部
小堀 美希……文2
辻 明歩……文1
福島 杏奈……文3

舞台監督補佐
森 まりも……政経4
小川 天……文2

宣伝美術
江原 未来……情コミ2

WS講師

岡森 諦……扉座
田中 信也……扉座
鈴木 利典……扉座
羽鳥 操……野口体操の会
谷 賢一……DOLL-COLORD POP
林田 尚親
佐久間 一生……インプロシアターTILT
宮崎 優里……インプロシアターTILT
服部 紘二……ハイバネカナタ
三森 伸子……文学部卒／MSP第7～10回参加

コラプターズ

コラプターズリーダー
西山 文野……文3

コラプターズ
石川 佳乃……文1
市川 ひとみ……文2
浦田 大地……文3
大木 夏子……文2
大津留 彬弘……情3
奥 景子……文院博士1
木村 圭吾……政3
小坂 優……文1
佐々木 一成……法3
澤井 みのり……文2
澤 みずき……文1

清水	咲希	政3
鈴木	ソフィア 智子	国4
添田	輝	文1
田中	雅子	文2
津田	梧花	法4
時田	茜	法1
南雲	慶祐	文3
西垣内	日向子	文4
西脇	慎一郎	文1
沼野	匠哉	文1
橋本	美優	文3
比金	小春	文2
宮川	かほり	文博士3
山崎	純佳	文1
山﨑	裕未	文2
横道	勇人	情2
渡邊	こなみ	国3

第12回 薔薇戦争

第一部 ヘンリー六世

第二部 リチャード三世

2015年11月13日(金)17:30、14日(土)12:00／17:30、15日(日)12:00／17:00

＊動員約3800名

役職	名前	備考
訳	Corrupters	学生翻訳チーム
プロデューサー・演出	大野 叶子	文2
プロデューサー補佐	清水 咲希	政経4
監修	青木 豪	
舞台監督	村信 保	劇団キンダースペース
舞台美術指導	上田 淳子	舞台美術家／日本大学芸術学部講師
照明指導	塚本 悟	A・S・G
音響指導	浦崎 貴	有限会社ワンダースリー
キャスト指導	岡森 諦	劇団扉座
	鈴木 利典	劇団扉座
	川名 幸宏	劇団↓ヤコウバス
	羽鳥 操	野口体操の会
	林田 尚親	
	フルタ ジュン	劇団フルタ丸
	丸山 港都	
宣伝美術	江原 未来	情コミ3
	市川 ひとみ	文3
パンフレット編集	西堀 絵莉子	文2
	木村 和頼	法4
	田村 桃	文1
	二階堂 友美	文1
印刷・製本	(株)ケーエスアイ	
コーディネーター	井上 優	文学部
	大林 のり子	文学部
主催	明治大学	
後援	明治大学連合父母会	
	明治大学校友会	
	連合駿台会	
協賛	赤塚幼稚園	
	大石電機工業株式会社	
	オオタ・アパレル	
	風間書房	

学校法人明治大学リバティアカデミー
株式会社丸井工文店
株式会社ダイマス
株式会社チュチュアンナ
株式会社明大サポート
三美印刷株式会社
社会保険労務士駿台会
ペップ・メイツ株式会社
光村印刷株式会社
明治大学校友会　千代田区地域支部
明大スポーツ新聞部

グルメマップ協賛店

IZAKAYA　翔
魚盛　御茶ノ水店
お好み焼き　ガオー!!
古ぢどり屋
武蔵家　明大前店
麺屋　壱〇壱

Special Thanks

劇団扉座
劇団キンダースペース
劇団NLT
株式会社アート・ステージライティング・グループ
有限会社ワンダースリー
野口体操の会

明治大学教務事務部教務事務室
明治大学和泉学習支援室
明治大学学術・社会連携部社会連携事務室
明治大学経営企画部広報課
明治大学経営企画部校友課
株式会社明大サポート
明大スポーツ新聞部
明治大学フリーペーパー工房
CoRich 舞台芸術！
京王電鉄株式会社
東京地下鉄株式会社
シアターガイド
株式会社旺文社
おさんぽ神保町
千代田区観光協会
千代田区広報課
伊東運輸株式会社
明治大学演劇研究部
劇団活劇工房
劇団螺船
新井　笙太
新井　ひかる
小川　天
小野　豊
河治　瑠河
田嶋　太一
正木　拓也
道塚　なな
甕　祥子
脇山　萌
阿南　美咲
石綿　大夢
是利　早紀
里見　純奈
髙田　知花
田中　雅樹
津田　幹士
中西　良介
宮崎　朋香
調布市報

キャスト

役名	名前	学部学年／備考
リチャード三世	加藤　彩	文2
ヘンリー六世	小日向　星一	政経2
エドワード四世	佐久間　燿一	文1
ウォリック／市民	木村　圭吾	政経4
クラレンス公ジョージ	岩沢　正貴	経営3
バッキンガム公ヘンリー	横道　勇人	情コミ3
ルイ王／スタンリー	浦田　大地	文4／殺陣振付担当

ケイツビー　多田 光太郎……法4
ヘイスティングス／ソールズベリー　斎藤 拓也……経営3
ヨーク公　富田 康介……文4
サマセット　日野 藍……国日4
サフォーク　吉村 賢人……文4
クリフォード　森川 慧……政経1
皇太子エドワード／市民　田畑 賢人……文1
グロスター公ハンフリー／オックスフォード／市長　庭山 優希……経営3
ウィンチェスター枢機卿／ノーサンバランド／ロンドン塔長官　新井 裕之……法2
バッキンガム公ハンフリー／暗殺者1　諸星 福次朗……法3
リッチモンド　宮津 侑生……国日1
エドワード五世　小川 結子……文1
バセット　大津留 彬弘……情コミ4
リヴァーズ　塚田 流生……政経2
神父／暗殺者2　大門 志光……政経3
老クリフォード／ティレル　伊藤 嶺生……経営4
ラトランド　小坂 優……文2
マーガレット　永野 有美……文3
エリザベス　橋本 美優……文4
アン　山﨑 心……文1
ヨーク公夫人　上岡 福音……文3

エリナー／ヨーク　沢崎 麻衣……文4
降霊術師ボリングブルック／市民　木村 夏……文2
ボーナ姫　鈴木 明香里……文2
小姓　成田 峻平……政経1
ジョージの息子　中根 由美子……政経2／音楽部兼任
ジョージの娘　粕谷 真緒……文4
ブラッケンベリー　天野 はな……文2／群舞振付担当／制作部兼任

スタッフ

プロデューサー・演出　大野 叶子……文2
プロデューサー補佐　清水 咲希……政経4
演出助手部チーフ　田所 早紀……文4
演出助手部　門谷 優衣……文3
鈴木 愛実……経営1
西脇 慎一郎……文2
山崎 純佳……文2
宣伝美術部　江原 未来……情コミ3
舞台監督補佐　熊谷 綾乃……文2
音楽監督　山中 友賀……文3
音楽部チーフ　池下 凜子……文3
音楽部　石井 佳奈……商2
太田 珠希……文1
鈴木 萌々……文1
福島 杏奈……文4
湯畑 みさき……情コミ1
吉野 真帆……文4
照明部チーフ　大西 梨絵……文3
照明部　鴨居 千奈……文1
菊池 優理子……文1
柴田 大輔……文1
下村 海月……商2
芹田 南美……文3
染野 美沙……文2
沼野 匠哉……文2
松川 茜……文2
横山 久美子……政経3
舞台美術部チーフ　石川 結生奈……情コミ2
舞台美術プランナー　山下 瑞季……文3
舞台美術部　飯塚 綾……情コミ3
今村 倫太郎……理工1
石見 梨紗……国日2
餌取 伶奈……文3
柏原 彩音……法1
加藤 万穂……農4
黒崎 那奈……理工1
権田 歩人……文1
高嶋 涼那……文1
辻原 薫……文1
積田 怜……文1

東郷　碧……文1
西村　亮佑……文1
比嘉　菜々美……情コミ1
藤家　矢麻刀……文1
藤田　真穂……文3
村上　佳穂……国日1
安井　萌……文1
山崎　千英子……文2
山崎　郁子……文4
吉田　実咲季……文1
渡辺　暁……政経1

衣裳部チーフ

市川　ひとみ……文3／宣伝美術兼任

衣裳部

大野　月菜……商2
会田　清楓……文4
阿部　正美……文3
石川　佳乃……文2
熊倉　李瑚……法1
小出　千尋……文3
澤井　みのり……文3
錦見　友梨菜……情コミ2
西藤　遥佳……文1
羽田　百合香……文1
林　日奈子……文1
廣瀬　歩実……文1
洞口　むぎほ……文1
丸山　真未……文2
箕輪　淑子……文1

矢野　愛子……文1
山中　友恵……文1

スチール・映像部チーフ

一澤　洋平……法3

スチール・映像部

松村　薫……法3
佐々木　一成……法4
越後　宏紀……総数2／制作部兼任
飯塚　京佳……政経1
岡田　紗也加……情コミ1
木村　和頼……法4／制作部兼任
鴨居　千奈……文1
金谷　有里子……文2

制作部チーフ

西堀　絵莉子……文2／サブチーフ

制作部

佐藤　祐茉……文2／会計
相原　隆志……農4
池田　菜々子……文1
稲垣　佑香……法1
片野　明衣……情コミ2
窪谷　美紗……農1
栗山　なつみ……情コミ1
高馬　梨紗子……文2
小関　優生乃……文1
柴田　脩治……政経3
新濱　遥香……経営1
諏訪　美羽……文4
田中　萌……文4
田中　雅子……文3

谷田　真珠……文4
田村　桃……文1
二階堂　友美……文1
西澤　茉莉……国日2
西山　文野……文4
長谷澤　和子……政経3
早川　美優……経営1
廣瀬　彩乃……法1
三砂　友梨華……文2
山崎　香織……国日3
渡邊　こなみ……国日4

コラプターズ

コラプターズリーダー

石川　佳乃……文2
清水　咲希……政経4

コラプターズ

市川　ひとみ……文3
大野　叶子……文2
金谷　有里子……文2
鴨居　千奈……文1
木村　圭吾……政経4
小出　千尋……文3
佐藤　祐茉……文2
澤井　みのり……文3
鈴木　明香里……文2
鈴木　愛実……経営1
田所　早紀……文4

田中　雅子……文3
西堀　絵莉子……文2
西山　文野……文4
西脇　慎一郎……文2
橋本　美優……文4
藤田　真穂……文3
丸山　真未……文2
山崎　純佳……文2
大木　夏子……文3
奥　景子……文院博士2
小野寺　春佳……文2
日下　瞳……文1
澤　みずき……文2
比金　小春……文3
宮川　かほり……文院博士3
村田　理香子……文3
安井　萌……文1

WS講師
岡森　諦……劇団扉座
鈴木　利典……劇団扉座
川名　幸宏……劇団↓ヤコウバス
羽鳥　操……野口体操の会
林田　尚親
フルタ　ジュン……劇団フルタ丸
丸山　港都

第13回 Midsummer Nightmare

第一部　夏の夜の夢
第二部　二人の貴公子

2016年11月11日(金)17：30、12日(土)12：00／17：30、13日(日)12：00／17：00
＊動員約4000名

役職	名前	備考
訳	Corrupters	学生翻訳チーム
プロデューサー	小関　優生乃	文2
演出	上岡　福音	文4
監修	青木　豪	
舞台監督	村信　保	劇団キンダースペース
舞台美術指導	上田　淳子	舞台美術家／日本大学芸術学部講師
照明指導	塚本　悟	A・S・G
音響指導	浦崎　貴	有限会社ワンダースリー
ワークショップ講師	新井　ひかる	空かると
	岡森　諦	劇団扉座
	鈴木　利典	〃
	川名　幸宏	劇団↓ヤコウバス
	木村　和博	いきずり
	佐久間　一生	インプロシアターTILT
	高橋　岳蔵	劇団☆新感線
	中西　良介	
	羽鳥　操	野口体操の会
	林田　尚親	
宣伝美術	東郷　碧	文2
	江原　未来	情コミ2
パンフレット編集	田村　桃	文2
	木村　和頼	法4
	大渕　さやか	文2
	二階堂　友美	文2
	濱本　天	文1
スチール	飯塚　京佳	政経2
	松村　薫	法4
	飯塚　綾	情コミ4
	一澤　洋平	法4
	越後　宏紀	総数3
	金城　安莉	文1

印刷・製本
郡司　恵……文1
山崎　ひとみ……文1
（株）ケーエスアイ

コーディネーター井上　優……文学部

主催　明治大学

後援
明治大学連合父母会
明治大学校友会
連合駿台会

協賛
赤塚幼稚園
大石電機工業株式会社
学校法人明治大学リバティアカデミー
株式会社丸井工文社
株式会社ダイマス
株式会社チュチュアンナ
株式会社明大サポート
三美印刷株式会社
ペップ・メイツ株式会社
光村印刷株式会社
武蔵家　明大前店
明治大学校友会　千代田区地域支部
明大スポーツ新聞部

グルメマップ協賛店
avocafe
淡路町カフェ　カプチェット・ロッソ

Special Thanks
IZAKAYA　翔
Eblack
キッチンカロリー
神保町チャボ
神保町バル　BILBI
スペインレストランオーレオーレ
T.dinning
Tea House TAKANO
BaRuRu 淡路町
まれびと
劇団扉座
劇団キンダースペース
劇団NLT
インプロシアターTILT
いきずり
空かると
劇団☆新感線
株式会社アート・ステージ・ライティング・グループ
有限会社ワンダースリー
野口体操の会
明治大学教務事務部教務事務室
明治大学和泉学習支援室
明治大学学術・社会連携部社会連携事務室
明治大学経営企画部広報課
明治大学経営企画部校友課
明治大学出版会
株式会社明大サポート
明大スポーツ新聞部
明治大学フリーペーパー工房
三省堂書店
明治大学図書館
CoRich 舞台芸術！
京王電鉄株式会社
東京地下鉄株式会社
シアターガイド
株式会社旺文社
おさんぽ神保町
千代田区観光協会
千代田区広報課
まちみらい千代田
伊東運輸株式会社
明治大学演劇研究部
劇団活劇工房
劇団螺船
実験劇場
丸山　港都
塚田　圭太
加藤　彩
正木　拓也
高田　知花
小川　天

	鈴木 真結	
	岩木 江里子	

キャスト

役名	名前	学部学年／備考
シーシアス	横道 勇人	情コミ4
ヒポリタ	荒田 樹李	文2
ライサンダー	田畑 賢人	文2
ディミートリアス	宮津 侑生	国日2
ヘレナ	小川 結子	文2／ダンス振付
ハーミア	谷口 由佳	文1
イジーアス	岩沢 正貴	経営4
オベロン	藤家 矢麻刀	文2
ティターニア	大野 叶子	文3
パック	小坂 優	文3
クインス	峰村 美穂	国日3
ボトム	武藤 雄太	情コミ1
フルート	諸星 福次朗	法4
スナッグ	加藤 拓実	法2
スナウト	川島 梨奈	文1
スターヴリング	三日市 亮	文1
パラモン	庭山 優希	経営4
アーサイト	鴨頭 圭佑	文1
エミーリア	徳田 吹雪	法3
牢番	斎藤 拓也	経営4
牢番の娘	山崎 純佳	文3
求婚者	阿部 夏月	商1
豆の花	中根 由美子	政経3／楽器隊兼任
蜘蛛の糸	波戸 亜里子	文4
蛾の羽根	日下 瞳	文2
からしの種	伊藤 佑夏	文4
第一の王妃	永野 有美	文4
第二の王妃	天野 はな	文3／ダンス指導担当
第三の王妃	木村 夏	文3／歌唱指導担当
牢番の妻	伊藤 有沙	政経3
ヴァレーリアス	岡田 紗也加	情コミ2
エミーリアの侍女	竹田 彩香	文1
紋章官	濱舘 洋輝	文1
パイリトゥス	安井 琇人	文1
楽器隊チーフ／編曲	湯畑 みさき	情コミ2
楽器隊／作曲	道塚 なな	文4
楽器隊	東海林 実咲	文2
	森田 萌衣	文1
	山崎 桃湖	情コミ3
	吉田 実咲季	文2
	和田 花凛	情コミ1

スタッフ

舞台監督補佐	権田 歩人	文2
演出助手部チーフ	西脇 慎一郎	文3
演出助手部	新井 遥奈	情コミ2
	吉田 真由子	文1
宣伝美術部	東郷 碧	文2／舞台美術部兼任
	江原 未来	情コミ4
音響部チーフ	鈴木 萌々	文2
音響部	梅村 允康	総数1
	太田 珠希望	文2
照明部チーフ	染野 美沙	文3／プランナー
照明部	遠藤 咲希	文1
	大森 陽紀	文1
	菊池 優理子	文2
	國井 沙枝	文1
	後藤 紗里那	文1
	柴田 大輔	文2
	新貝 友紀乃	文1
	高橋 佑太	文1
	沼野 匠哉	文3
衣裳部チーフ	廣瀬 歩実	文2／デザイナー補佐
衣裳部	市川 ひとみ	文4／デザイナー
	阿部 正美	文4
	石川 佳乃	文3
	大野 月菜	商3
	熊倉 李瑚	法2
	澤井 みのり	文4
	中里 仁美	文2
	長田 幸英	文1
	西藤 遥佳	文2
	羽田 百合香	文2
	藤田 真穂	文4
	丸山 真未	文3

谷川 優衣……情コミ2
渡邊 さくら……文1
制作部兼任舞台美術部チーフ
比嘉 菜々美……情コミ2
舞台美術部
積田 怜……文2／サブチーフ
舞台美術
熊谷 綾乃……文3／プランナー
舞台美術部
石川 結生奈……情コミ3
今村 竜也……農1
餌取 伶奈……文4
黒崎 那奈……理工2
坂井 優海……政経1
塩田 ニコ……文1
芹川 ゆずき……文1
成田 峻平……政経2
乗岡 美里……情コミ2
村上 佳穂……国日2
山岡 剣也……情コミ1
山崎 千英子……文3
映像・スチール部チーフ
飯塚 京佳……政経2
映像・スチール部
松村 薫……法4
飯塚 綾……情コミ4
一澤 洋平……法4
越後 宏紀……総数3／制作部兼任
金城 安莉……文1
郡司 恵……文1

山崎 ひとみ……文1
制作部チーフ
栗山 なつみ……情コミ2
制作部
池田 菜々子……文2／サブチーフ
片野 明衣……情コミ3／会計
大渕 さやか……文2
大山 佳穂……文1
金谷 有里子……文3
川田 俊介……情コミ2
木村 和頼……法4
黒澤 聡実……情コミ2
佐藤 祐茉……文3
進藤 優莉……文1
杉本 美優……文1
鈴木 碧……文2
高杉 千裕……情コミ1
田中 雅子……文4
田村 桃……文2
辻原 薫……文2
二階堂 友美……文2
西堀 絵莉子……文3
長谷川 佳穂……情コミ1
長谷澤 和子……政経4
濱本 天……文1
三砂 友梨華……文3
森 彩葉……情コミ2

コラプターズ

【二人の貴公子】リーダー

石川 佳乃……文3
【夏の夜の夢】リーダー
奥 景子……文院博士3
コラプターズ
相田 真美……政3
市川 ひとみ……文4
氏永 かなえ……文1
越後 宏紀……総数3
大木 夏子……文4
大野 叶子……文3
大山 佳穂……文1
海藤 早希子……文2
上岡 福音……文4
鴨居 千奈……文2
木村 和頼……法4
窪谷 美紗……農2
熊倉 李瑚……法2
栗山 なつみ……情コミ2
小出 千尋……文4
小関 優生乃……文2
澤井 みのり……文4
清水 咲希……既卒
鈴木 明香里……文3
西藤 遥佳……文2
西脇 慎一郎……文3
羽田 百合香……文2
林 日奈子……文2
比金 小春……文4

WS講師

藤田　真穂……文4
丸山　真未……文3
宮川　かほり……文院博士3
宮津　侑生……国日2
安井　萌……文2
矢野　愛子……文2
山崎　純佳……文3
山崎　千英子……文3
新井　ひかる……空かると
岡森　諦……劇団扉座
鈴木　利典……劇団扉座
川名　幸宏……劇団↓ヤコウバス
木村　和博……いきずり
佐久間　一生……インプロシアター TILT
高橋　岳蔵……劇団☆新感線
中西　良介
羽鳥　操……野口体操の会
林田　尚親

＊第10回以降の公演のもようは、明治大学のiTunesサイトおよびMSPウェブサイト http://www.kisc.meiji.ac.jp/~bunpro/ で全編ごらんいただけます。

井上 優（いのうえ・まさる）

1967年、神奈川県生まれ。明治大学文学部准教授。明治大学シェイクスピアプロジェクトのコーディネーター。早稲田大学第一文学部卒業、明治大学大学院文学研究科博士後期課程単位取得退学。専門分野は演劇学、西洋演劇史。特にシェイクスピアを中心とする禁断の演劇の表現モードの変遷を研究。訳書にラッセル・ジャクソン『シェイクスピア映画論』（共訳、開文社出版、2004年）、共・編著書に『演劇の課題』（三恵社、2011年）、『シェイクスピアと日本』（編著、風間書房、2015年）など。

明治大学シェイクスピアプロジェクト！
熱闘！ Midsummer Nightmare

2017年9月15日　第1刷初版発行

編著者　井上 優＋明治大学シェイクスピアプロジェクト

発行所　明治大学出版会
〒101-8301
東京都千代田区神田駿河台1-1
電話　03-3296-4282
http://www.meiji.ac.jp/press/

発売所　丸善出版株式会社
〒101-0051
東京都千代田区神田神保町2-17
電話　03-3512-3256
http://pub.maruzen.co.jp/

装丁　木庭貴信＋川名亜実（オクターヴ）

印刷・製本　モリモト印刷株式会社

ISBN 978-4-906811-22-9 C0074

ララバイ

作詞：ウィリアム・シェイクスピア
作曲：道塚なな
訳詞：コラプターズ